Anneliese Braun

Komplexe Effektivitätsbeurteilung der Volkswirtschaft bei Intensivierung

Ein Beitrag zur Diskussion

Akademie-Verlag · Berlin

In den Forschungsberichten des Zentralinstituts für Wirtschaftswissenschaften werden die jeweils neuesten Arbeitsergebnisse zu aktuellen Problemen der politischen Ökonomie des Sozialismus sowie zur Auseinandersetzung mit der heutigen bürgerlichen Ökonomie veröffentlicht. Die Forschungsberichte sollen nicht nur über neue Forschungen informieren; sie sollen vor allem zur Diskussion über die zielgerichtete Fortführung der Arbeiten anregen.

Der Herausgeber

Komplexe Effektivitätsbeurteilung der Volkswirtschaft bei Intensivierung

Forschungsberichte

herausgegeben vom
Zentralinstitut für Wirtschaftswissenschaften
der Akademie der Wissenschaften der DDR,
Direktor Prof. Dr. habil. Wolfgang Heinrichs

Nr. 26

ANNELIESE BRAUN

Komplexe Effektivitätsbeurteilung der Volkswirtschaft bei Intensivierung

– Ein Beitrag zur Diskussion –

AKADEMIE-VERLAG · BERLIN 1978

Wissenschaftlicher Redakteur:
Dr. Walburga Wicke

Erschienen im Akademie-Verlag, 108 Berlin, Leipziger Str. 3—4

Lizenznummer: 202 · 100/262/78
Gesamtherstellung: VEB Druckerei „Thomas Müntzer", 582 Bad Langensalza
Bestellnummer: 753 536 0 (2163/26) · LSV 0325
Printed in GDR
DDR 14,— M

Inhaltsverzeichnis

Vorwort

Für die Gestaltung des entwickelten Sozialismus ist die Herausbildung der vorwiegend intensiv erweiterten Reproduktion von zentraler Bedeutung. Hierbei geht es darum, Faktoren und Quellen vorwiegend intensiver Erweiterung stärker und nachhaltiger durchzusetzen und noch bestehende Quellen solcher extensiver Erweiterungen zurückzudrängen, die den volkswirtschaftlichen Effektivitätszuwachs beeinträchtigen. Die Intensivierung als strategischer Weg des gesamten gesellschaftlichen Voranschreitens bedingt letztlich eine qualitativ höhere Stufe im Wirkungsmechanismus der ökonomischen Gesetze des Sozialismus. Sie schließt qualitative Veränderungen in der materiell-technischen Basis und ihrer Effektivität, in den Wechselbeziehungen von Produktivkräften und Produktionsverhältnissen generell im Funktionsmechanismus der sozialistischen Gesellschaft ein. Deshalb ist es wichtig, den Prozeß der Intensivierung an den komplexen Veränderungen in den Reproduktionsbedingungen zu beurteilen. Von besonderer Bedeutung sind hierbei dauerhafte Intensivierungslösungen in dem Sinne, daß mit der gegenwärtigen Effektivitätssteigerung gleichzeitig die Wege kontinuierlicher zukünftiger Effektivitätssteigerung vorbereitet werden. Intensivierung bedeutet damit eine qualitativ höhere Stufe in der Entfaltung sozialistischer Triebkräfte. Die sozialistische Intensivierung ist gegenwärtig der Hauptweg, um den Widerspruch zwischen den Anforderungen der Aufrechterhaltung der gegebenen Dynamik des Produktionsprozesses und der dahinter noch zurückbleibenden Effektivitätssteigerung zu lösen. Deshalb orientiert der IX. Parteitag der SED auf einen starken ökonomischen Leistungsanstieg im kommenden Entwicklungsabschnitt, der höhere Anforderungen an die Steigerung der Arbeitsproduktivität und Effektivität stellt. Bei der Lösung dieser Aufgabe geht es nicht nur um Fortschritte auf einzelnen Gebieten. Die Aufgabe besteht darin, "den inneren Zusammenhang aller mit der Intensivierung verbundenen Faktoren zu erkennen und - was vor allen Dingen wichtig ist - sie dann im Komplex wirksam zu machen. Jetzt geht es darum, alle diese qualitativen Faktoren des Wachstums der Produktion, angefangen von der Beschleunigung des wissenschaftlich-technischen Fortschritts bis zur immer wirkungsvolleren Entwicklung der schöpferischen Fähigkeiten der Werktätigen, auf noch breiterer Basis und noch weitaus gründlicher vorbereitet und durchdacht als bisher in den Vordergrund der gesamten Arbeit zu rücken. Das heißt also, umfassend den Kampf um eine hohe Effektivität der gesamten wirtschaftlichen Tätigkeit zu führen."[1]

Hierbei geht es vor allem darum, Bedingungen zu schaffen, die den Wirkungsbereich der Effektivität als Entscheidungskriterium erweitern und es ermöglichen, die für die Lösung dieser Aufgabe notwendigen Reserven zu erschließen. Wie die Analyse objektiver und subjektiver Bedingungen für die Effektivitätsentwicklung zeigt, müssen durch vermehrte Effektivitätssteigerung auch auf verschiedenen Gebieten noch immer reproduzierte extensive Entwicklungstendenzen zurückgedrängt werden, sofern diese die Effektivitätsentwicklung hemmen.

Aus der Sicht von Fortschritten im Intensivierungsprozeß ist auch die Wachstumsdynamik des Nationaleinkommens differenziert zu beurteilen.

In der Wachstumsdynamik des Nationaleinkommens schlagen sich letztlich sowohl die Fortschritte als auch die Entwicklungsprobleme der Intensivierung nieder, wenn die entsprechende Zeitverzögerung im Wirksamwerden der Wachstumsfaktoren beachtet wird. Doch ist dieser Zusammenhang zwischen Intensivierungsfortschritten und Wachstumsdynamik des Nationaleinkommens nur unter Berücksichtigung der Wechselbeziehungen kurz- und langfristig wirksam werdender Wachstumsfaktoren nachweisbar und wirkt damit in der langfristigen Tendenz. Über relativ kurzfristige Zeiträume gesehen, kann z. B. eine hohe Wachstumsdynamik des Nationaleinkommens auch durch zeitweilig mobilisierbare Wachstumsquellen, wie z. B. durch äußerst hohen Wertumfang von Erweiterungsinvestitionen oder durch starke Konzentration auf kurzfristige Quellen der Effektivitätssteigerung, erreicht werden. Solche zeitweiligen Quellen dienen dann der Intensivierung, wenn sie mit der gegenwärtigen Vervollkommnung der materiell-technischen Basis sowie der Verbesserung der Arbeits- und Lebensbedingungen zugleich auch die Bedingungen und Triebkräfte ihrer zukünftigen Verbesserung reproduzieren. Andernfalls können sie, trotz eines gegebenenfalls noch hohen Wachstumstempos des Nationaleinkommens, die Intensivierung hemmen. Das bedeutet aber, daß nicht generell das Wachstumstempo des Nationaleinkommens Fortschritte in der Intensivierung ausdrückt. Entscheidend ist eine solche Wachstumsdynamik des Nationaleinkommens, die eine hohe Kontinuität des Wachstums einschließt, deren Verwendungsproportionen gegenwärtige und zukünftige Interessen an der Entwicklung von materiell-technischer Basis sowie Arbeits- und Lebensbedingungen weitgehend so miteinander verbinden, daß die Produktivität der gesellschaftlichen Arbeit dauerhaft mit hohen Raten steigen kann. Diese stärkere Betonung einer möglichst hohen Kontinuität in der Dynamik steht in enger Verbindung mit dem erreichten wirtschaftlichen Entwicklungsniveau, insbesondere dem wissenschaftlich-technischen Niveau der Produktion und dem Qualifikationsniveau der Werktätigen. In den Perioden der klassischen kapitalistischen Entwicklung gehörte die hohe Bindung gesellschaftlicher Arbeit im fixen Kapital zu den materiellen Grundlagen für die Herausbildung der Kontinuität als Gesetzmäßigkeit der industriellen Produktion. Mit der sich bei der Gestaltung des entwickelten Sozialismus herausbildenden hohen Bildungs- und Wissenschaftsintensität der Arbeit bei einer bereits relativ hohen, weiter steigenden Fondsausstattung der Arbeit wird die Kontinuität darüber hinaus zu einer Gesetzmäßigkeit des gesamten Reproduktionsprozesses. Ein hoher Wissensstand muß z.B. zu seiner Erhaltung nicht nur ständig aktiviert werden. Er veraltet, wenn er nicht gleichzeitig laufend erneuert wird. Nicht aktiviertes Wissen und nicht erneuertes Wissen bedeuten deshalb Verlust an persönlichkeitsbildenden und produktivitätssteigernden Faktoren. Das bedeutet aber, daß die weitere Herausbildung persönlichkeitsfördernder Elemente und ihre produktive Umsetzung objektiv einen ständigen wissenschaftlich-technischen Erneuerungsprozeß voraussetzt. Das Tempo in der Entwicklung des wissenschaftlich-technischen

Niveaus von Erzeugnissen und Verfahren, von Qualität und Sortiment der Produktion, gibt daher in wachsendem Maße den Ausschlag dafür, daß eine hohe Kontinuität in der Dynamik des sozialistischen Reproduktionsprozesses gesichert werden kann. Deshalb gehört es zu den wichtigen Aufgaben der Ökonomie, den sozialökonomischen Auswirkungen von konkreten Prozessen qualitativer Veränderungen im wissenschaftlich-technischen Niveau, in Qualität, Sortiment, Struktur und Proportionalität der Produktion größere Bedeutung beizumessen. Wie wichtig es ist, aus der Vielzahl dieser Veränderungen die tragenden rechtzeitig zu erkennen und bewußt und planmäßig zu fördern, die über starke Verflechtungen komplexe volkswirtschaftliche Auswirkungen haben, zeigen z.B. die Anwendungsgebiete der Elektronik und damit verbundene neue Möglichkeiten zur Effektivitätssteigerung, u.a. auch zur absoluten Freisetzung von Arbeitszeit. Zugleich muß jedoch beachtet werden, daß die Betonung der Untersuchung von Dynamik, Wirkungsbereich, Intensität und Auswirkungen konkreter qualitativer Prozesse keineswegs die Bedeutung der Erforschung gesamtwirtschaftlicher Prozesse abwertet. Es geht immer um die Gesamtheit der Auswirkungen auf den gesellschaftlichen Reproduktionsprozeß. Jedoch verlagert sich der Schwerpunkt volkswirtschaftlicher Untersuchungen. In den Vordergrund treten immer stärker Fragen, die nicht mit dem Wachstumsprozeß generell verbunden sind, sondern vor allem mit seiner Effektivität, seiner Kontinuität, seiner Komplexität auf der Basis der ständigen erweiterten Reproduktion sozialistischer Triebkräfte. Damit gewinnen auch die Wechselbeziehungen zwischen Niveau und Dynamik an Bedeutung.

Aus der Vielzahl reproduktionstheoretischer Probleme des vorwiegend intensiven Wachstums können im folgenden nur einige herausgegriffen werden, die sich vor allem auf Wechselbeziehungen zwischen Effektivitätssteigerung und Wachstumsdynamik konzentrieren. Damit sollen Ansatzpunkte für tiefer gehende Untersuchungen der Bedingungen, Faktoren, Reserven und Wege einer kontinuierlichen Produktivitäts- und Effektivitätssteigerung gezeigt werden. Zu diesen Ansatzpunkten gehören vor allem:

- die weitere Vervollkommnung der Messung und Beurteilung des Ergebniskriteriums der Intensivierung, insbesondere des Verhältnisses von Produktivität der gesellschaftlichen Arbeit und Effektivität, sowie die Herausbildung von Bedingungen und Faktoren, um durch komplexere Effektivitätsbeurteilung aus der Gesamtsicht des einheitlichen Reproduktionsprozesses tiefer liegende Effektivitätsreserven aufzudecken,

- einige Anforderungen und Probleme der Effektivitätsentwicklung beim Übergang zu einer höheren Entwicklungsstufe der sozialistischen Intensivierung und
- der Versuch der Analyse ausgewählter Intensivierungsaufgaben aus der Gesamtsicht ihres Beitrages zur umfassenden Intensivierung des volkswirtschaftlichen Reproduktionsprozesses, insbesondere der Produktivitätssteigerung lebendiger Arbeit, der Intensivierung der Grundfondsreproduktion, der Materialökonomie, der Effektivität der Freisetzung von Arbeitskräften.

Die Ausführungen dieses Forschungsberichts erheben nicht den Anspruch auf Vollständigkeit und umfassende Lösung der aufgeworfenen Probleme. Sie sollen auf eine Reihe von theoretischen und praktischen Grundfragen aufmerksam machen, deren weitere Durchdringung für das Erreichen von Fortschritten im Intensivierungsprozeß mit Voraussetzung ist. Dabei mußte zwangsläufig noch in der Diskussion befindlichen Fragen relativ mehr Platz eingeräumt werden, was nicht automatisch bedeutet, daß sie deshalb auch entsprechend wichtiger sind. Im analytischen Teil sind auch eine Reihe von experimentellen Berechnungen enthalten, die zeigen sollen, in welcher Richtung vervollkommnete Beurteilungen von Intensivierungsfortschritten mit welchen Konsequenzen möglich sind, auch wenn die Methodik selbst für die ständige praktische Anwendung noch weiter vervollkommnet werden muß.

Die folgenden Aussagen werden trotz dieser Einschränkungen zur Diskussion gestellt, um damit mögliche Lösungsansätze für einige aktuelle reproduktionstheoretische Fragen der sozialistischen Intensivierung darzulegen und Hinweise für die weitere Arbeit an diesen Problemen zu erhalten.

1. Zu einigen reproduktionstheoretischen Grundlagen der Intensivierung

1.1. Zu den Kriterien der sozialistischen Intensivierung

Um weiterhin die entwickelte sozialistische Gesellschaft zu gestalten, sind Fortschritte in der Intensivierung des volkswirtschaftlichen Reproduktionsprozesses unerläßlich. Das Programm der SED orientiert auf die Intensivierung der gesellschaftlichen Produktion als Hauptweg, um "eine leistungsfähige materiell-technische Basis zu schaffen, die ein stabiles Wirtschaftswachstum, hohe Arbeitsproduktivität und Effektivität der gesellschaftlichen Arbeit ermöglicht".[2] Damit sind höhere Anforderungen an die ökonomische Leistungskraft verbunden, die dazu zwingen, zielgerichtet Effektivitätsreserven auf allen Ebenen zu erschließen.

Intensivierung bedeutet Verstärkung der intensiven Wachstumsquellen. Sie bewirkt, daß die Dynamik der Reproduktion vorwiegend auf der Steigerung der Produktivität der gesellschaftlichen Arbeit beruht. Dabei ist ausschlaggebend, daß die Steigerung der Produktivität der gesellschaftlichen Arbeit nicht nur zeitweilig, sondern dauerhaft die Dynamik des Reproduktionsprozesses bestimmt. Kontinuierlich hohe Produktivitäts- und Effektivitätssteigerung beeinflußt jedoch nicht nur die Quellen des Wachstums, sondern hat auch wesentliche Konsequenzen für die Reserven und Wege der Effektivitätssteigerung. Es wächst der Einfluß qualitativer Veränderungen im Ergebnis eines sich herausbildenden ständigen wissenschaftlich-technischen Erneuerungsprozesses. Diese qualitativen Veränderungen sind sowohl mit einer verstärkten Entwicklung der Bildungs- und Wissenschaftsintensität der Arbeit und einer wachsenden Bedeutung ihrer organisatorischen Funktionen als auch mit höheren Anforderungen an die Proportionalitätsbedingungen zwischen Arbeitskräften, Grundfonds, Material- und Rohstoffsicherung verbunden. Sie bilden unmittelbare materielle Grundlagen für die schrittweise Erweiterung der Fähigkeiten des sozialistischen Werktätigen. Eine hohe Wirksamkeit dieser qualitativen Faktoren setzt die volle Entfaltung der sozialistischen Triebkräfte, ihre Umsetzung in konkrete produktivitätssteigernde Aktivitäten voraus. Daraus folgt, daß die sozialistische Intensivierung nur aus der Einheit allgemein reproduktionstheoretischer und spezifisch sozialistischer Faktoren erklärt werden kann.

Sozialistische Intensivierung beruht auf veränderten Reproduktionsbedingungen, die sich bei der Gestaltung des entwickelten Sozialismus herausbilden. Dazu gehören insbesondere:

- der höhere Einfluß der Effektivitätssteigerung und ihrer Kontinuität auf die Wachstumsdynamik des Nationaleinkommens, die Veränderungen in den Wachstumsquellen zugunsten vorwiegend intensiver Wachstumsquellen,
- die damit verbundenen Veränderungen in den Reserven und Wegen der Produktivitätssteigerung, die mit der stärkeren Bedeutung qualitativer Veränderungen und der sich herausbildenden ständigen wissenschaftlich-technischen Erneuerung eine engere Verbindung ökonomischer und sozialer Entwicklungsprozesse bedingen, insbesondere von produktiver und persönlichkeitsfördernder Arbeit,
- die Verstärkung der Wechselbeziehungen zwischen Effektivität und Proportionalität auf allen Ebenen der Volkswirtschaft, insbesondere der Verbindung von kurzfristigen Effektivitätsquellen und langfristigen Proportionalitätserfordernissen, um die Voraussetzungen dauerhaft hoher Produktivitätssteigerung kontinuierlich zu reproduzieren,
- sich verändernde Bedingungen für die Proportionssicherung, die insbesondere in der Einheit von Anforderung an Menge, Wert, Qualität, wissenschaftlich-technischem Niveau, Rechtzeitigkeit und Effektivität der Produktion zum Ausdruck kommen,
- die Wechselwirkung von Produktivität der gesellschaftlichen Arbeit und Effektivität (aus der Gesamtsicht der jeweiligen Funktion und des Beitrages aller Phasen des einheitlichen Reproduktionsprozesses zur gesellschaftlichen Bedürfnisbefriedigung), die sich in Abhängigkeit von den

realen ökonomischen Fortschritten immer enger gestaltet und in wachsendem Maße die Entfaltung spezifisch sozialistischer Triebkräfte beeinflußt,

- die Vermehrung von "disposable time" im Marxschen Sinne und in Verbindung mit der weiteren Ausprägung des sozialistischen Charakters der Arbeit ihre sich verstärkende Rückwirkung auf die Steigerung der Produktivität der gesellschaftlichen Arbeit.

Mit der Intensivierung bildet sich der charakteristische Reproduktionstyp der entwickelten sozialistischen Gesellschaft heraus, bei dem die Ökonomie der Zeit "in viel höherem Grade Gesetz" wird. Die höhere Wirksamkeit des Gesetzes der Ökonomie der Zeit realisiert sich insbesondere in Veränderungen in den Quellen des ökonomischen Wachstums, in sich erweiternden Bedingungen für die Beurteilung der Effektivitätsentwicklung aus der Gesamtsicht aller Phasen und Elemente des einheitlichen Reproduktionsprozesses, im höheren Grad von Kontinuität in der Effektivitätssteigerung.

Vorwiegend intensiv erweiterte Reproduktion schließt extensive Erweiterungen auf Teilgebieten ein, die notwendig sind, um die Reserven zur Produktivitäts- und Effektivitätssteigerung möglichst weitgehend zu nutzen. Sie hebt mit der Betonung qualitativer Faktoren keineswegs die Einheit quantitativer und qualitativer Veränderungen auf. Jedoch werden die Möglichkeiten und Grenzen quantitativer Veränderungen primär durch die Erfordernisse qualitativer Veränderungen bestimmt. Dieses Primat setzt sich in Abhängigkeit von Fortschritten bei der Gestaltung des entwickelten Sozialismus durch.

Die für den Kapitalismus typische Form der intensiven Erweiterung, die auch in den ersten Entwicklungsperioden des Sozialismus noch überwog, war dadurch gekennzeichnet, daß qualitative Veränderungen in der Produktionstechnik mit einer beträchtlichen extensiven Nutzung der Naturressourcen verbunden waren und die quantitative Entwicklung der Arbeitskräfte an die Erweiterung der Produktionsausrüstungen angepaßt werden konnte. Extensive Erweiterung der primären Wachstumsquellen war damit ein wichtiger Faktor, die Ausbeutung zu erhöhen. Intensive Entwicklungen der primären Wachstumsquellen, z.B. durch Erhöhung des Qualifikationsniveaus der Arbeitskräfte, Mehrkomponentennutzung und Veredlung der Rohstoffe, bewegten sich stets im Rahmen gleichzeitiger schneller quantitativer Erweiterungen. Bei einem relativ hohen Anteil des intensiven Wachstums in den USA nahm z. B. von 1960 bis 1973 die Zahl der Beschäftigten im Jahresdurchschnitt um 1,95 % zu, in Japan um 1,3 %, in Frankreich um 0,85 %. Demgegenüber erhöhte sich die Zahl der Beschäftigten in Großbritannien und der BRD mit 0,1 % bedeutend langsamer. In der BRD stieg jedoch die Zahl der Beschäftigten im Jahresdurchschnitt von 1950 bis 1973 insgesamt um 1,2 %, darunter von 1950 bis 1960 um 2,55 %. Dabei muß berücksichtigt werden, daß diese Beschäftigtenentwicklung keineswegs bedeutet, daß alle Möglichkeiten einer extensiven Erweiterung des Arbeitsvermögens genutzt werden. Beispielsweise waren 1975 in den USA 8,5 % aller Werktätigen arbeitslos (einschließlich Kurzarbeiter 13 %), in der BRD 4,7 % (einschließlich Kurzarbeiter 8,1 %). Vom Institut für Weltwirtschaft in Kiel wurde bis 1985 eine Abnahme oder bestenfalls Stagnation des Angebots an Arbeitsplätzen infolge wirtschaftlicher Strukturwandlungen prognostiziert. Hierbei sind nicht berücksichtigt ein Teil der arbeitswilligen Frauen, ältere Arbeiter, die vorzeitig in Rente gehen, Schulabgänger und Hochschulabsolventen, die noch nicht beschäftigt waren.[3]

Daran wird aber auch deutlich, daß selbst ein hoher Anteil des intensiven Nationaleinkommenszuwachses unter kapitalistischen Bedingungen nicht von vornherein auch mit einer intensiven Ausnutzung der Ressourcen identisch ist.

Der Rohstoffverbrauch unterlag seit Beginn der wissenschaftlich-technischen Revolution einer besonders starken quantitativen Erweiterung. Allein die USA verbrauchten in den letzten 30 Jahren Brenn- und Rohstoffe in bedeutend größerer Menge als alle übrigen kapitalistischen Länder in ihrer bisherigen Geschichte. Es mehren sich deshalb Warnungen vor einer baldigen Erschöpfung der Rohstoffvorräte. So sollen z. B. beim gegenwärtigen Niveau der Förderung und bei den gegenwärtigen Rohstoffpreisen[4] in den kapitalistischen Ländern die erkundeten und wahrscheinlichen Vorräte bei Erdöl noch für 31 Jahre reichen, bei Erdgas 36 Jahre, Uran 47 Jahre, Kupfer 46 Jahre, Bauxit 62 Jahre, Nickel 98 Jahre, Zinn 14 Jahre.[5] Nach

Meinung anderer Autoren sind die Vorräte an Bodenschätzen auf der Erde noch relativ groß. Untersuchungen über Mineralreserven ergaben z. B., daß die vermuteten Ressourcen die erkundeten Vorräte bei Antimon um das 5fache übersteigen, bei Kupfer und Blei um das 10fache, bei Quecksilber um das 30fache, bei Uran um das 112fache, bei Thorium um das 288fache, bei Eisenerz um das 23fache.[6]

Jedoch ist die Nutzbarmachung dieser potentiellen Ressourcen mit stark steigenden Aufwendungen verbunden. Beispielsweise werden die geologischen Erkundungsarbeiten teurer, neue Förder- und Verarbeitungsmethoden sind infolge verschlechterter geologischer Bedingungen zu entwickeln, neue schwach besiedelte und weit entfernte Gebiete müssen wegen Erschöpfung traditioneller Lagerstätten in die Förderung einbezogen werden und kompliziertere Anforderungen an den Umweltschutz sind zu beachten. Der Übergang zur Verarbeitung immer ärmerer Erze erhöht die Gewinnungskosten und verlangt neue Förderungs- und Verarbeitungsmethoden. Während z. B. noch 1900 der durchschnittliche Kupfergehalt der in den USA geförderten Erze 4 % betrug, waren es 1940 1,2 % und 1970 0,6 %. Bei Erdöl werden 50 % aller Reserven unter dem Meeresboden vermutet. Gegenwärtig kommen jedoch nur etwa 18 % der Gesamtproduktion von dort, 1980 etwa 25 %. Erhebliche Funde werden in Wassertiefen zwischen 200 und 2500 m erwartet.[7] Werden jedoch die durchschnittlichen Aufwendungen für ein Bohrloch unter gewöhnlichen Bedingungen mit 1 angesetzt, steigen sie im Kontinentalschelf auf das 8fache und in schwer zugänglichen und schwer erschließbaren Gebieten, wie z. B. Alaska, auf das 30fache.[8]

Wissenschaftlich-technische Fortschritte erweitern die Möglichkeiten der Rohstofferkundung und -nutzung wesentlich. Ihre hohen Vorleistungen zwingen dazu, in eine Etappe stärkerer intensiver Nutzung der Rohstoffe einzutreten. Auch hier müssen offenbar neue Wege gesucht werden.[9]

Unter sozialistischen Bedingungen haben grundsätzlich qualitative Veränderungen das Primat, da die Produktion auf den unmittelbar gesellschaftlichen Gebrauchswert ausgerichtet ist, der jedoch noch über die Ware vermittelt wird, wodurch sich u. a. auch Besonderheiten für die Leistungsbeurteilung ergeben. Jedoch ist die quantitative Ausweitung wichtiger Ressourcen Voraussetzung dafür, daß die Möglichkeiten, durch Effektivitätssteigerung mehr Gebrauchswerte bereitzustellen, gut genutzt werden können. Diese quantitative Ausweitung hat hauptsächlich in Abhängigkeit vom jeweils erreichten Entwicklungsniveau der Produktivkräfte bei verschiedenen Ressourcen und in verschiedenen Phasen des Reproduktionsprozesses differenzierte Bedeutung. Welche quantitative Entwicklung wichtiger Ressourcen möglich ist, um die potentielle Wirksamkeit vorwiegend intensiver Erweiterungen weitgehend zu realisieren, hängt im allgemeinen vor allem von folgenden Faktoren ab:

1. vom jeweils erreichten Nutzungsgrad der Produktionselemente und den Möglichkeiten ihrer Freisetzung,[10]

2. vom Verhältnis der quantitativen und qualitativen Komponenten bei der Nutzung der Produktionselemente. Bei Annäherung an Grenzen einer ausgedehnten quantitativen Nutzung (z. B. wenn bei Fortführung quantitativer Ausdehnung die erweiterte Reproduktion des gegebenen Produktionselementes in Frage gestellt wird), wächst das Gewicht der qualitativen Faktoren (z. B. bei Rohstoffsicherung und Umweltreproduktion). Vom Gesichtspunkt der Gesamtentwicklung des gegebenen Produktionselementes ist diese Grenze doppelt bestimmt:
- durch die zeitliche Nutzung,
- durch die Möglichkeiten der Einbeziehung zusätzlicher Produktionselemente,

3. von den Möglichkeiten, die Grenzen quantitativer Belastbarkeit auszudehnen (z. B. durch Bevölkerungsbewegung oder die sozialistische ökonomische Integration u. ä.).

Mit der Gestaltung der entwickelten sozialistischen Gesellschaft sind der extensiven Erweiterung primärer Wachstumsquellen entweder absolute Grenzen gesetzt (z. B. Vollbeschäftigung der Arbeitskräfte), oder die relativen Grenzen (z. B. bei Rohstoffen) können in wachsendem Maße nur über absolut und relativ steigende Vorleistungen[11] hinausgeschoben werden. Relativ steigende Vorleistungen würden aber in Richtung einer abnehmenden Effektivitätssteigerung wirken, wenn sie nicht durch zusätzliche Einsparungen an anderer Stelle kompensiert werden. Sowohl die Arbeit (als Äußerung der Arbeitskraft) als auch die Natur als Quelle aller Arbeitsmittel und -gegenstände haben im Gefolge hoher quantitativer Nutzung bzw. Belastung gegenwärtig einen Entwicklungsstand erreicht, der wesentliche Beschleunigungen ihrer quantitativen Nutzung nicht mehr zuläßt.

Intensivierung trägt dazu bei, den Widerspruch zwischen den wachsenden Anforderungen aller Werktätigen an die Entwicklung materieller Gebrauchswerte und den begrenzten primären Quellen des materiellen Reichtums zu überwinden. Dynamik und Struktur des Reproduktionsprozesses waren bis etwa Anfang der sechziger Jahre in der DDR auf eine intensiv erweiterte Reproduktion ausgerichtet, die noch in größerem Maße mit extensiven Erweiterungen der primären Wachstumsquellen verbunden war. Unter den gegenwärtigen Bedingungen jedoch müssen auch weiterhin notwendige extensive Erweiterungen auf Teilgebieten immer mehr durch Einsparungen an anderer Stelle erst vorbereitet werden. Quantitative Erweiterungen auf Teilgebieten sind somit nicht nur der Intensivierung untergeordnet, sondern diese bestimmt in starkem Maße den möglichen Umfang quantitativer Erweiterungen. Das bedeutet aber, nicht nur die Produktionserweiterung zu planen und zu bilanzieren, sondern zugleich die dazu erforderlichen Einsparungen von Ressourcen an anderer Stelle sowie die notwendigen Rationalisierungsmaßnahmen und -mittel. Diese tiefgreifenden Konsequenzen für den Erweiterungsprozeß erfordern, quantitative und qualitative Faktoren enger miteinander zu verbinden, wobei die Bedeutung der letzteren für die Proportionssicherung wächst. Davon zeugt die Orientierung z. B. weniger neue Arbeitsplätze zu schaffen als Arbeitskräfte freigesetzt wurden, Ersatzinvestitionen stärker mit intensiver Erweiterung zu verbinden, wissenschaftlich-technische und ökonomische Lösungen für geschlossene Stoffkreisläufe zu fördern, aber auch Strukturveränderungen planmäßig durchzuführen (in Abhängigkeit von Sättigungstendenzen bestimmter Produkte und ihrem durch die Effektivitätssteigerung bedingten erweiterten Bewegungsspielraum). Zur verstärkten relativen Einsparung von Ressourcen einmaliger Aufwendungen trägt auch die rationellere Gestaltung der Verflechtungen über die verschiedenen Phasen des einheitlichen sozialistischen Reproduktionsprozesses bei. In Verbindung damit gewinnen z. B. Fragestellungen an Bedeutung, die Bedarfsdeckung nicht nur über quantitative Produktionserweiterung zu verbessern, sondern mehr Investitionen auch zur besseren Nutzung dieser Gebrauchswerte, wie z. B. zur Vermeidung von Zirkulationsverlusten, zur besseren Ausnutzung aller Eigenschaften der Gebrauchswerte u. ä. zu verausgaben.

Die Orientierung der sozialistischen Produktion auf den unmittelbar gesellschaftlichen Gebrauchswert bewirkt, daß die sozialistische Intensivierung Wege zur relativen Einsparung von Ressourcen einschlagen muß, die zur Verbesserung der Arbeits- und Lebensbedingungen aller Werktätigen beitragen und zugleich weitere Ausprägungen des sozialistischen Charakters der Arbeit voraussetzen. Dabei bestätigt die enge Abhängigkeit dauerhafter Fortschritte in der Intensivierung von der weiteren Entfaltung der Entwicklungstriebkräfte des Sozialismus, daß die Intensivierung mehr als nur eine ökonomische Aufgabenstellung ist. Sie ist, wie E. Honecker betonte, ein Faktor des gesamten gesellschaftlichen Voranschreitens.[12]

Charakteristisch für vorwiegend intensive Erweiterungen im Sozialismus ist ihre zunehmende Komplexität auf sich rasch erhöhender Stufenleiter der Reproduktion. Die bessere Beherrschung der Komplexität des Intensivierungsprozesses ist gegenwärtig zweifellos das Hauptkettenglied, um volkswirtschaftlich bedeutsame Intensivierungsreserven zu erschließen. Deshalb orientierte der IX. Parteitag der SED darauf, ihre Erfordernisse und Möglichkeiten bei der Erforschung und bewußten Anwendung der ökonomischen Gesetze des Sozialismus wirksamer zu berücksichtigen. "Im Sinne der zehn Punkte der Intensivierung der Produktion ... besteht die Aufgabe darin, den inneren Zusammenhang aller mit der Intensivierung verbundenen Faktoren zu erkennen und - was vor allen Dingen wichtig ist - sie dann im Komplex wirksam zu machen."[13]

Hohe Intensivierungsergebnisse erfordern, daß diese Komplexität noch stärker planmäßig verwirklicht wird. Das bedeutet vor allem, daß bei jeder Aufgabe Intensivierungsfaktoren und -bedingungen, Veränderungen in der Kombination der Produktionselemente, Zweige und Sphären sowie die verschiedenen Aspekte der Effektivitätssteigerung als Einheit unter Beachtung ihrer Wechselbeziehungen durchgesetzt werden. Intensivierung schließt insbesondere die Komplexität folgender hauptsächlicher Seiten ein:

1. Volle Entfaltung der Intensivierungsfaktoren, insbesondere der qualitativen Weiterentwicklung der Hauptproduktivkraft der Werktätigen, des wissenschaftlich-technischen Fortschritts, der sozialistischen ökonomischen Integration, der Vervollkommnung der Leitung, Planung und Stimulierung.[14] Volle Entfaltung der Intensivierungsfaktoren bedeutet Vervollkommnung der materiell-technischen Basis durch stärkeres Wirksammachen spezifisch sozialistischer Triebkräfte der Entwicklung.

2. Progressive Veränderungen in den Kombinationen der Produktionselemente, die schrittweise die materiellen Bedingungen für die Herausbildung der Arbeit zum ersten Lebensbedürfnis erweitern und damit neue Quellen der Effektivitätssteigerung vorbereiten. Zu diesen qualitativen Veränderungen in der Kombination der Produktionselemente gehören vor allem die steigende Ausrüstungs- und Elektroenergieausstattung der Arbeit, der bessere Ausnutzungsgrad der Produktionsmittel,[15] veränderte Qualifikation und Arbeitsinhalte sowie höhere Anforderungen an die Organisation der Produktion im engeren und weiteren Sinne bis zur effektiveren Gestaltung der Wirtschaftsstruktur. Die Veränderungen in der Kombination der Produktionselemente sind von den Hauptwegen der Produktivitäts- und Effektivitätssteigerung abhängig, wie sie sich u.a. in Verbindung mit der jeweiligen Arbeits- und Fondsintensität der Produktion ergeben.

3. Volkswirtschaftliche Effektivitätssteigerung als Ergebniskriterium der Intensivierung. Entsprechend der Orientierung des IX. Parteitages der SED setzen hohe volkswirtschaftliche Endergebnisse vor allem voraus, Menge, Qualität und Effektivität der Erzeugnisse einander nicht gegenüberzustellen, sondern als Einheit in der Planung und Bilanzierung zu behandeln. Dazu gehört auch, die Effektivität nach der komplexen Wirkung aller ihrer Teilkriterien zu beurteilen. Hierbei geht es um solche Entwicklungen bei den Teilkriterien der Effektivität, wie z.B. der Produktivität der lebendigen Arbeit, der spezifischen Selbstkostensenkung, der Fondsquote, der direkten Außenhandelseffektivität, mit deren Hilfe insgesamt die volkswirtschaftliche Effektivität steigt. Fortschritte in der Intensivierung auf Teilgebieten beweisen sich nur dann als Faktor gesellschaftlichen Voranschreitens, wenn sie bis zu Einsparungen im Rahmen der Gesamtwirtschaft wir-

ken. Es geht deshalb darum, Inhalt und Merkmale der sozialistischen Effektivität sowie ihre Beziehungen zur Produktivität der gesellschaftlichen Arbeit in ihrer Vielschichtigkeit so auszuarbeiten, daß sie Grundlage einer vervollkommneten Leistungsbewertung sein können.

Die Komplexität der Intensivierungsfaktoren ist von großer Bedeutung für eine reale Einschätzung der Intensivierungsergebnisse. Fortschritte im Intensivierungsprozeß können nur aus der Gesamtsicht der genannten Seiten eingeschätzt werden.[16] Wissenschaftlich-technische Neuerungen, die u.a. infolge zu knapper Ressourcen unzureichend zur volkswirtschaftlichen Effektivitätssteigerung beisteuerten oder die schlecht genutzt wurden, weil Arbeitskräfte und Organisation nicht ausreichend darauf vorbereitet wurden, realisierten sich in der Endkonsequenz nicht bzw. nicht im möglichen Ausmaß als Intensivierungsfaktoren. Bei der Lösung der Intensivierungsaufgaben geht es deshalb darum, stets die Anforderungen aller Seiten des Intensivierungsprozesses in ihrer Einheit zu beachten. Die Intensivierung durchdringt alle Seiten des Reproduktionsprozesses und kann deshalb auch nicht aus der Sicht von Einzelmaßnahmen oder Teilergebnissen allein geplant und realisiert werden. Jede einseitige Verabsolutierung einzelner Faktoren der Produktivitäts- und Effektivitätssteigerung führt dazu, daß die möglichen Fortschritte nicht erreicht werden. Sie täuscht auch über den tatsächlichen Intensivierungsgrad hinweg. Die Lösung der zehn Aufgaben der Intensivierung erfordert, daß Bedingungen für die volle Entfaltung der Intensivierungsfaktoren ständig erweitert werden. Vom komplexen Wirksamwerden der Intensivierungsfaktoren hängt ab, wie es gelingt, eine solche Steigerung von Produktivität und Effektivität zu erreichen, die auch unter Beachtung von entgegenwirkenden Faktoren und zeitweiligen Verteuerungen einzelner Reproduktionsaufwendungen noch hoch genug ist, um ein kontinuierliches Wirtschaftswachstum zu sichern. Wenn z.B. von Experten eingeschätzt wird, daß trotz vieler gegenläufiger Faktoren in den nächsten 10 bis 15 Jahren der spezifische Aufwand je Rohstoffeinheit zu seiner Erhöhung tendiert,[17] dann verstärkt sich damit der Druck auf neue Quellen zur Effektivitätssteigerung, wie sie sich z.B. in der Erhöhung des Nettowirkungsgrades der Rohstoffe und Energieträger, in der Elektronisierung u.a. zeigen. Zugleich erfordert aber die Erschließung neuer Quellen zur Effektivitätssteigerung in der Regel relativ höhere Vorleistungen sowie eine bessere Beherrschung der Verflechtungen aus der Gesamtsicht des Reproduktionsprozesses.

Die Notwendigkeit, Intensivierungsfaktoren stärker im Komplex wirksam zu machen, erhöht sich, weil die Dynamik der Effektivitätssteigerung zunehmend davon abhängt, wie es gelingt, tiefergehende Intensivierungsreserven zu erschließen. Natürlich gibt es bei der besseren Nutzung vorhandener Ressourcen noch Reserven. Jedoch hängt die effektivere Nutzung vorhandener Ressourcen im wachsenden Maße davon ab, daß dafür Voraussetzungen geschaffen werden, die im allgemeinen einen größeren Komplex miteinander verflochtener Veränderungen umfassen und von der jeweiligen Wirtschaftseinheit nur zum Teil beeinflußt werden können. Beispielsweise ist für die spürbare Verbesserung der zeitlichen Grundfondsnutzung, die nach wie vor eine wichtige Quelle zur Effektivitätssteigerung in vielen Betrieben und Abteilungen darstellt, neben vielschichtigen Maßnahmen zur Verbesserung der Arbeits- und Lebensbedingungen der Schichtarbeiter, insbesondere in den Ballungsgebieten, auch eine Verstärkung absoluter Freisetzung von Arbeitskräften erforderlich. Letztere ist aber in der Regel an einen ganzen Komplex von Faktoren gebunden, wie insbesondere die materielle Sicherung von Rationalisierungsmitteln, die weitere Beseitigung von Disproportionen, die bessere Beherrschung inner- und zwischenzweiglicher Verflechtungen sowie der Territorial-Zweig-Beziehungen, die z.B. wichtige Bedingungen für größere Fortschritte in der territorialen Rationalisierung sind.

Da die Voraussetzungen für die Erschließung von tiefer liegenden Effektivitätsreserven auch über die Grenzen der jeweiligen Wirtschaftseinheit hinausgehen, gewinnt die Organisation der gesellschaftlichen Arbeit immer größere Bedeutung. Erschließen von Intensivierungsreserven kann deshalb auch nicht auf spezielle Programme und Planteile, wie z.B. Intensivierungskonzeptionen, Plan Wissenschaft und Technik u.ä. reduziert werden. Fortschritte bei der Nutzung von Intensivierungsreserven setzen generelle Fortschritte bei der Planung und Bilanzierung der Ressourcen, insbesondere der Übereinstimmung von Wert- und Mengenplanung und der Bilanziertheit von Leistung, Ressourcen, Effektivität und damit der Anforderungen der Intensivierungsfaktoren voraus. Ein grundsätzliches Problem besteht hierbei in der Schaffung von Bedingungen, damit die Effektivitätssteigerung Überanspannungen bestimmter Ressourcen stärker abbaut, da solche Überanspannungen in der Regel volkswirtschaftliche Effektivitätsverluste mit sich bringen.

Für eine aktivere Funktion der Effektivität sind zweifellos solche Faktoren, wie z.B. die weitere Vervollkommnung der Effektivitätsplanung, ihre Verbindung mit den anderen Planteilen, die Vervollkommnung der Faktorenanalyse der Effektivität bis hin zur verstärkten Begründung und Anwendung von Effektivitätsnormativen u.a. von großer Wichtigkeit. Zugleich erfordert ihre Verwirklichung die stärkere Herausbildung objektiver effektivitätsfördernder Bedingungen, wie insbesondere einen höheren Grad von Kontinuität und damit Proportionalität und Bilanziertheit bei der materiell-technischen Sicherung der Ressourcen, höhere Qualität, höhere Vorleistungen, höhere Flexibilität und Disponibilität beim Einsatz und bei der Nutzung wichtiger Ressourcen u.a. Die bessere Nutzung der Vorzüge sozialistischer Produktionsverhältnisse, insbesondere der planmäßigen gesellschaftlichen Beherrschung der wachsenden Komplexität der Intensivierungsfaktoren und ihrer gesellschaftlichen Konsequenzen, wird damit zum Hauptkettenglied, um Wirksamkeit und Tempo der Entwicklung der Produktivkräfte, vor allem der materiell-technischen Basis, zu erhöhen.

1.2. Höhere Entwicklungsstufe der Intensivierung und Anforderungen an die Effektivität

Die Intensivierung wird im Prozeß ihrer Herausbildung zur typischen Reproduktionsform der entwickelten sozialistischen Gesellschaft weiter ausgeprägt und vervollkommnet. Ihre volle Entfaltung, d.h. höhere Entwicklungsstufe wird in der Regel als umfassende oder allseitige Intensivierung bezeichnet. Für die volle Entfaltung der Intensivierung sind vor allem folgende Merkmale charakteristisch:

- Die Intensivierung hat nicht nur Teilgebiete oder einzelne Faktoren der Reproduktion ergriffen, deren Effekte durch Fortführung starker extensiver Entwicklungstendenzen auf anderen Gebieten noch beeinträchtigt werden können, sondern bestimmt die Reproduktion bei allen Elementen, Phasen und Sphären der Reproduktion.

- Die Intensivierung sichert auf Grund einer dauerhaft hohen Produktivitätssteigerung und damit hohen Kontinuität in der Effektivitätsentwicklung die Aufrechterhaltung der Dynamik des Reproduktionsprozesses im wesentlichen aus eigenen Quellen.

- Dauerhafte Intensivierungslösungen setzen eine wesentlich stärkere reproduktive Funktion der Effektivitätssteigerung voraus, d.h. der erweiterten Reproduktion sozialistischer Triebkräfte. Sie setzen optimale Verbindungen kurzfristiger Quellen der Effektivitätssteigerung mit langfristigen Proportionalitätserfordernissen voraus. Von großer Bedeutung dafür sind die stärkere Entwicklung fonds- und naturressourcensparender Wege zur Produktivitätssteigerung.

- Die höhere Entwicklungsstufe der Intensivierung beruht auf dem abgestimmten Wirksamwerden der Intensivierungsfaktoren im Komplex, d.h. der Ausrichtung aller Teilfaktoren auf eine hohe Gesamteffektivität. Damit schließt sie in Abhängigkeit von Unterschieden in den Reproduktionsbedingungen und den jeweiligen Anforderungen von Wissenschaft und Technik extensive Erweiterungen auf Teilgebieten ein. Allseitigkeit der Intensivierung bedeutet somit Komplexität, aber nicht gleiche Effektivitätsbeiträge jedes Faktors.

Um eine höhere Entwicklungsstufe der Intensivierung zu erreichen, müssen objektive und subjektive Voraussetzungen im Intensivierungsprozeß heranreifen. Die Aufgabe, tiefer liegende Intensivierungsreserven vor allem über einen ständigen wissenschaftlich-technischen Erneuerungsprozeß zu erschließen,[18] ist damit verbunden, von den bisher noch vorliegenden Fortschritten der Intensivierung auf einzelnen Gebieten und bei einzelnen Faktoren (deren volle volkswirtschaftliche Wirksamkeit teilweise auch durch noch niedrigere Intensivierungsgrade auf anderen Gebieten oder bei anderen Faktoren beeinträchtigt werden konnte) zur allseitigen Intensivierung überzugehen. Dieser Übergang erfordert eine längere Periode. "Planerfüllung, das bedeutet deshalb nie allein, die Ziele der Warenproduktion zu erreichen und zu überbieten. Zuverlässige Realisierung aller wissenschaftlich-technischen Vorhaben, die entsprechende Steigerung der Arbeitsproduktivität, die Qualität der Erzeugnisse, den Absatz der Erzeugnisse, hohe Vertragstreue, die Einhaltung des Investitionsplanes, die Lösung der Außenhandelsaufgaben und die vorgesehene Senkung der Kosten, das alles schließt der Plan ein. Erst seine allseitige Erfüllung gewährleistet eine kontinuierliche und dynamische wirtschaftliche Entwicklung."[19]

Seit sich Anfang der sechziger Jahre in der DDR mit dem Sieg der sozialistischen Produktionsverhältnisse und der beginnenden wissenschaftlich-technischen Revolution die Notwendigkeit zur vorwiegend intensiv erweiterten Reproduktion herausgebildet hatte, wurden wirtschaftliche Fortschritte und Entwicklungsprobleme in starkem Maße dadurch bestimmt, wie es gelungen ist, mit Hilfe der sozialistischen Rationalisierung dauerhafte Intensivierungslösungen zu finden. Wie die bisherigen Erfahrungen zeigen, erfordert der Übergang zur vorwiegend intensiv erweiterten Reproduktion eine tiefgreifende und komplizierte Vervollkommnung in der Leitung, Planung und Organisationsstruktur der Wirtschaft, um sich den objektiven Veränderungen in den Quellen des Wirtschaftswachstums und der Bedürfnisse nicht nur anzupassen, sondern zugleich weitere qualitative Veränderungen aktiv zu fördern. Es galt generell, den Lösungsweg der wirtschaftspolitischen Zielsetzungen neu zu durchdenken.

Diese neuen Anforderungen brachte L. I. Breshnew konzentriert zum Ausdruck, als er auf dem XXV. Parteitag der KPdSU betonte: "Die Revolution in Wissenschaft und Technik erfordert grundlegende Veränderungen im Stil und in den Methoden der Wirtschaftstätigkeit, den entschlossenen Kampf gegen Konservatismus und Routine, die Hochachtung vor der Wissenschaft, die Fähigkeit und das Verlangen, sie zu Rate zu ziehen und ihr Rechnung zu tragen. Sie fordert Vervollkommnung der Planung und der ökonomischen Stimulierung, um Voraussetzungen zu schaffen, die in vollem Maße zur möglichst schnellen Überführung der neuen Ideen ... beitragen ..."[20] Diese Hinweise gelten grundsätzlich auch für die DDR.

Beim Übergang zur allseitigen Intensivierung entstehen zwangsläufig Widersprüche zwischen dem objektiv herangereiften Druck auf die Effektivitätssteigerung und der nur allmählich möglichen Umstellung auf die neuen Anforderungen. Solche Widersprüche entstehen, wenn die Effektivitätssteigerung noch nicht hoch genug ist, um die Dynamik des Reproduktionsprozesses dauerhaft aufrechtzuerhalten.

Für ein stabiles Wachstum des Nationaleinkommens ist von großer Bedeutung, daß kurzfristig erschließbare Effektivitätsreserven noch besser genutzt werden. Sobald jedoch kurzfristige Effektivitätsfaktoren in einem solchen Umfang angewendet werden würden, daß sie langfristig zur Verletzung von Proportionalitätsbedingungen führen, würde letzten Endes die Effektivität nur scheinbar steigen. Die Verletzung von Proportionalitätsbedingungen führt zeitverzögert zu Effektivitätseinbußen. Zugleich würde das Bestreben, Disproportionen zu beseitigen, auch fördern, daß Maßnahmen ohne ausreichende Beachtung der Effektivitätskriterien realisiert werden.

Ein gewisses Pendeln zwischen einer angeblichen Vorrangigkeit der (kurzfristigen) Effektivität gegenüber Ressourcenforderungen zur Sicherung langfristiger Produktionsproportionen und andererseits der Vorrangigkeit bestimmter Produktionsproportionen gegenüber der Effektivität, drückt aus, daß die intensiven Wachstumsquellen noch nicht stark genug sind, um die geplanten Produktionsziele zu sichern. Ein solches Pendeln würde jedoch den Widerspruch zwischen Anforderungen der Bedarfsdekkung und Intensivierungsergebnissen verstärken.

Ein entscheidendes Kettenglied zur Lösung dieser Widersprüche ist die Sicherung der notwendigen Vorleistungen zur Vervollkommnung der materiell-technischen Basis. Auf dem VIII. Parteitag der SED wurde bereits mit der Orientierung auf die sozialistische Rationalisierung der Hauptweg dazu herausgearbeitet.[21] Dauerhafte Fortschritte in der Intensivierung verlangen, in einem solchen Umfang und mit solcher Effektivität zu rationalisieren, daß schrittweise technische Neuausrüstungen möglich werden.

Da die sozialistische Rationalisierung ebenfalls gewisse Vorleistungen erfordert, geht es darum, in breitem Maße auch Effektivitätsreserven zu erschließen, die relativ wenig kosten.

Rationelle Ausnutzung des vorhandenen Potentials, höheres wissenschaftlich-technisches Niveau, Proportionalität beim Einsatz technischer Neuerungen und deren beschleunigte Ausbreitungsgeschwindigkeit sind Hauptwege, um diese Vorleistungen zu sichern.[22] Es geht also darum, durch sozialistische Rationalisierung auf allen Gebieten die Kraft für die Erweiterung zu gewinnen. Wichtig hierbei ist eine solche Vervollkommnung der sozialistischen Produktionsverhältnisse, daß die zweifellos vorhandenen Effektivitätsreserven immer besser genutzt werden, so daß eine kontinuierliche Effektivitätssteigerung in dem Umfang gewährleistet werden kann, wie sie für die Fortführung des Wachstums erforderlich ist.

Neben solchen Grundfragen wie der weiteren Vervollkommnung der Leitung, Planung und Stimulierung des wissenschaftlich-technischen Fortschritts gehört dazu auch, daß generell eine höhere Planmäßigkeit und Voraussicht der gesellschaftlichen Prozesse erreicht wird. Ein Kernproblem besteht hierbei in der stärkeren Berücksichtigung der Zusammenhänge zwischen jeweils erreichtem Niveau und Dynamik. Ein bestimmtes Effektivitätsniveau schließt bestimmte Proportionen der Verteilung der gesellschaftlichen Arbeit ein. Mit zunehmender Intensivierung bestimmt die Effektivität immer mehr, wie die zur Sicherung der Dynamik der Reproduktion notwendigen Proportionen verändert werden müssen und können. Eine Wachstumsdynamik beispielsweise zu Lasten der Effektivität, die zwangsläufig einem faktischen Vorrang der Proportionalität vor der Effektivität gleichkommt, beeinträchtigt nicht nur die künftig mögliche Dynamik. Damit verbundene Effektivitätsverluste beginnen in der Regel auch kurzfristig die volle Entfaltung der Triebkräfte zu behindern. Das bedeutet, daß es für die Sicherung der Proportionalitätsbedingungen mit herangereifter Intensivierung immer wichtiger wird, die engen Zusammenhänge zwischen Dynamik des Reproduktionsprozesses und Effektivitätssteigerung zu berücksichtigen. Gleichzeitig wird die Sicherung der Proportionalität und der Verflechtungsbeziehungen von zunehmender Bedeutung für die

Effektivitätssteigerung, die durch wissenschaftlich-technische Veränderungen ermöglicht wird. Weitere Fortschritte bei der Intensivierung hängen gegenwärtig in wachsendem Maße davon ab, wie die Entwicklungserfordernisse der Intensivierungsfaktoren aufeinander abgestimmt, geplant und in die Gesamtrechnung eingeordnet werden. Eine höhere Entwicklungsstufe der Intensivierung setzt voraus, daß die Intensivierungsfaktoren in alle Planaufgaben eindringen. Aus der Sicht der notwendigen Vorleistungen für dauernd wirkende Intensivierungslösungen erweitert sich offenbar der Wirkungsbereich des Effektivitätskriteriums. Während die Effektivitätssteigerung letztlich stets an das Wachstum materieller Gebrauchswerte gebunden ist, gewissermaßen den Wirkungsgrad des Wachstums bestimmt, wird das Wachstum materieller Gebrauchswerte erst bei vorwiegend intensiver Erweiterung hauptsächlich von der Effektivitätssteigerung abhängig. Das bedeutet, daß Effektivitätssteigerung und Wachstum sich wechselseitig bedingen.

Diese doppelte Funktion der Effektivitätssteigerung hat auch doppelte Auswirkungen auf die volkswirtschaftlichen Grundproportionen. Verschiedentlich geäußerten Auffassungen, wonach die Intensivierung eine dauernde Vorrangigkeit der Entwicklung der Konsumgüterproduktion bewirke, liegt offensichtlich mit zugrunde, daß die Auswirkungen der Effektivitätssteigerung berücksichtigt wurden, nicht aber ihre Vorleistungen. Während z. B. ein zunehmender Beitrag des Wachstums materieller Gebrauchswerte zur Effektivitätssteigerung in Richtung einer sinkenden Akkumulationsrate wirkt, wachsen gleichzeitig die Anforderungen an die erweiterte Reproduktion der Quellen der Effektivitätssteigerung, wenn auch zukünftig die Dynamik der Reproduktion gesichert werden soll. Das bedeutet, daß damit der sinkenden Akkumulationsrate entgegengewirkt wird. Dabei muß berücksichtigt werden, daß die Vorleistungen für eine künftige Effektivitätssteigerung sowohl Mittel für die Fondsentwicklung in der Produktion als auch für Wissenschaft und Bildung sowie indirekt auch für bestimmte soziale Leistungen umfassen. Wenn höhere Effektivitätssteigerung einerseits eine bessere Befriedigung laufender Konsumtionsbedürfnisse der Werktätigen sichert, so schließt ihre Kontinuität andererseits ein, diese laufenden Konsumtionsbedürfnisse, ohne Abstriche am Grad der Bedürfnisbefriedigung, mit relativ sinkendem Aufwand abzudecken. Sowohl eine Unterschätzung der laufenden Konsumtionsbedürfnisse der Werktätigen als auch eine Überbetonung enger Konsumtionsstandpunkte würden dem Fortschritt des Sozialismus Schaden zufügen.

Das Problem der notwendigen Vorleistungen für die Intensivierung kann deshalb nicht aus der Sicht irgendwelcher äußeren Quellen oder Umverteilungen von Ressourcen dauerhaft gelöst werden. Es erfordert die volle Entwicklung der sozialistischen Triebkräfte. Dauerhafte Intensivierungslösungen setzen voraus, daß sich die Persönlichkeit der Werktätigen immer mehr entfaltet, sich die sozialistische Einstellung zur Arbeit festigt und sich allmählich Elemente des kommunistischen Charakters der Arbeit herausbilden. Hieraus folgt die Notwendigkeit, durch konsequente sozialistische Rationalisierung auf allen Gebieten immer größere Vorleistungen für die weitere Intensivierung und damit die Verbesserung der Arbeits- und Lebensbedingungen zu erwirtschaften. Das bedeutet, aus eigener Kraft, durch bessere Nutzung der Vorzüge des Sozialismus die Effektivitätsfaktoren stets erweitert zu reproduzieren. Unter dem Aspekt der Dynamik vorwiegend intensiv erweiterter Reproduktion ist die Effektivitätssteigerung als Quelle dieser Vorleistungen von zunehmender Bedeutung.

Wenn durch andere Maßnahmen Ressourcen freigesetzt werden, um den Übergang zur allseitigen Intensivierung zu fördern, wie z.B. durch Erhöhung der Akkumulationsrate bei sinkender Akkumulationseffektivität, zeitweilige Abnahme des Wachstumstempos des Nationaleinkommens, Inanspruchnahme äußerer Quellen, dann könnte dadurch im besten Fall der Widerspruch zwischen den Anforderungen der intensiven Produktionserweiterung und der tatsächlich erreichten Effektivitätssteigerung zeitweilig gemildert werden. Eine wirkliche Lösung, die nur durch konsequente Intensivierung möglich ist, wäre dadurch hinausgeschoben. Zugleich wären solche anderen Quellen danach zu beurteilen, in welchem Maße sie die konsequente Intensivierung fördern. Eine z.B. zeitweilige beträchtliche Abnahme des Wachstumstempos des Nationaleinkommens würde zwar die quantitative Anspannung der Ressourcen mildern, würde aber zugleich beim gegenwärtigen Niveau des Nationalreichtums mit Effektivitätsverlusten in der Ressourcennutzung verbunden sein. Wenn die Effektivitätssteigerung nicht beschleunigt werden kann, wäre eine erneute Korrektur zugunsten der Akkumulation erforderlich, um angenommenen gleichen Anforderungen an höhere Bedürfnisbefriedigung zu entsprechen. Damit würden aber zugleich Diskontinuitäten in der Aufwandsentwicklung gefördert, die ihrerseits eine diskontinuierliche Effektivitätssteigerung begünstigen.

Das Problem der notwendigen Vorleistungen für eine kontinuierliche Effektivitätssteigerung ist beim Übergang zur allseitigen Intensivierung durch zusätzliche Quellen für quantitative Erweiterungen einzelner Wachstumsfaktoren allein nicht mehr lösbar. Vorzugsweise Erweiterungen einzelner Faktoren können dann die Effektivitätssteigerung fördern, wenn dadurch Engpässe in der proportionalen Entwicklung der Wachstumsfaktoren geschlossen werden. Das gilt z.B. für die eingeleiteten Maßnahmen zur Rohstoffsicherung oder zur Entwicklung der Zulieferindustrie. Zugleich muß jedoch betont werden, daß durch das Beseitigen von Engpässen letzten Endes doch zeitweilige Effektivitätsquellen erschlossen werden. Dauerhafte Intensivierungslösungen verlangen proportionale quantitative und qualitative Erweiterungen aller Wachstumsfaktoren. "Jetzt geht es darum, alle diese qualitativen Faktoren des Wachstums der Produktion, angefangen von der Beschleunigung des wissenschaftlich-technischen Fortschritts bis zur immer wirkungsvolleren Entwicklung der schöpferischen Fähigkeiten der Werktätigen, auf noch breiterer Basis und weitaus gründlicher vorbereitet und durchdacht als bisher in den Vordergrund der gesamten Arbeit zu rücken. Das heißt also, umfassend den Kampf um eine hohe Effektivität der gesamten wirtschaftlichen Tätigkeit zu führen."[23]

Zusammenfassend ergeben sich aus der doppelseitigen Stellung der Effektivitätssteigerung bei vorwiegend intensiver Erweiterung, sowohl Hauptquelle des gegenwärtigen Wachstums als auch Vorbereitung eines kontinuierlichen Wachstums in der Zukunft zu sein, verschiedene neue Aspekte für die Analyse der volkswirtschaftlichen Intensivierung. Dazu gehören vor allem:

- die sich aus dem verstärkten Wirken qualitativer Faktoren in Verbindung mit der Herausbildung eines ständigen wissenschaftlich-technischen Erneuerungsprozesses entwickelnden neuen Reserven und Wege zur Produktivitäts- und Effektivitätssteigerung,
- die Anforderungen der Intensivierung an die Entwicklung volkswirtschaftlicher Proportionen sowohl aus der Sicht der Effektivitätssteigerung als auch der dazu notwendigen Voraussetzungen,
- die Verwendungsstruktur der Effektivitätssteigerung für die Erhöhung der produktiven Akkumulation von Wissenschaft und Bildung bei gleichzeitig ständig besserer Befriedigung laufender Konsumtionsbedürfnisse,
- die Zusammensetzung der Quellen, auf denen die Aufwendungen für die erweiterte Reproduktion beruhen, darunter des Anteils der Effektivitätssteigerung,
- die Ergänzung der quantitativen Reproduktionserfordernisse durch spezifische qualitative Erfordernisse des wissenschaftlich-technischen Niveaus (z. B. Qualitätsniveau wichtiger Zulieferer erzeugnisse, Erhöhung des technischen Niveaus der Produktion, die mit einem gegebenen Investitionsquantum erreicht werden soll),
- der Grad der Kontinuität in der Effektivitätssteigerung und ihrer Einflußfaktoren, insbesondere der Kontinuität in der Aufwands- und Ergebnisentwicklung sowie des Einflusses kurz- und langfristiger Effektivitätsquellen.

1.3. Überlegungen zum einheitlichen sozialistischen Effektivitätskriterium als Ergebniskriterium der Intensivierung

Mit welcher Wirksamkeit tiefer liegende Intensivierungsreserven aufgedeckt und erschlossen werden, hängt wesentlich mit davon ab, wie die Kategorie der sozialistischen Effektivität der Leistungsbewertung und Stimulierung der Wirtschaftseinheiten zugrunde gelegt wird. Um Fortschritte im Intensivierungsprozeß beurteilen zu können, müssen die Kriterien der sozialistischen Effektivität umfassend ausgearbeitet und als Aufwands-Ergebnisrelation ausgedrückt werden. Wie umfangreiche Diskussionen zu dieser Frage zeigen,[24] ist das gegenwärtig noch keineswegs gelöst. Es soll deshalb hier auch nur versucht werden, einige Ansatzpunkte der Effektivitätsbeurteilung aufzuzeigen, die mit Konsequenzen für die Intensivierungsaufgaben verbunden sind. Hierbei muß von den Merkmalen ausgegangen werden, die die Effektivität unter sozialistischen Bedingungen charakterisieren. Das sozialistische Effektivitätskriterium wird vor allem durch folgende Zusammenhänge bestimmt:

1. Die Einheit materiell-reproduktionstheoretischer und gesellschaftlicher Seiten der Effektivität bedingt, daß die sozialistische Effektivität unmittelbar mit dem Ziel des ökonomischen Grundgesetzes und den Mitteln seiner Verwirklichung verbunden ist. Daraus ergibt sich grundsätzlich ein einheitliches sozialistisches Effektivitätskriterium, das die Einheit ökonomischer und sozialer Aspekte in sich einschließt.

2. Das ökonomische Grundgesetz des Sozialismus bestimmt auch die Beziehungen zwischen Produktivität der gesellschaftlichen Arbeit und Effektivität. Die Produktivität der gesellschaftlichen Arbeit (als Ausdruck der Ökonomie der Zeit in der produktiven Sphäre) ist die primäre Basis für jede Verbesserung der sozialistischen Zielrealisierung. Ihre Bedeutung für die Sicherung der erweiterten Reproduktion wächst mit der Gestaltung des entwickelten Sozialismus. Das bedeutet, Fortschritte in der Produktivität der gesellschaftlichen Arbeit letztlich nach dem Beitrag zur besseren Realisierung der Ziele des Grundgesetzes zu beurteilen. Dieser Beitrag wird bei gegebener Produktivitätssteigerung mit durch Umfang und Wirksamkeit der Arbeit beeinflußt, die in der nichtproduktiven Sphäre verausgabt wird. Effektivität als Beitrag der Ökonomie der Zeit in der gesamten sozialistischen Wirtschaft zur Zielrealisierung ist deshalb begrifflich umfassender als Produktivität der gesellschaftlichen Arbeit. Auf der Grundlage des jeweils erreichten Niveaus der Produktivität der gesellschaftlichen Arbeit und seiner realen Entwicklungsmöglichkeiten bildet die reale Ge-

staltung der Proportionen von produktiver und nichtproduktiver Sphäre und ihrer inneren Struktur einen wichtigen Faktor und Indikator von Fortschritten in der Intensivierung. Hierbei geht es keineswegs darum, Produktivität der gesellschaftlichen Arbeit und Effektivität einander gegenüberzustellen, sondern die Wirkungen der Produktivität gesellschaftlicher Arbeit über alle Phasen und Sphären des einheitlichen sozialistischen Reproduktionsprozesses und die aktiven Rückwirkungen zu verfolgen.

3. Aus der Orientierung auf das ökonomische Grundgesetz des Sozialismus folgt, daß die Effektivität eng mit dem Wirkungsmechanismus der ökonomischen Gesetze des Sozialismus verbunden ist. In der Effektivitätsentwicklung zeigt sich, wie sich die Triebkräfte des Sozialismus entfalten und wirksam werden. Es wäre deshalb falsch, die Effektivität im Sozialismus allein auf eine Aufwand-Ergebnis-Relation zu reduzieren. Kontinuität in der Aufwand-Ergebnis-Relation setzt erweiterte Reproduktion der Produktivitäts- und Effektivitätsfaktoren voraus. Damit aber ist die Effektivitätsbeurteilung unmittelbar mit der Analyse des Wirkungsmechanismus der Gesetze verbunden. Sie muß deshalb zumindest die Anschlußstücke dafür aufzeigen, ohne daß die Effektivität auf nicht mehr faßbare Weise ausgeweitet wird.

4. Für die Leistungsbeurteilung von Wirtschaftseinheiten und Kollektiven ist es notwendig, zwischen der komplexen volkswirtschaftlichen Effektivität und ihrem Ausdruck in der Effektivität der Wirtschaftseinheiten zu unterscheiden, die nach der wirtschaftlichen Rechnungsführung arbeiten. Mit der arbeitsteiligen Stellung der Wirtschaftseinheiten im Reproduktionsprozeß ist verbunden, daß sie jeweils bestimmte Seiten der Effektivitätsentwicklung beeinflussen können, in der Regel jedoch nicht den Gesamtprozeß. Deshalb ist es erforderlich, die Effektivitätsanforderungen an die Wirtschaftseinheiten aus der Kombination von volkswirtschaftlichen Anforderungen und Proportionen mit den Bedingungen und Möglichkeiten der Wirtschaftseinheiten zu begründen. Das einheitliche Kriterium der sozialistischen Effektivität orientiert die Verausgabung gesellschaftlicher Arbeit in allen Bereichen, muß jedoch in entsprechende Rahmenbedingungen für die

Effektivitätsentwicklung und -beurteilung nach der wirtschaftlichen Rechnungsführung arbeitender Einheiten umgesetzt werden.

Die spezifischen Merkmale sozialistischer Effektivität sind von Bedeutung für Intensivierungswege und -reserven. Wichtige methodologische Hinweise dafür gaben die Klassiker des Marxismus-Leninismus. Am Beispiel unterschiedlicher Auswirkungen der Produktion von absolutem und relativem Mehrwert auf die Bewegung von Mehrwertmasse und -rate, zeigte Marx, daß die reproduktionstheoretischen Unterschiede zwischen extensiver und intensiver Erweiterung letzten Endes nur aus ihrer jeweiligen spezifischen gesellschaftlichen Form heraus begriffen werden können. Für die Untersuchung der sozialistischen Intensivierung ergibt sich hieraus die Aufgabe, die Konsequenzen aufzuzeigen, die sich aus der schrittweisen Persönlichkeitsentfaltung aller Werktätigen für die intensive und extensive Erweiterung der Ressourcen ergeben. Das bedeutet, grundsätzlich von den Anforderungen der Einheit von Produktion und Persönlichkeitsentwicklung auszugehen. Merkmale, Entwicklungsmöglichkeiten, Etappen und Widersprüche der sozialistischen Intensivierung erhalten ihr Gepräge durch die Wechselbeziehungen von Produktivitäts- und Effektivitätssteigerung, Arbeits- und Lebensbedingungen und Entwicklung der sozialistischen Persönlichkeit. Die Einheit der verschiedenen Seiten des Intensivierungsprozesses muß auch deshalb betont werden, weil sie die Möglichkeiten zur Realisierung des ökonomischen Grundgesetzes des Sozialismus objektiviert. Während die Intensivierungsfaktoren unmittelbar dazu beitragen, daß der Werktätige im Arbeitsprozeß seine Fähigkeiten besser ausnutzen kann, schafft die Produktivitäts- und Effektivitätssteigerung mehr materielle Möglichkeiten für die Erhöhung des Konsumtionsniveaus sowie die Entwicklung der arbeitsfreien Zeit und damit für die Entwicklung der Fähigkeiten aller Werktätigen sowie für die Erweiterung der Reproduktionsbasis der Produktionsmittel. Dabei wird schrittweise die allseitige Persönlichkeitsentwicklung der Werktätigen auch zur Voraussetzung für die intensiv erweiterte Reproduktion. Das ist unter Beachtung der jeweils realen Bedingungen die objektive Grundlage für die Fortsetzung der Einheit von Wirtschafts- und Sozialpolitik. Es ist notwendig, die Konsequenzen zu durchdenken, die sich aus diesen Zusammenhängen für die Analyse des Intensivierungsprozesses ableiten lassen. Hierbei werden im theoretischen Teil bereits früher entwickelte Schlußfolgerungen über die effektivere Kombination lebendiger und vergegenständlichter Arbeit vorausgesetzt, in der Analyse von Intensivierungsergebnissen im Abschnitt 2. aber ausdrücklich berücksichtigt.

1.3.1. Verhältnis von Zeitökonomie und Persönlichkeitsentwicklung im sozialistischen Effektivitätskriterium

Aus der Sicht des Gesamtprozesses sind die Intensivierungsfaktoren und die dadurch bewirkten Veränderungen in der Kombination der Produktionselemente als Weg und damit als Voraussetzung zur volkswirtschaftlichen Effektivitätssteigerung anzusehen. Damit ist die volkswirtschaftliche Effektivitätssteigerung das Ergebniskriterium der Intensivierung.[25] Einzelmaßnahmen zur erweiterten Reproduktion, ob für sich genommen vorwiegend intensiv oder vorwiegend extensiv, werden durch den Beitrag zur volkswirtschaftlichen Effektivitätssteigerung zum Bestandteil der Intensivierung des volkswirtschaftlichen Reproduktionsprozesses.

Effektivität ist als Aufwand-Nutzen-Verhältnis zunächst eine allgemein reproduktionstheoretische Kategorie. Es geht deshalb darum, die sozialökonomischen Merkmale des Sozialismus in der Effektivität auszudrücken.

Generell erweitert jede Verbesserung im Aufwand-Nutzen-Verhältnis der Produktion die materiellen Möglichkeiten für die Bedürfnisbefriedigung.[26] Um die Wechselbeziehungen zwischen Intensivierung und Bedürfnisbefriedigung im Effektivitätskriterium zu berücksichtigen, muß unter anderem beantwortet werden, wie sich Zeitökonomie und Persönlichkeitsentfaltung aller Werktätigen zueinander verhalten. Marx umriß bereits die grundlegenden Beziehungen zwischen der Zeitökonomie und der Entwicklung der Werktätigen im Sozialismus-Kommunismus. "Die Surplusarbeit der Masse hat aufgehört Bedingung für die Entwicklung des allgemeinen Reichtums zu sein, ebenso wie die Nichtarbeit der Wenigen für die Entwicklung der allgemeinen Mächte des menschlichen Kopfes. Damit bricht die auf dem Tauschwert ruhnde Produktion zusammen, und der unmittelbare materielle Produktionsprozeß erhält selbst die Form der Notdürftigkeit und Gegensätzlichkeit abgestreift. Die freie Entwicklung der Individualitäten, und daher nicht das Reduzieren der notwendigen Arbeitszeit um Surplusarbeit zu setzen, sondern überhaupt die Reduktion der notwendigen Arbeit der Gesellschaft zu einem Minimum, der dann die künstlerische, wissenschaftliche etc. Ausbildung der Individuen durch die für sie alle freigewordne Zeit und geschaffnen Mittel entspricht."[27]

Eine der Voraussetzungen für die volle Ausnutzung der Vorzüge des Sozialismus besteht darin, den Zusammenhang zwischen Zeitökonomie und allseitiger Persönlichkeitsentwicklung, der im sozialistischen Effektivitätskriterium enthalten ist, für die Effektivitätsbeurteilung faßbar zu machen. Diese Fragestellung ist mit der Gestaltung des entwickelten Sozialismus herangereift. Obwohl die materiellen Bedingungen für die Persönlichkeitsentwicklung beim gegenwärtigen Entwicklungsniveau der Produktivkräfte noch recht unterschiedlich sind und nur allmählich in Abhängigkeit von Fortschritten bei der Intensivierung erweitert werden können, gehört die Berücksichtigung der Einheit von Zeitökonomie und Persönlichkeitsentwicklung bereits heute zu den Voraussetzungen, um tiefer liegende Intensivierungsreserven ständig zu erschließen. Auch wenn diese Frage zunächst noch nicht befriedigend geklärt werden kann, ist es deshalb notwendig zu versuchen, in ihre Zusammenhänge einzudringen.

Als Ausgangspunkt dafür muß beantwortet werden, über welche Brücke die Ökonomie der Zeit mit der allseitigen Entwicklung aller Werktätigen in Verbindung gebracht werden kann. Letztere wird wesentlich durch die Ökonomie bestimmt, kann aber nicht darauf reduziert werden. Von großem Einfluß ist die Gesamtheit aller Faktoren der sozialistischen Lebensweise. Es geht um die Aufdeckung der ökonomischen Kategorie, über die sich die spezifische sozialistische Bedürfnisbefriedigung realisiert. Hierbei wird grundsätzlich davon ausgegangen, Produktionsergebnisse und Entfaltung der Persönlichkeit aller Werktätigen und ihrer gesellschaftlichen Beziehungen weder einander gegenüberzustellen noch automatisch als von vornherein gegebene Übereinstimmung zu betrachten. Hierzu schrieb z. B. Kolesov: "Die grundlegende Besonderheit des Ziels der gesellschaftlichen

Produktion im Sozialismus besteht darin, daß sie nicht auf die Produktion ausgerichtet ist, nicht auf das Produkt und irgendeine seiner einzelnen Formen, sondern auf den Menschen selbst. Deshalb können die Versuche, das Ziel durch irgendwelche einzelnen Bestandteile und Formen des Gesamtproduktes: Umfang der Produktion, Reineinkommen oder Nationaleinkommen zu mathematisieren, keinen großen Erfolg haben."[28]

Bei einer Gegenüberstellung von Produktionsergebnissen und menschlicher Entfaltung würden die Anforderungen der Persönlichkeitsentwicklung an die Produktion außer Betracht bleiben. Sicher gibt es keinen Automatismus zwischen Produktionsrationalität und Persönlichkeitsentwicklung. Zugleich muß aber berücksichtigt werden, daß das jeweilige Niveau der Produktivität der gesellschaftlichen Arbeit die Möglichkeiten zur Erweiterung der menschlichen Fähigkeiten objektiviert. Mit der Vervollkommnung der materiell-technischen Basis bereitet die Intensivierung die Herausbildung der materiell-technischen Basis des Kommunismus vor, die teilweise noch verbliebene materielle Ursachen für widersprüchliche Entwicklungen von Rationalität und Persönlichkeitsentfaltung endgültig beseitigt. Die politische Ökonomie kann nicht den ganzen Reichtum der Entwicklung des sozialistischen Menschen fassen. Sie kann und muß aber die materiellen Bedingungen der Reproduktion der ganzen Persönlichkeit, also nicht nur der Reproduktion der Arbeitskraft, die Zusammenhänge der Herausbildung der Arbeit als erstes Lebensbedürfnis untersuchen sowie die Entfaltung der sozialistisch-kommunistischen gesellschaftlichen Beziehungen. Bereits Marx hat darauf verwiesen, daß die "reiche Entfaltung der Individualität" reiche menschliche Beziehungen einschließt.[29]

Deshalb wird der Standpunkt sowjetischer Ökonomen unterstützt, daß es darum geht, die ökonomische Kategorie herauszuarbeiten, die das materielle Substrat für das ökonomische Grundgesetz des Sozialismus bildet.[30] Auf ihrer Grundlage müssen gesellschaftliches Eigentum und unmittelbare Produktionskategorien in untrennbarer Verbindung miteinander analysiert werden können. Die Beziehungen zwischen der Kategorie des Eigentums und bestimmten Produktionskategorien spielten eine große Rolle in der

Diskussion zum grundlegenden sozialistischen Produktionsverhältnis. Die Vielzahl der unterschiedlichen Auffassungen (z. B. Eigentum, Planmäßigkeit, unmittelbare Produktion, Nettoprodukt) bestätigt die Notwendigkeit, die Zusammenhänge zwischen den verschiedenen Seiten, in denen sich das Eigentum realisiert, bis zur "ökonomischen Zellenform" des Sozialismus auszuarbeiten. Es wird grundsätzlich die Auffassung jener sowjetischen Ökonomen unterstützt, die davon ausgehen, daß die Marxsche Methodologie bei der politökonomischen Untersuchung des Kapitalismus, sinngemäß angewendet, auch für die Untersuchung der Gesetzmäßigkeiten der sozialistisch-kommunistischen Entwicklung bedeutungsvoll ist. Das heißt aber, daß hierbei die "Elementarform des sozialistischen Reichtums" von grundlegender Bedeutung ist, da sie die innere Logik der ökonomischen Kategorien des Sozialismus bestimmt. Hierbei ist es notwendig, die Untersuchung dieser "Elementarform" nicht mit der Entwicklung des grundlegenden Produktionsverhältnisses im Sozialismus zu identifizieren. Letzteres bezieht sich bereits auf die tatsächliche gesellschaftliche Realisierung dieser Elementarform. So beruht das grundlegende Produktionsverhältnis des Kapitalismus, die Ausbeutung, d. h. Mehrwertproduktion, auf der allgemeinen gesellschaftlichen Entfaltung der Warenform. Im Unterschied zum grundlegenden Produktionsverhältnis bezeichnet deshalb z. B. Kusminov die Elementarform des Reichtums einer gegebenen Produktionsweise als Ausgangsproduktionsverhältnis: "Das Ausgangsverhältnis - das ist die elementare Ausgangsform des grundlegenden Produktionsverhältnisses einer gegebenen Produktionsweise."[31] Dieser Argumentation ist voll zuzustimmen. Für die Beurteilung von Fortschritten in der Intensivierung ergibt sich die Frage, wodurch effektives Wachstum und Persönlichkeitsentwicklung aller Werktätigen unmittelbar miteinander verbunden werden können.

Geht man davon aus, daß unter sozialistischen Produktionsverhältnissen die Erweiterung der Fähigkeiten aller Werktätigen wichtige materielle Voraussetzung für die schrittweise allseitige Persönlichkeitsentwicklung ist, können die hierfür zu schaffenden materiellen Voraussetzungen als gegenständliche Verbindung zwischen Ziel und Mittel des ökonomischen Grundgesetzes des Sozialismus betrachtet werden. Das Produkt der Arbeit, der unmittelbar gesellschaftliche Gebrauchswert (der im Sozialismus über die Ware vermittelt wird), muß folglich letzten Endes danach beurteilt werden, welchen Beitrag es zur Erweiterung der Fähigkeiten aller Werktätigen und zur Erweiterung der Akkumulation geleistet hat, die Voraussetzungen für die praktische Ausnutzung gewachsener Fähigkeiten schafft.

Hierbei entsteht die Frage, inwieweit die bekannten Hinweise von Marx zur Schaffung von "freier Zeit" für die sozialistische Effektivitätstheorie nutzbar gemacht werden können.

1.3.2. Einbeziehung der "disposable time" im Marxschen Sinne in die Effektivitätsbeurteilung

Bei der Untersuchung der Aussagekraft von "disposable time" im Marxschen Sinne für die sozialistische Effektivität wird grundsätzlich davon ausgegangen, daß die Ökonomie der Zeit in der materiellen Produktion die Grundlage für die Vermehrung von Zeit für die Erweiterung der Fähigkeiten aller Werktätigen ist. Die Kategorie der Zeit bildet bekanntlich einen wichtigen universellen Maßstab sozialer Prozesse. Über die Zeit können grundsätzlich verschiedene Arten der menschlichen Tätigkeit miteinander verglichen werden.

Die Bedeutung der Ökonomie der Zeit für die Entwicklung des Sozialismus hat Marx ausdrücklich betont. "Gemeinschaftliche Produktion vorausgesetzt, bleibt die Zeitbestimmung natürlich wesentlich. Je weniger Zeit die Gesellschaft bedarf, um Weizen, Vieh etc. zu produzieren, desto mehr Zeit gewinnt sie zu andrer Produktion, materieller oder geistiger. Wie bei einem einzelnen Individuum, hängt die Allseitigkeit ihrer Entwicklung, ihres Genusses und ihrer Tätigkeit von Zeitersparung ab. Ökonomie der Zeit, darein löst sich schließlich alle Ökonomie auf."[32]

Die gewachsene Rolle der (Kategorie) Zeit für die gesellschaftliche Bedürfnisbefriedigung im Sozialismus wurde bereits im Jahre 1923 von

Strumilin hervorgehoben. Gegenüber der bürgerlichen Auffassung "Zeit ist Geld", betonte Strumilin[33] als progressiven Schlüssel der von Ausbeutung befreiten Arbeiterklasse "Zeit ist teurer als Geld". Inwieweit können die Hinweise von Marx zur Entwicklung von "disposable time" dabei helfen, die Beziehungen zwischen Steigerung der Produktivität der gesellschaftlichen Arbeit und materiellen Voraussetzungen zur Persönlichkeitsentwicklung tiefer zu begründen?

Marx brachte die freie Zeit für alle in einer sozialistischen Gesellschaft unmittelbar mit der Entwicklung der Fähigkeiten aller Werktätigen in Verbindung. "Die Zeit ist der Raum für die Entwicklung der faculties etc."[34] Er zeigte, daß in der von der Ausbeutung befreiten Gesellschaft der antagonistische Gegensatz von Arbeitszeit und freier Zeit verschwindet, daß die "freie Zeit" für alle Bedingung für die Entwicklung einer reichen Individualität und reicher menschlicher Beziehungen ist und zugleich die Arbeit in der materiellen Produktion zum Lebensbedürfnis wird. Der Unterschied zwischen Arbeitszeit und freier Zeit aus reproduktionstheoretischer Sicht bleibt auch hier, verliert aber seinen gegensätzlichen Charakter. Marx betonte zugleich die "disposable time" als wahren Reichtum, als "Zeit, die nicht durch unmittelbar produktive Arbeit absorbiert wird, sondern zum enjoyment, zur Muße, so daß sie zur freien Tätigkeit und Entwicklung Raum gibt".[35]

Die Auffassung von der "disposable time" als Zeit, die nicht in der materiellen Produktion für die Befriedigung unmittelbarer Subsistenzbedürfnisse gebunden ist, sondern für Wissenschaft, Kunst u. ä. Zwecke verfügbar ist, findet sich bei Marx in unmittelbarer Verbindung mit grundlegenden reproduktionstheoretischen Untersuchungen zur erweiterten Reproduktion.[36] Er entwickelte sie vor allem anhand des Einflusses der Länge des Arbeitstages auf die Mehrwertproduktion. Er zeigte, daß "disposable time" für alle Werktätigen voraussetzt, daß Vollbeschäftigung der arbeitsfähigen Bevölkerung erreicht ist. "Intensität und Produktivkraft der Arbeit gegeben, ist der zur materiellen Produktion notwendige Teil des gesellschaftlichen Arbeitstags um so kürzer, der für freie, geistige und gesellschaftliche Betätigung der Individuen eroberte Zeitteil also um so größer, je gleichmäßiger die Arbeit unter alle werkfähigen Glieder der Gesellschaft verteilt ist... In der kapitalistischen Gesellschaft wird freie Zeit für eine Klasse produziert durch Verwandlung aller Lebenszeit der Massen in Arbeitszeit."[37] Während die "disposable time" unter kapitalistischen Verhältnissen der Ausbeuterklasse dient, bildet sie im Sozialismus die Grundlage für die Entwicklung der Fähigkeiten aller Werktätigen.

Marx ging davon aus, daß sich die Arbeiterklasse im Sozialismus selbst ihre Surplusarbeit aneignet. "Hat sie das getan, - und hört damit die disposable time auf, gegensätzliche Existenz zu haben - so wird einerseits die notwendige Arbeitszeit ihr Maß an den Bedürfnissen des gesellschaftlichen Individuums haben, andrerseits die Entwicklung der gesellschaftlichen Produktivkraft so rasch wachsen, daß, obgleich nun auf den Reichtum aller die Produktion berechnet ist, die disposable time aller wächst. Denn der wirkliche Reichtum ist die entwickelte Produktivkraft aller Individuen. Es ist dann keineswegs mehr die Arbeitszeit, sondern die disposable time das Maß des Reichtums."[38]

Marx hat offensichtlich die "disposable time" weder mit der Freizeit, noch mit der Mehrarbeitszeit identifiziert.[39] Mehrarbeitszeit entstand zwar historisch als Arbeitszeit, die über die notwendige Arbeit zur Sicherung der unmittelbaren Subsistenz der Produzenten hinausging. Sie war aber keineswegs mit "disposable time" identisch, weil sie teilweise von vornherein für die Erweiterung der unmittelbaren Produktion gebunden war, teilweise zur unmittelbaren Subsistenz der Ausbeuterklassen und zur Aufrechterhaltung ihrer Herrschaft beitrug und nur teilweise für die Entfaltung schöpferischer Fähigkeiten, im wesentlichen von Angehörigen der jeweiligen Ausbeuterklasse, diente. Anhand der konkreten Beispiele, mit denen Marx seine Hinweise auf die "disposable time" verdeutlicht, kann sie als Teil der Mehrarbeitszeit bezeichnet werden, der für die freie Entfaltung schöpferischer Fähigkeiten dient und deren Aneignung durch die jeweils herrschende Gesellschaftsformation bestimmt wird.[40]

Marx gebrauchte offensichtlich die Begriffe "disposable time", "disponible Zeit", "freie Zeit" weitgehend synonym. Jedoch zeigt sich, daß er diese Begriffe nicht immer mit dem gleichen Inhalt ausfüllte. So faßte er

z. B. an verschiedenen Stellen der "Grundrisse der Kritik der politischen Ökonomie" die "freie Zeit" als über die unmittelbare Subsistenz hinausgehende Zeit, die damit Basis für die Surpluszeit und damit das Surplusprodukt bildet (das ausdrücklich auch die Zeit für die Produktion von Produktionsmitteln einschließt). D. h., Surpluszeit, die im Kapitalismus als Mehrarbeitszeit der Arbeiter auftritt, wird mit der "disposable time" bzw. "freien Zeit" verbunden.[41] Während die Bestimmung der "freien Zeit" als nicht für die unmittelbare Subsistenz notwendige Zeit sich mehr oder weniger einheitlich durchzieht,[42] faßte Marx unter dem Gesichtspunkt ihrer Verwendung die "disposable time", "disponible Zeit", "freie Zeit" neben der Surpluszeit auch als außerhalb der materiellen Produktion verwendete Zeit, als Nicht-Arbeitszeit, als Zeit zur Produktion von Wissenschaft, Kunst usw., d. h. als Zeit für die freie Entwicklung der Fähigkeiten der Menschen.[43]

Wird berücksichtigt, daß die Surpluszeit als materielle Voraussetzung für die produktive Akkumulation und die Entwicklung des nichtproduktiven Bereichs sowohl mittelbar der Befriedigung unmittelbarer Subsistenzbedürfnisse als auch darüber hinausgehender Bedürfnisse dient, dann kann Surpluszeit nicht von vornherein mit "disposable time" gleichgesetzt werden. Existenz von Surpluszeit bedeutet generell, daß materielle Bedingungen für die erweiterte Reproduktion geschaffen werden. Sie nimmt in den Klassengesellschaften die Form von Mehrarbeitszeit an. Historisch ist die "disposable time" ein Teil der Mehrarbeitszeit. Damit "disposable time" entstehen konnte, mußte ein bestimmtes Minimum an Surpluszeit (die zunächst für die Produktion von Produktionsmitteln verwendet wurde) überschritten werden. Surpluszeit ist damit die Grundlage für die Entwicklung von "disposable time". Surpluszeit, d. h. Zeit, die über die Zeit hinaus geleistet wird, die für die Befriedigung gegenwärtiger unmittelbarer Subsistenzbedürfnisse notwendig ist, dient folgenden Funktionen:

- produktive Akkumulationsmittel für die Erweiterung der Produktion von unmittelbaren Subsistenzmitteln zu sichern,
- produktive Akkumulationsmittel für die Erweiterung der Produktion von Gebrauchswerten, die der Vermehrung von "disposable time" dienen, zu gewährleisten,

- unmittelbare Vermehrung von "disposable time", d.h. von Gebrauchswerten und arbeitsfreier Zeit, die unmittelbar dazu dienen, die Fähigkeiten aller Werktätigen reicher zu entfalten.

Mit steigender Produktivkraft der Arbeit wächst der Anteil der Surpluszeit, die sich in "disposable time" darstellt. Hierbei kann "disposable time" keineswegs mit außerhalb der materiellen Produktion gebundenen Zeit gleichgesetzt werden. Vom Standpunkt des produktiv Beschäftigten in den Ausbeutergesellschaften gehen auch solche nichtproduktiven Bereiche, wie z.B. Staatsapparat, Versicherungs- und Kreditwesen u.a. über die unmittelbare Subsistenz hinaus, wobei die Entwicklung dieser Zweige jedoch nicht unmittelbar zur Entfaltung der Fähigkeiten, direkt sogar nicht einmal der herrschenden Klasse, beiträgt.

Zugleich muß berücksichtigt werden, daß die unmittelbaren Subsistenzmittel selbst historisch bestimmt sind. Das muß vor allem auch für ihre Entwicklung unter sozialistischen Bedingungen betont werden. Hierfür ist charakteristisch, daß es sich unter sozialistischen Bedingungen bei den unmittelbaren Subsistenzbedingungen nicht allein um die Existenz des produktiven Arbeiters als Individuum, sondern als Mitglied der sozialistischen Gesellschaft handelt. Diese spezifische historische Stellung des Produzenten weitet in einem gewissen Sinne auch den Kreis der unmittelbaren Subsistenzbedingungen aus. Z.B. gehören Verteidigung, Staatsapparat u.a. nichtproduktive Zweige, wie auch Gesundheits- und Sozialwesen zur unmittelbaren Subsistenz der Werktätigen.

Unter sozialistischen Bedingungen ist die Entwicklung der "disposable time" immer enger mit der produktiven Akkumulation verbunden. In Abhängigkeit von der Befriedigung unmittelbarer Subsistenzbedürfnisse dient ein langfristig tendenziell wachsender Teil der produktiven Akkumulation zur Erweiterung der Produktion von Gebrauchswerten für "disposable time", wirkt also indirekt als Vermehrung von "disposable time". Außerdem wachsen mit der Zunahme von "disposable time" die Anforderungen an das wissenschaftlich-technische Niveau der akkumulierten Ausrüstungen, damit gewachsene Fähigkeiten produktiv umgesetzt werden können.

In dem Maße, wie sich in einer höheren Entwicklungsstufe der Intensivierung allmählich Sättigungstendenzen bestimmter unmittelbarer Subsistenzbedürfnisse ausbreiten und schließlich ein Überfluß an unmittelbaren Subsistenzmitteln erreicht wird, nähern sich Surpluszeit und "disposable time" immer mehr an. Grundlage dafür ist ein hohes Niveau und Tempo der Produktivität der gesellschaftlichen Arbeit, das durch Intensivierung geschaffen werden muß. Auch wenn das gegenwärtige Produktivitätsniveau die Vermehrung von "disposable time" noch relativ eng begrenzt, ist ihre Analyse wichtig für die Beurteilung von Intensivierungsfortschritten, weil damit vor allem langfristig wirkende spezifisch sozialistische Produktivitätsfaktoren reproduziert werden. "Time of labour, auch wenn der Tauschwert aufgehoben, bleibt immer die schaffende Substanz des Reichtums und das Maß der Kost, die seine Produktion erheischt. Aber free time, disposable time, ist der Reichtum selbst - teils zum Genuß der Produkte, teils zur free activity ... Es versteht sich von selbst, daß die time of labour selbst, dadurch, daß sie auf normales Maß beschränkt, ferner nicht mehr für einen andren, sondern für mich selbst geschieht, zusammen mit der Aufhebung der sozialen Gegensätze ... als wirklich soziale Arbeit, endlich als Basis der disposable time einen ganz andren, freiern Charakter erhält, und daß die time of labour eines man, der zugleich der man of disposable time ist, viel höhere Qualität besitzen muß als die des Arbeitstiers."[44]

Genausowenig wie die Einsparung gesellschaftlicher Arbeit in der materiellen Produktion auf die Einsparung von unmittelbarer Arbeitszeit (lebendiger Arbeit) reduziert werden kann, besteht der für die Erweiterung menschlicher Fähigkeiten verfügbare Reichtum allein aus unmittelbarer Zeit, wie z.B. Freizeit. Mehr arbeitsfreie Zeit kann aber nur dann Grundlage für erweiterte Fähigkeiten sein, wenn zugleich damit entsprechende materielle Gebrauchswerte, wie Bücher, Filme, Einrichtungen und Ausrüstungen für Bildung, Gesundheits- und Sozialwesen, Wissenschaft, Kultur und Sport bereitgestellt werden. Aber auch wenn diese zusätzlichen materiellen Gebrauchswerte durch Effektivitätssteigerung aus der materiellen Produktion zur Verfügung gestellt worden sind, kann die tatsächliche Erweiterung der Fähigkeiten unter der potentiellen liegen. Das könnte z.B. dann der Fall sein, wenn nicht genügend Akkumulationsmittel bereitgestellt werden, um die gewachsenen Fähigkeiten auch zu nutzen. In eine solche Richtung würde aber auch wirken, wenn z.B. die unmittelbaren Subsistenzbedürfnisse der Werktätigen schlecht befriedigt werden und sie einen relativ hohen Teil der arbeitsfreien Zeit für Kauf, Reparatur oder Eigenproduktion von Konsumgütern und Leistungen für Ernährung, Kleidung, Wohnung u.a. verausgaben müssen. Auch ein Zurückbleiben in der Entwicklung des sozialistischen Bewußtseins und bei der Herausbildung sozialistischer Verhaltensweisen würde bewirken, daß die tatsächliche Erweiterung der Fähigkeiten unter der potentiellen bleibt. Bei der Verbesserung der Arbeits- und Lebensbedingungen aller Werktätigen müssen deshalb die engen Wechselbeziehungen zwischen Erweiterung der Fähigkeiten und sozialistischer Lebensweise berücksichtigt werden.

Der Beitrag der Produktion zur Schaffung von "disposable time" kann also nicht allein an der Gesamtsumme freigesetzter Zeit gemessen werden. Er muß deren Struktur und Wirksamkeit einschließen. Beispielsweise müssen die Proportionen bei der Verwendung frei verfügbarer gesellschaftlicher Fonds für die Erhöhung unmittelbarer Zeit so gestaltet werden, daß mit gegebenen zusätzlichen Mitteln die Fähigkeiten maximal erweitert werden. Das gleiche gilt für die Proportionen zwischen der Erweiterung der Fähigkeiten aller Werktätigen und dem Volumen sowie dem technischen Niveau der Investitionen, die für ihre praktische Umsetzung verfügbar sind. Mit der Kategorie der "disposable time" und ihren Beziehungen zur Surpluszeit läßt sich vom Ansatz her der Beitrag erkennen, den die Ökonomie der Zeit für die Entfaltung der Persönlichkeit der Werktätigen leistet. In ihrer stofflichen Zusammensetzung wird "Zeit" disponibel sowohl in Form unmittelbarer Zeit (mehr arbeitsfreie Zeit und ihre rationellere Nutzung) als auch in Form der Zunahme von Beschäftigten im nichtproduzierenden Bereich, von Konsumgütern für persönliche und gesellschaftliche Zwecke (einschließlich der Akkumulation in den nichtproduzierenden Bereich). Schaffung von "disposable time" steht damit in einem engen Wechselverhältnis zur Effektivität.

1.3.3. Produktivität der gesellschaftlichen Arbeit und "disposable time"

Um zu begründen, wie sich die "disposable time" als Bestandteil des sozialistischen Effektivitätskriteriums realisiert, muß kurz auf einige wichtige Zusammenhänge hingewiesen werden, die sich aus dem unmittelbar gesellschaftlichen Charakter der Arbeit im Sozialismus ergeben. Die unmittelbar gesellschaftliche Arbeit nimmt eine zentrale Stellung bei der Begründung des sozialistischen Effektivitätskriteriums ein. Bekanntlich ist die Arbeit im realen Sozialismus für alle das Mittel, um den Lebensunterhalt zu sichern. Sie schafft aber nicht nur mehr Produkte und freie Zeit, sondern ist damit zugleich Mittel, über das allein sich die Fähigkeiten entfalten können. Natürlich ist die unmittelbar gesellschaftliche Arbeit durch verschiedene Reifestufen gekennzeichnet, die u.a. durch den Entwicklungsstand von kameradschaftlicher Zusammenarbeit und sozialistischer Hilfe, von sozialen Unterschieden im Charakter der Arbeit und der Einstellung zur Arbeit, von den Ware- und Geldbeziehungen beeinflußt werden. Diese Unterschiede sind von Bedeutung für die jeweilige Entfaltung der Intensivierungsfaktoren.

Die Effektivitätswirksamkeit der unmittelbar gesellschaftlichen Arbeit beruht auf ihrer Einheit als nützliche Tätigkeit und Verausgabung menschlicher Arbeitskraft. Diese Seiten liegen in ihrer allgemein-reproduktionstheoretischen Form dem Doppelcharakter der warenproduzierenden Arbeit zugrunde. Entsprechend dem Ziel des ökonomischen Grundgesetzes geht die sozialistische Effektivität von der Nützlichkeit der unmittelbar gesellschaftlichen Arbeit aus. "Die Arbeit, deren Nützlichkeit sich so im Gebrauchswert ihres Produkts oder darin darstellt, daß ihr Produkt ein Gebrauchswert ist, nennen wir kurzweg nützliche Arbeit. Unter diesem Gesichtspunkt wird sie stets betrachtet mit Bezug auf ihren Nutzeffekt."[45]

Wird berücksichtigt, daß der Nutzen der unmittelbar gesellschaftlichen Gebrauchswerte durch ihren Beitrag zur Befriedigung gesellschaftlicher Bedürfnisse bestimmt wird, ergibt sich ihr direkter Bezug zur schrittweise immer stärkeren Entfaltung der Persönlichkeit aller Werktätigen.

Auf diese Weise ist der Nutzen unmittelbar gesellschaftlicher Gebrauchswerte eng damit verbunden, welchen Beitrag sie indirekt (über die vollständigere Befriedigung unmittelbarer Subsistenzbedingungen) und direkt zur Schaffung von "disposable time" im Marxschen Sinne leisten.

Der gesellschaftliche Nutzen der Gebrauchswerte beruht mit der "disposable time" auf objektiven Kriterien, die vom Primat der gesellschaftlichen Produktion und ihrer Ausrichtung auf die Bedürfnisbefriedigung ausgehen. Primäre Voraussetzung für das Erreichen von "Nutzen" ist, daß in der materiellen Produktion gesellschaftliche Arbeit gebunden ist.[46] Ihre Verteilung wird letztlich durch den beabsichtigten Nutzen der Gebrauchswerte bestimmt (z. B. Wohnungsbauprogramm mit seinen volkswirtschaftlichen Verflechtungen), jedoch entscheidet die Ökonomie der Zeit im zunehmenden und später im ausschließlichen Maße darüber, welchen Raum sich die Gesellschaft zur Verbesserung der Bedürfnisbefriedigung erwirtschaftet. Der gesellschaftliche Nutzen der Gebrauchswerte wird entscheidend durch das qualitative Niveau der Produkte, das Niveau der Arbeitsproduktivität, die technologische Ausstattung der Arbeit (Ausstattung mit Produktionsfonds, Bildungs- und Wissenschaftsfonds), die Proportionen in der Verteilung von Ressourcen auf die produktive und nichtproduktive Sphäre bestimmt.

Die Erhöhung des Nutzens der Gebrauchswerte, d. h. ihres Beitrages zur direkten und indirekten Vermehrung von "disposable time".beruht primär auf der Steigerung der Produktivität der gesellschaftlichen Arbeit. Welche Zeit mit gegebener Steigerung der Produktivität der gesellschaftlichen Arbeit wirklich "disposable" wird, hängt darüber hinaus von der Struktur und Ökonomie der Zeit in der nichtproduktiven Sphäre, von den Distributions- und Konsumtionsverhältnissen generell mit ab. Das bedeutet, daß der Prozeß der Schaffung von "disposable time" und ihrer aktiven Rückwirkung auf die Produktion nur aus der Gesamtsicht aller Phasen des einheitlichen Reproduktionsprozesses beurteilt werden kann. Damit ist keine Abwertung der Produktivität der gesellschaftlichen Arbeit verbunden. Es geht jedoch darum, diese durch die Effektivitätsbeurteilung aus der Gesamtsicht des einheitlichen Reproduktionsprozesses zu ergänzen, am Beitrag zur Schaffung von "disposable time" zu messen und die Wechselbeziehungen zwischen Produktivität der gesellschaftlichen Arbeit und Effektivität stärker auszuarbeiten. Diese Fragestellung ist direkte Konsequenz der Tatsache, daß die Produktion den Werktätigen zu dienen hat und nicht die Werktätigen der Produktion untergeordnet sind.

Wechselbeziehungen zwischen Produktivität der gesellschaftlichen Arbeit und Effektivität sind für die volle Entfaltung der sozialistischen Triebkräfte vor allem unter folgenden Aspekten von Bedeutung:

- Die Steigerung der Produktivität der gesellschaftlichen Arbeit ist unmittelbarer Ausgangspunkt und primärer Bestimmungsfaktor für die Schaffung von "disposable time", indem sie bestimmt, wieviel materielle Gebrauchswerte mit welchen Gebrauchseigenschaften und damit potentiellen Konsumtionseffekten mit der in der materiellen Produktion gebundenen Arbeit hervorgebracht werden.
- Die Schaffung von "disposable time" wird auch durch Ökonomie der Zeit außerhalb der materiellen Produktion beeinflußt. Jedoch nutzt diese die von der materiellen Produktion geschaffenen Voraussetzungen, insbesondere in Form von mehr Gebrauchswerten mit besseren qualitativen Eigenschaften, von zusätzlichen Arbeitskräften bzw. arbeitsfreier Zeit.
- Solange noch kein Überfluß an unmittelbaren Subsistenzbedingungen erreicht ist, spielt das Verhältnis von besserer Befriedigung unmittelbarer Subsistenzbedürfnisse und direkter Erweiterung der "disposable time" eine große Rolle für die Wege zur Effektivitätssteigerung.

Hieraus folgt, daß gesellschaftliche Arbeitsproduktivität und Effektivität bzw. ihr Niederschlag im Reichtum an Waren und im Reichtum entwickelter menschlicher Fähigkeiten nicht einander gegenübergestellt werden dürfen. Reiche Entwicklung der Fähigkeiten setzt Reichtum an Waren bzw. besseren materiellen Gebrauchswerten voraus. Zugleich erfordert der für die umfassende Entwicklung der Fähigkeiten notwendige Reichtum an materiellen Gebrauchswerten immer stärker die freie Entfaltung der Fähigkeiten. Das bedeutet aber, gerade zur schnelleren Überwindung von Knappheitssituationen bei einzelnen Gebrauchswerten noch besser die Vorzüge der sozialistischen Produktionsverhältnisse zu nutzen. Es muß betont werden, daß für die Vermehrung von "disposable time" im Marxschen Sinne die Entwicklung der Produktivität der gesellschaftlichen Arbeit das Primat besitzt. Wie es gelingt, sie dauerhaft zu steigern und dabei auch sich verteuernde Reproduktionsbedingungen auf einzelnen Gebieten mit auszugleichen, wird jedoch im wachsenden Maße von der Entwicklung "disposabler time" bestimmt.

Hierbei muß berücksichtigt werden, daß sowohl die Befriedigung unmittelbarer Subsistenzbedürfnisse als auch darüber hinausgehender Bedürfnisse[47] der Verwirklichung des ökonomischen Grundgesetzes dient. Die bessere Befriedigung unmittelbarer Subsistenzbedürfnisse bedeutet, daß der Abstand zur vollständigen Befriedigung unmittelbarer Subsistenzbedürfnisse sich verringert und dadurch der Raum für die tatsächliche Vermehrung von "disposable time" relativ erweitert wird. Es kann damit die bessere Befriedigung unmittelbarer Subsistenzbedürfnisse als "indirekte" Zunahme von "disposable time" bezeichnet werden.[48]

Die Verwendung der Effektivitätssteigerung für bessere unmittelbare Subsistenzbedingungen und eine allseitige Persönlichkeitsentwicklung dürfen daher einander nicht gegenübergestellt werden. Letztliches Ziel der Effektivitätssteigerung ist die Persönlichkeitsentwicklung aller Werktätigen. Diese setzt aber eine immer bessere Befriedigung unmittelbarer Subsistenzbedürfnisse voraus.[49] Gleichzeitig dient aber die bessere Versorgung mit unmittelbaren Subsistenzmitteln nur als Mittel zum Zweck. Langfristig wirkt eine gegebene Konsumtionsentwicklung desto mehr als Triebkraft der intensiv erweiterten sozialistischen Reproduktion, je mehr sie zur Erweiterung der Fähigkeiten und ihrer praktischen Nutzung beiträgt. Auch fördert ein relativ hohes Niveau der Persönlichkeitsentwicklung vernünftige Konsumtionsformen, die den Mißbrauch bestimmter Konsumgüter verringern. Ausgehend von der gegenseitigen Bedingtheit unmittelbarer Subsistenzmittel und darüber hinaus verfügbarer Mittel für die freie Entfaltung der Fähigkeiten, würde es nur folgerichtig sein, den Beitrag der Ökonomie der Zeit zur besseren gesellschaftlichen Bedürfnisbefriedigung in der Endkonsequenz an der relativen Zunahme von "disposable time" und der damit verbundenen Akkumulationsentwicklung im produktiven Bereich zu messen.

Die Möglichkeiten zur Realisierung des ökonomischen Grundgesetzes sind im Sozialismus desto größer, je höher der Beitrag der Produktivitätssteigerung gesellschaftlicher Arbeit zur Gewinnung "disponibler Zeit" ist. Dieser Beitrag hängt von Niveau und Steigerung der Produktivität gesellschaftlicher Arbeit und vom Grad der Befriedigung unmittelbarer Subsistenzbedürfnisse ab. Bei einem hohen Produktivitätsniveau kann die Produktionssteigerung in größerem Maße dazu dienen, die für die Erweiterung der Fähigkeiten verfügbare Zeit zu vermehren und neue Bedürfnisse zu befriedigen. Die Zunahme von "disposable time" wird auch gefördert, wenn mit Erhöhung der Wirtschaftskraft im entwickelten Sozialismus schrittweise bei den unmittelbaren Subsistenzmitteln (wie Ernährung, Bekleidung u. ä.) Sättigungstendenzen auftreten, ohne daß gegenwärtig bereits von einer Sättigung gesprochen werden kann.[50] In Abhängigkeit von einer stärkeren Durchsetzung dieser Entwicklungsrichtungen wird die Verbesserung der gesellschaftlichen Bedürfnisbefriedigung in der langfristigen Tendenz mehr mit einer freien Entfaltung der Fähigkeiten aller Werktätigen verbunden. Auf diese Weise entstehen wichtige materielle Voraussetzungen, damit die Arbeit schrittweise zum ersten Lebensbedürfnis wird. In dem Maße, wie die Subsistenzbedürfnisse aller Werktätigen vollständiger befriedigt werden, wird die Vermehrung von "disposable time" zum vorherrschenden Effektivitätskriterium, und es verstärkt sich ihr aktives Rückwirken auf die Produktion. Dieser Prozeß ist eng mit der Herausbildung einer höheren Entwicklungsstufe der Intensivierung verbunden.

In der ersten Phase des Kommunismus dienen noch beträchtliche Teile der Effektivitätssteigerung zur verbesserten Versorgung der Werktätigen mit unmittelbaren Subsistenzmitteln. Es geht hier um eine optimale Verwendung der Effektivitätssteigerung für die verbesserte unmittelbare Subsistenz der Werktätigen und die Vermehrung von Zeit für die freie, allseitige Entwicklung. Solange der objektive Druck auf die unmittelbaren Subsistenzmittel noch relativ stark ist (wie er z. B. in der Problematik der Mindestlöhne und Mindestrenten, der sozialen Lage vieler alleinstehender Mütter und kinderreicher Familien, in der Wohnungsfrage, im Lohnniveau bestimmter Bereiche, wie im dienstleistenden Handwerk zum Ausdruck kommt), werden in bestimmten Produktionsbereichen Intensivierungswege eine relativ große Rolle spielen, die zu einer schnellen quantitativen Erweiterung der Produktion materieller Gebrauchswerte beitragen. Solche Maßnahmen sind selbstverständlich mit qualitativen Verbesserungen verbunden, die aber der quantitativen Erweiterung noch in gewissem Maße untergeordnet sind.

Über die weitere Entfaltung der Intensivierungsfaktoren, die Voraussetzungen für das Erschließen von tiefer liegenden Intensivierungsreserven schafft, geht der Hauptweg zur besseren Befriedigung unmittelbarer Existenzbedürfnisse aller Werktätigen. Durch die damit verbundene direkte und indirekte Vermehrung von "disposable time" erweitern sich ständig die Wirkungsbedingungen vorwiegend qualitativer Veränderungen. Wie die Quellen zukünftiger Produktivitätssteigerung intensiv erweitert reproduziert werden können,[51] zeigt sich mit weiterer Entfaltung der Vorzüge des Sozialismus letztlich immer mehr daran, wie relativ weniger gesellschaftliche Arbeit in der materiellen Produktion gebunden wird bei schnellerer Freisetzung von Ressourcen und Produkten für die Vermehrung von "disposable time". Hier bestehen noch große Entwicklungsmöglichkeiten, wenn berücksichtigt wird, daß etwa drei Viertel des Bruttoproduktes (unter Beachtung der Vorleistungen) allein für die Bedürfniskomplexe Ernährung, Bekleidung, Wohnung und Hauswirtschaft verausgabt werden. Für die in ihrer Bedeutung schnell wachsenden Bedürfniskomplexe, wie z. B. Gesundheitswesen, Bildung, Erholung, Kommunikation, Personentransport u. a. wurden 1972 insgesamt etwa ein Viertel des Produktionsvolumens verausgabt.[52] Jedoch beanspruchen diese Bedürfniskomplexr relativ viel mehr Arbeitskräfte als für die Produktion materieller Konsumgüter erforderlich waren.

Für die Bedürfniskomplexe Kultur/Information, Bildung/Wissenschaft und Sport/Erholung werden etwa 4,3 % der Bruttoproduktion,[53] 4,4 % der Arbeitskräfte des produzierenden und 37,8 % der Arbeitskräfte des nichtproduzierenden Bereichs, 4,1 % der Grundfonds des produzierenden Bereichs sowie 11 % der Grundfonds des nichtproduzierenden Bereichs bereitgestellt.[54] Gerade die Entwicklung dieser Bedürfniskomplexe ist

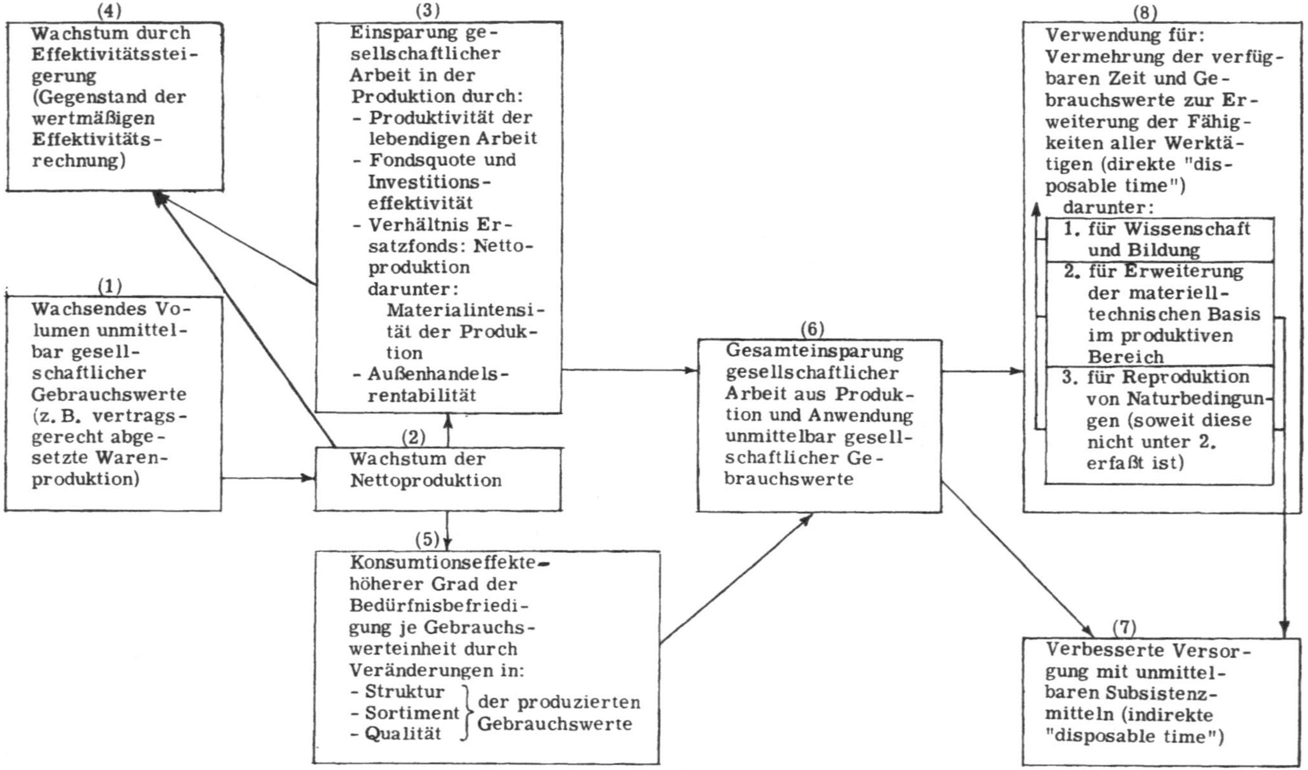

Abbildung 1: Beziehungen, die den Beitrag eines wachsenden Gebrauchswertvolumens zur besseren gesellschaftlichen Bedürfnisbefriedigung charakterisieren

von zunehmender Bedeutung für die aktive Rückwirkung der nichtproduktiven Konsumtion auf die Einsparungen gesellschaftlicher Arbeit in der Produktion.

Fortschritte in der Intensivierung auf Grund der genannten Zusammenhänge zwischen Produktivität der gesellschaftlichen Arbeit und Effektivität sind in Abbildung 1 zusammenfassend charakterisiert. Diese hier kurz skizzierten Beziehungen müßten im einzelnen noch weiter ausgearbeitet werden. Unter anderem gilt das für das Verhältnis zur notwendigen und Mehrarbeitszeit, für die Konsumtionseffekte und die Gesamteinsparung gesellschaftlicher Arbeit. Ohne den Ergebnissen tieferer Untersuchungen vorgreifen zu wollen, zeigen sie jedoch einen Ansatz, um Fortschritte im Intensivierungsprozeß aus der Sicht des einheitlichen sozialistischen Reproduktionsprozesses zu beurteilen.

Bei der Einschätzung von Intensivierungsergebnissen und -reserven kommt es vor allem darauf an, Teilergebnisse richtig in das Gesamtergebnis einzuordnen. So verbessert bei vorwiegendem Einfluß der Produktivitätssteigerung die wachsende Warenproduktion (1) dann die gesellschaftliche Bedürfnisbefriedigung, wenn bei ihrer Herstellung gesellschaftliche Arbeit eingespart wird, worauf auch die Bedarfsgerechtheit mit einwirkt. Es geht also nicht einfach um generell mehr Gebrauchswerte, sondern um mehr Gebrauchswerte, die sich im physischen Volumen der Nettoproduktion verkörpern (2) und in hohem Maße auf Effektivitätssteigerung (3) beruhen.

Ein gegebenes Wachstum der Brutto- oder Nettoproduktion kann aus volkswirtschaftlicher Sicht desto mehr zur Verbesserung der gesellschaftlichen Bedürfnisbefriedigung beitragen, je mehr die spezifische Materialintensität sinkt, je mehr infolgedessen das Nettoprodukt wächst und je höher die relativen Einsparungen an Arbeitszeit und Fonds sind (3). Obwohl die relative Einsparung an lebendiger Arbeit die Wachstumsdynamik der Produktion und auch die relativen Gesamteinsparungen gesellschaftlicher Arbeit entscheidend bestimmt, darf demgegenüber die Einsparung an vergegenständlichter Arbeit vor allem bei der langfristigen Sicherung der Reproduktionsdynamik nicht unterbewertet werden. So wächst z. B. die Bedeutung der Material- und Grundfondsökonomie für die bessere Bedürfnisbefriedigung u. a. deshalb, weil sie es erlaubt, den Konsumtionsfonds bei gleichem Wachstumstempo des Nationaleinkommens zu steigern. Zugleich hängt die Erweiterung der Fähigkeiten aller Werktätigen nicht nur davon ab, daß dafür ein höheres Quantum materieller Gebrauchswerte zur Verfügung gestellt wird. Die Verbesserung der Arbeits- und Lebensbedingungen, der Arbeitsinhalte durch kontinuierliche Produktivitätssteigerung erfordert auch eine stetige Erhöhung des qualitativen Niveaus der Gebrauchswerte (5).[55] Von Bedeutung dafür sind insbesondere die Veränderungen in der Struktur, im Sortiment und in den Eigenschaften der produzierten Gebrauchswerte. Das technische Niveau der Erzeugnisse, ihre Bedarfsgerechtheit und Lebensdauer, die Preis- und Einkommensstruktur, die Proportion zwischen zusätzlich verfügbaren Gebrauchswerten für die Bevölkerung und arbeitsfreier Zeit u. a. bestimmen wesentlich, wie mit einem aus Effektivitätssteigerung resultierenden Wachstum des Nationaleinkommens die Fähigkeiten erweitert und genutzt werden können. Es geht also darum, die Intensivierung der Produktion nach der Gesamteinsparung gesellschaftlicher Arbeit zu beurteilen, die von ihr hervorgebracht wurde (6). Sie enthält sowohl die Einsparungen bei der Herstellung der Gebrauchswerte als auch die Anwendereffekte infolge ihres höheren wissenschaftlich-technischen Niveaus. Soweit die Gebrauchswerte produktiv konsumiert werden, sind diese Anwendereffekte unmittelbar in den Einsparungen gesellschaftlicher Arbeit bei der Herstellung materieller Gebrauchswerte enthalten. Diese Gesamteinsparung gesellschaftlicher Arbeit zeigt, welchen Beitrag die materielle Produktion geleistet hat, damit die Werktätigen über mehr Gebrauchswerte und Zeit für die Entfaltung ihrer Fähigkeiten sowie an materiellen Bedingungen (Fonds) für ihre Nutzung verfügen können (8).[56] Unter dem Aspekt der Dynamik ist hierbei vor allem die Entwicklung der "disposable time" von Interesse. Die Kategorie der "disposable time" ist direkt mit dem Ziel der sozialistischen Produktion verbunden. Ihr Wirkungsbereich erweitert sich mit der Schaffung von Voraussetzungen für den allmählichen Übergang zur zweiten Phase des Kommunismus. Der Hauptteil von Einsparungen bei der Herstellung materieller Gebrauchswerte (4) wird mit Hilfe wertmäßiger Effektivitätsrechnung ausgedrückt.

Um zusammenfassend anhand des komplexen Effektivitätsbeitrages einschätzen zu können, inwieweit die Produktivitätssteigerung Ausdruck zunehmender Intensivierung ist, müssen insbesondere folgende Fragen beantwortet werden:

1. Mit welchen Einsparungen gesellschaftlicher Arbeit war die Produktion materieller Gebrauchswerte verbunden?

Hierdurch wird ausgesagt, welchen Einfluß die intensiven Wachstumsfaktoren auf die Zunahme des Gebrauchswertvolumens hatten. Ausgehend von der Steigerung der Produktivität der lebendigen Arbeit, ergibt sich unter Berücksichtigung der Material-, Grundfonds- und Investitionsökonomie die Zunahme der Produktivität der gesellschaftlichen Arbeit. Diese ist Grundlage, um den Zuwachs des Nationaleinkommens infolge von Effektivitätssteigerung (intensiver Nationaleinkommenszuwachs) zu ermitteln. Unter Beachtung des Außenhandelssaldos, soweit er auf die Verbesserung der Außenhandelsrentabilität zurückzuführen ist, zeigt sich, welche Konsequenzen für die inländische Verwendung des Nationaleinkommens aus der Effektivitätssteigerung resultieren.

2. Mit welchen Konsumtionseffekten war das wachsende Gebrauchswertvolumen verbunden?

Wenn z.B. die Nutzung eines bestimmten Gebrauchswertes im Konsumtionsbereich weniger Arbeit erfordert, sich die Gebrauchseigenschaften verbessern, der Gebrauchswert längere Zeit genutzt oder durch Preissenkungen mit gleichem Einkommen ein höheres Gebrauchswertvolumen realisiert werden kann, dann läßt sich auf Grund der höheren Leistungsfähigkeit der Produktion im Konsumtionsbereich Zeit für die Befriedigung von Bedürfnissen höherer Ordnung und damit für die allseitige Persönlichkeitsentwicklung freisetzen. Auskunft darüber geben z.B. Haushaltsrechnungen, Zeitbudgets oder Nutzensfunktionen. Die Berücksichtigung der Konsumtionseffekte ist für die volkswirtschaftliche Beurteilung der Effektivitätsentwicklung der Konsumgüterproduktion unerläßlich. Bedarfsgerechtheit und technisches Niveau der Konsumgüter sowie die Einkommensverteilung beeinflussen sehr stark, in welchem Maße das Wachstum der Konsumtion tatsächlich die Bedürfnisbefriedigung verbessert und direkt oder indirekt die frei verfügbare Zeit vermehrt.

3. Um die Fortschritte in der Intensivierung nach einem einheitlichen Kriterium zu beurteilen, muß auf Grund der bisher genannten Fragestellungen zusammenfassend beantwortet werden: Welche zusätzliche Zeit für die Erweiterung der Fähigkeiten aller Werktätigen wurde mit dem wachsenden Volumen materieller Gebrauchswerte freigesetzt?
Zunehmende Intensivierung zeigt sich letztlich daran, daß mit der gesellschaftlichen Arbeit, die in der materiellen Produktion gebunden ist, ein relativ wachsender Beitrag zur Vermehrung von "disposable time"[57] geleistet wird. Hierbei muß berücksichtigt werden, daß Erweiterung der Fähigkeiten stets an das Individuum gebunden ist und deshalb die "disposable time" pro Kopf der Bevölkerung ausgewiesen werden muß. Für die komplexe Effektivitätsbeurteilung bedeutet das, sowohl die Brücke zwischen Effektivität der materiellen Produktion und ihren Auswirkungen pro Kopf der Bevölkerung herzustellen als auch die gesamte Entwicklung von Nationaleinkommen und -reichtum pro Kopf der Bevölkerung von den Quellen bis zu den Vorleistungen für die Zukunft mit der Effektivitätssteigerung zu verbinden. Das heißt, die Einheit beider Seiten der Hauptaufgabe in der Effektivitätsrechnung zu beachten.

4. Fortschritte in der Intensivierung schließen einen hohen Grad von Kontinuität in der Effektivitätssteigerung ein. Deshalb muß das Ergebnis der Intensivierung auch danach beurteilt werden, wie es die "Vorleistungen" für zukünftige Effektivitätssteigerung verbessert. Von großer Bedeutung hierfür sind die Proportionen, in denen die Effektivitätssteigerung verwendet wird, um durch Konsumtion die unmittelbaren Subsistenzbedingungen zu verbessern, die Bildungs- und Wissenschaftsintensität zu erhöhen sowie durch produktive Akkumulation zu sichern, daß die ausgebildeten Fähigkeiten auch genutzt werden. Diese Proportionen sind eng mit der organischen Zusammensetzung der Produktion verbunden. Sie stecken den materiellen Rahmen ab, in dem die Persönlichkeitsentfaltung aller Werktätigen aktiv auf die Produktion zurückwirken kann. Bei vorwiegend intensiv erweiterter

Reproduktion verstärken sich die Wechselbeziehungen zwischen Effektivitätssteigerung, Kontinuität und Proportionalität außerordentlich.

Die genannten vier Fragestellungen sollten die Schrittfolge verdeutlichen, von denen eine komplexe Beurteilung von Fortschritten im Intensivierungsprozeß ausgehen muß. Alle Einzelschritte lassen sich auf den Beitrag der materiellen Produktion zur direkten und indirekten Vermehrung von "disposable time" für die Persönlichkeitsentwicklung der Werktätigen zurückführen.

Hoher Effektivitätsbeitrag aus der Gesamtsicht des einheitlichen Reproduktionsprozesses bedeutet zusammengefaßt, die Leistung der Volkswirtschaft und ihrer Wirtschaftseinheiten danach zu beurteilen, wie mit den gegebenen Ressourcen eine maximale Masse materieller Gebrauchswerte hergestellt wird, die zur besseren Bedarfsdeckung beitragen und deren Anwendung, im produktiven und im nichtproduktiven Bereich, eine maximale Ökonomie an Zeit fördert, indem sie die materiellen Bedingungen für die allseitige Persönlichkeitsentfaltung schrittweise erweitert. Als ersten Schritt zur praktischen Umsetzung dieses einheitlichen Effektivitätskriteriums wäre es zweckmäßig, das Wachstum der Warenproduktion (als Ausdruck gewachsener Masse materieller Gebrauchswerte) nach seinem Beitrag zur volkswirtschaftlichen Effektivitätssteigerung zu beurteilen. Das würde bedeuten, den Zuwachs der Warenproduktion nur dann als Leistungssteigerung anzuerkennen, wenn

- er bedarfsgerecht ist bzw. den Grad der Bedarfsdeckung verbessert,
- er zum Wachstum der Nettoproduktion beiträgt und wenn
- die Effektivität der eingesetzten Ressourcen stieg.

Zusammenfassend könnte dem Effektivitätskriterium bei gegenwärtigem Erkenntnisstand entsprochen werden, indem das Nettoprodukt im Verhältnis zu den dafür aufgewendeten Ressourcen beurteilt und hierbei als Restriktion die Forderung nach einer hohen Kontinuität in der Steigerung der Produktivität der gesellschaftlichen Arbeit eingehalten wird. Über die Kontinuitätsforderung der Effektivitätssteigerung wären damit auch indirekt wirkende Faktoren der Ökonomie der Zeit in Verbindung mit sozialen Triebkräften berücksichtigt, die längerfristig wirken.

1.4. Spezifische Merkmale der Effektivitätssteigerung bei vorwiegend intensiv erweiterter Reproduktion

In Abhängigkeit davon, worin die spezifischen Merkmale der Effektivitätsentwicklung unter den Bedingungen der Intensivierung gesehen werden, ergeben sich unterschiedliche Schlußfolgerungen für Schwerpunkte, Stärke und volkswirtschaftliche Wirksamkeit der Effektivität. Es besteht weitgehende Übereinstimmung mit der Effektivitätssteigerung als Ergebniskriterium der Intensivierung.[58] Jedoch gehen die Meinungen darüber auseinander, was dieses Ergebniskriterium der Intensivierung fordert. Während vielfach die Entwicklung der gesellschaftlichen Arbeitsproduktivität als grundlegendes Kriterium der Intensivierung angesehen wird,[59] fassen andere Autoren das Effektivitätskriterium weiter, indem sie es auf die Gesamtheit aller Phasen des Reproduktionsprozesses beziehen. Für das Aufdecken von Effektivitätsreserven ist es notwendig, die Wechselbeziehungen von Intensivierung und Effektivitätssteigerung herauszuarbeiten. Eine Analyse der wichtigsten unterschiedlichen Standpunkte bzw. Akzentuierungen hierzu ist von Interesse, weil sich daraus Hinweise für die Spezifik der Effektivitätssteigerung bei vorwiegend intensiver Erweiterung ergeben.

Von verschiedenen Autoren wird die Effektivitätssteigerung weiter gefaßt als die Intensivierung, die als Hauptweg für die Effektivitätssteigerung angesehen wird. So argumentiert z. B. Aganbegjan,[60] daß die Effektivität sowohl durch die Wirkung intensiver als auch extensiver Faktoren steigen kann. Zweifellos sind quantitative Erweiterungen einzelner Produktionselemente (wie z. B. weiterhin zunehmende Zahl von Arbeitskräften in Schwerpunktbereichen der Industrie, der Kommunalwirtschaft, der Produktionsvorbereitung) die isoliert betrachtet, auch gewisse extensive Seiten enthalten, Voraussetzung und Begleiterscheinung der Effektivitätssteigerung. Das Problem besteht hierbei offensichtlich darin, extensive Erweiterungen einzelner Faktoren aus der Intensivierung des Gesamtprozesses zu beurteilen.

Ausgehend von den veränderten Reproduktionsbedingungen bei der Gestaltung des entwickelten Sozialismus, wird von verschiedenen Autoren darauf hingewiesen, daß nicht am Tempo der Effektivitätssteigerung oder ihrem Beitrag zum Wachstum des Nationaleinkommens, sondern an den qualitativen Veränderungen in den Wegen der Effektivitätssteigerung der Übergang zur konsequenten Intensivierung beurteilt werden könne. "Der Übergang von einer vorwiegend extensiven Reproduktion zur konsequenten Intensivierung wird nicht so sehr in der Veränderung des Entwicklungstempos der Arbeitsproduktivität deutlich, auch nicht vorrangig in der Veränderung des Anteils der Steigerung der Arbeitsproduktivität am Wirtschaftswachstum, sondern in den qualitativen Veränderungen der Ursachen und der Quellen der Steigerung der Arbeitsproduktivität."[61]

Val'tuch u.a. geben den wichtigen Hinweis, daß vorwiegend intensiv erweitere Reproduktion mit einem neuen Typ des technischen Fortschritts verbunden ist. Sie unterscheiden extensiven und intensiven technischen Fortschritt danach, wie die Produktivitätssteigerung erreicht wurde. Extensiver technischer Fortschritt vom Standpunkt der Ausnutzung der Produktionsmittel werde durch Produktionssteigerung charakterisiert, die durch höheren Einsatz von Produktionsmitteln je Produktionseinheit hervorgebracht wurde, wie z.B. in der Etappe der Industrialisierung. Dieses vorwiegend extensive Wachstum sei ein effektiver Prozeß, der aber eine tendenzielle Verringerung der Effektivität einschließt. Er bereite die intensive Etappe des technischen Fortschritts vor, die sich nicht nur in der Steigerung der Arbeitsproduktivität ausdrückt, sondern auch in der Senkung der relativen Aufwendungen an Produktionsmitteln.[62]

Val'tuch u.a. grenzen also extensiven und intensiven technischen Fortschritt auf Grund des Einsatzes von Produktionsmitteln je Produktionseinheit ab. Das bedeutet aber, daß sie faktisch zwar Steigerung der Produktivität der gesellschaftlichen Arbeit als Kriterium des wissenschaftlich-technischen Fortschritts anerkennen, nicht aber als Kriterium der intensiven Erweiterung. Damit entsteht die Frage, inwieweit intensiver wissenschaftlich-technischer Fortschritt und intensives Wachstum identifiziert werden können. Letztlich wird die Abgrenzung zwischen extensivem und intensivem Wachstum auf Grund des Beitrages der Effektivitätssteigerung aufgehoben, und sie wird auf das Wachstum der Arbeitsproduktivität verlagert. Dadurch kann ein Beitrag zur Faktorenanalyse der Arbeitsproduktivität geleistet werden. Es widerspricht aber dem Begriff der intensiven Erweiterung und der Rolle des technischen Fortschritts dabei, wenn der technische Fortschritt unter solchen Bedingungen intensiver Erweiterung, bei der extensive Wachstumsquellen noch eine relativ größere Rolle spielen, mit extensiver Erweiterung überhaupt gleichgesetzt wird. Eine solch starke Verabsolutierung verwischt die grundsätzlichen reproduktionstechnischen Unterschiede, die zwischen der Erweiterung durch vorwiegende Zunahme des Arbeitszeitfonds und durch vorwiegende Steigerung der Arbeitsproduktivität bestehen und die bereits Konsequenzen für Wachstum und Verwendungsstruktur des Nationaleinkommens nach sich ziehen, bevor noch die höhere Stufe der Intensivierung erreicht wird.

Indem die Intensivierung zum Hauptweg für die Effektivitätssteigerung wird, durchläuft sie verschiedene Entwicklungsstufen, beginnend mit der Produktivitätssteigerung der lebendigen Arbeit als vorwiegender Quelle des Produktionswachstums. Da sich aus dem vorwiegenden Einfluß der Ökonomie lebendiger Arbeit Konsequenzen für die Ökonomie vergegenständlichter Arbeit ergeben, die aber ihrerseits zugleich eine gewisse Reife der Intensivierung bereits voraussetzen, geht es darum, den Gesamtprozeß der Intensivierung zu berücksichtigen und nicht nur ihre höhere Entwicklungsstufe.

Zweifellos ist dem Hinweis auf die qualitativen Veränderungen in den Quellen der Produktivitätssteigerung voll zuzustimmen. Eindeutig ist ebenfalls, daß Intensivierung nicht unmittelbar und allein an den Steigerungsraten der Arbeitsproduktivität und ihrem Beitrag zum Wirtschaftswachstum gemessen werden kann.[63] Zugleich bleibt aber die Frage, ob die qualitativen Veränderungen in den Wegen der Produktivitätssteigerung nicht auch Konsequenzen für die Dynamik der Effektivitätssteigerung besitzen. Wird berücksichtigt, daß vorwiegend intensiv erweiterte Reproduktion ihren Prozeßcharakter einschließt, d.h. Effektivitätssteigerung faktisch in doppelter Funktion auftritt, als Ergebnis gegenwärtiger Intensivierungsanstrengungen und Voraussetzung auch zukünftiger ständiger Fortschritte in der Intensivierung, dann ergeben sich spezifische Anforderungen auch an die Effektivitätssteigerung. Diese werden vor allem dadurch gekennzeichnet, daß die Effektivitätssteigerung die Dynamik des Reproduktionsprozesses dauerhaft und nicht nur zeitweilig bestimmt, was eine qualitativ höhere Stufe in der Kontinuität der Produktivitätssteigerung verlangt. Beim gegenwärtigen hohen Niveau des Nationaleinkommens, insbesondere des Fondsbestandes, gehören kontinuierlich hohe Steigerungsraten der Arbeitsproduktivität zu den Voraussetzungen effektiver Einsparungen auch an vergegenständlichter (einmaliger und laufender) Arbeit, damit sich die Produktivitätsfaktoren entfalten können. Damit bedeutet Intensivierung aber zugleich auch qualitativ höhere Entfaltung der spezifisch sozialistischen Triebkräfte.

Die qualitativ neuen Merkmale der Effektivitätssteigerung, die sich mit der Intensivierung herausbilden, werden verschiedentlich unterschätzt, indem darauf verwiesen wird, daß beispielsweise in der DDR die Produktivitätssteigerung bereits vorwiegende Quelle des Nationaleinkommenszuwachses war, bevor sich die Notwendigkeit der Intensivierung entwickelte. Bekanntlich waren die gesamtwirtschaftlichen Steigerungsraten der Nettoproduktivität von 1955 bis 1960 mit 7, 5 % im Jahresdurchschnitt höher als in allen nachfolgenden Perioden. Hieraus aber unmittelbar Schlüsse auf den Intensivierungsgrad ziehen zu wollen, würde bedeuten, Teilergebnisse und zeitweilige Ergebnisse zu verabsolutieren.

1. Die relativ hohe Rate der Produktivitätssteigerung war im Zeitraum vor 1960 mit einem verhältnismäßig niedrigen Niveau der Fondsausstattung und der Konsumtion verbunden. Sie diente deshalb zu einem großen Teil dazu, daß die Grundbedürfnisse an unmittelbaren Subsistenzmitteln, wie Ernährung, Wohnung, Kleidung u. ä., besser befriedigt werden konnten und ließ nur einen relativ geringen Raum für die wissenschaftlich-technische Entwicklung. Das zeigt sich u. a. in der Struktur der Konsumtion. Während z. B. 1960 noch 43 % des bezahlten Verbrauchs von Waren und Leistungen in Arbeiter- und Angestelltenhaushalten auf Nahrungsmittel entfielen, waren es 1975 noch knapp 32 %. Unter dem Einfluß der relativ niedrigen Rate der produktiven Akkumulation[64] stieg die Fondsausstattung der Arbeit im Jahresdurchschnitt in der materiellen Produktion lediglich um 3, 4 %, darunter

in der Industrie um 2,15 %, wodurch die materiellen Bedingungen für höhere Arbeitsanforderungen nur langsam erweitert werden konnten.

2. Produktivitätssteigerung und Wachstum wurden im Zeitraum vor 1960 noch nicht vorwiegend durch wissenschaftlich-technische Fortschritte, sondern auch durch eine Reihe anderer Faktoren gefördert, die zeitweilig wirkten, wie z. B. verbesserte Proportionalität oder eine gewisse Zunahme der produktiv Beschäftigten. Das bedeutet aber, daß die damaligen verhältnismäßig hohen Raten der Produktivitätssteigerung noch nicht die Voraussetzungen vorbereiten konnten, um sie auch zukünftig zu sichern. Intensivierung schließt aber solche Wege der Produktivitätssteigerung ein, die bereits gegenwärtig kontinuierliche Produktivitätssteigerungen für die Zukunft vorbereiten.

Mit dem Übergang zur vorwiegend intensiv erweiterten Reproduktion erhöht sich der Stellenwert der Effektivität. Die Anforderungen an die Kontinuität der Effektivitätssteigerung und ihre Quellen werden größer. In diesem Sinne reicht es nicht, Intensivierung einfach als Weg für (irgendeine) Effektivitätssteigerung anzusehen.

Mit dem objektiv wachsenden Einfluß der Effektivitätssteigerung auf die Dynamik des Reproduktionsprozesses wird es immer wichtiger, die Effektivitätssteigerung wirklich umfassend einzuschätzen und nicht nur anhand ausgewählter, wenn auch wichtiger, Teilkriterien zu beurteilen.[65] Von einer komplexen Beurteilung der Einsparungen lebendiger und vergegenständlichter Arbeit je Einheit der Nettoproduktion gehen alle die Vorstellungen aus, die in der anteiligen Zunahme des intensiven Nationaleinkommenszuwachses das Kriterium für Fortschritte im Intensivierungsprozeß sehen.[66] Im intensiven Nationaleinkommenszuwachs, der in der Regel aus der Entwicklung des Nationaleinkommens im Vergleich zur Gesamtheit der dafür eingesetzten Arbeitskräfte sowie Produktionsfonds abgeleitet wird, widerspiegelt sich der Hauptteil der Produktivitätssteigerung lebendiger Arbeit. Damit wird auf die Erhöhung des Teiles des Nationaleinkommenszuwachses orientiert, der durch höhere Effektivität der gesellschaftlichen Arbeit hervorgebracht wird. Ein höherer intensiver Nationaleinkommenszuwachs ist ein wichtiges Ergebnis der Intensivierung.

Intensive Wachstumsfaktoren bestimmen zunehmend das Wachstumstempo des Nationaleinkommens[67] und seinen Beitrag zur Erweiterung der Fähigkeiten der Werktätigen. Jedoch muß bei der Beurteilung von extensiven und intensiven Quellen des Wirtschaftswachstums als Indikator der Intensivierung auch berücksichtigt werden, daß Einsparungen gesellschaftlicher Arbeit in der materiellen Produktion dann eine hohe Effektivitätssteigerung im umfassenden Sinne garantieren, wenn sie bis zur besseren gesellschaftlichen Bedürfnisbefriedigung, einschließlich der Arbeitsanforderungen und Arbeitsbedingungen im unmittelbaren Produktionsprozeß, wirken. D.h., daß sich auch im intensiven Nationaleinkommenszuwachs letztlich noch Teilergebnisse ausdrücken. Der intensive Nationaleinkommenszuwachs muß vor allem ergänzt werden durch seinen Beitrag zur Schaffung von "disposable time" im Marxschen Sinne und ihren Wechselbeziehungen zum Niveau der Fondsausstattung sowie der Wissenschafts- und Bildungsintensität der Arbeit. Allein aus der Entwicklung des intensiven Nationaleinkommenszuwachses kann nicht erkannt werden, inwieweit es bereits gelungen ist, von der Intensivierung auf Teilgebieten und bei Teilfaktoren zur allseitigen Intensivierung überzugehen. Vorwiegend intensiver Nationaleinkommenszuwachs ist aber materielle Grundlage für eine stärkere Vermehrung von "disposable time" und damit höhere Entwicklungsstufe der Intensivierung.

Für das Erreichen einer höheren Entwicklungsstufe der Intensivierung ist von Bedeutung, welche Konsequenzen sich aus den Beziehungen von intensivem Nationaleinkommenszuwachs und "disposable time" für die Entwicklung fonds- und materialsparender Wege zur Produktivitätssteigerung ergeben. Bisher wurde die Einsparung gesellschaftlicher Arbeit noch überwiegend durch Einsparungen lebendiger Arbeit bestimmt. Sinkende bzw. zumindest gleichbleibende Fonds- und Materialintensität der Produktion wären deshalb in der Lage, eine qualitativ höhere Stufe bei der Einsparung gesellschaftlicher Arbeit in der materiellen Produktion zu bewirken. Durch höheren Beitrag der relativen Einsparung vergegenständlichter Arbeit würde sich der Anteil der Effektivitätssteigerung am Wirtschaftswachstum beträchtlich erhöhen. Bei gegebenem Wirtschaftswachstum könnten sich dadurch die Möglichkeiten zur besseren Bedürfnisbefriedigung relativ schneller erweitern. Verschiedene Autoren verknüpfen deshalb den Übergang zur Intensivierung direkt mit der Forderung nach sinkender Material- und Fondsintensität der Produktion. Chacaturov[68] z. B. setzt generell sinkende Fondsintensität (fondssparender Typ der Erweiterung) mit Intensivierung gleich. Wirtschaftswachstum bei steigender Fondsintensität sei nur dann effektiv, wenn die Einsparungen laufender Aufwendungen die Höhe erreichen, die durch die normative Rückflußdauer gegeben ist. Andere Autoren gehen ebenfalls von der Periodisierung nach fondsaufwendiger und fondssparender intensiv erweiterter Reproduktion aus. So sehen z. B. Notkin, Val'tuch und Rechtziegler[69] die allseitige Intensivierung als höhere Etappe der Intensivierung, in der die Ökonomie der vergegenständlichten Arbeit von wachsendem Einfluß ist. Die Untersuchung der Entwicklungsbedingungen der Fondsquote bei zunehmender Intensivierung gehört mit zu den Voraussetzungen, damit eingeschätzt werden kann, ob mit sinkender Fondsintensität als dauerhafter Quelle der Gesamteinsparung gesellschaftlicher Arbeit gerechnet werden kann.

Ohne daß diese Frage in diesem Rahmen umfassend analysiert werden kann, soll jedoch auf einige Aspekte eingegangen werden. Aus der zunehmenden Bedeutung der qualitativen Faktoren, der engeren Verbindung sozialer und ökonomischer Aspekte im Gefolge von Veränderungen in der Bedürfnisstruktur ergeben sich auch veränderte objektive Entwicklungsbedingungen für die Fondsquote. Die Veränderung der Fondsquote beeinflußt vor allem dann wesentlich die gesamte Effektivitätssteigerung, wenn die Steigerungsraten der Produktivität der lebendigen Arbeit relativ konstant sind. Hierbei muß jedoch berücksichtigt werden, daß die Fondsquote sowohl durch die Steigerung der organischen Zusammensetzung der Aufwendungen gesellschaftlicher Arbeit als auch durch die effektivere Fondsnutzung bei gegebenem Niveau der organischen Zusammensetzung beeinflußt wird. Während die gesetzmäßige Steigerung der organischen Zusammensetzung der Aufwendungen in der langfristigen Tendenz in Richtung einer sinkenden Fondsquote wirkt (vgl. z. B. Fondsquote im Verkehrswesen und der Grundstoffindustrie im Vergleich zur Leichtindustrie, Bau- und Landwirtschaft), steigt die Fondsquote im Gefolge weiterer Vervollkommnungen des jeweiligen wissenschaftlich-technischen Niveaus und besserer Fondsnutzung. Vor allem über kurz- und mittelfristige Zeiträume kann deshalb die Entwicklung der Fondsquote in starkem Maße die Effektivität der Fondsnutzung widerspiegeln, die der im Gefolge steigender organischer Zusammensetzung sinkenden Tendenz entgegenwirkt. Wie stark diese der sinkenden Tendenz der Fondsquote entgegenwirkenden Faktoren sind und ob sie über längere Zeiträume eine gleichbleibende oder steigende Fondsquote sichern können, hängt vor allem von folgenden Faktoren ab:

- vom Einfluß der Substitution lebendiger Arbeit durch Fonds, darunter der absoluten Freisetzung von Arbeitskräften,
- vom Anteil extensiver und intensiver Fondserweiterung,
- vom Gewicht des vorhandenen Grundfondsbestandes, des wissenschaftlich-technischen Niveaus seiner Erneuerung und Rekonstruktion,
- von der extensiven und intensiven Ausnutzung der Fonds, die durch die quantitative und qualitative Proportionalität der eingesetzten Arbeitskräfte, Rohstoffe und Materialien, Reparatur- und Instandhaltungsarbeiten sowie die Organisation der gesellschaftlichen Arbeit mit bestimmt wird,
- von der Entwicklung der gesellschaftlich notwendigen Arbeit für die Herstellung der Produktionsmittel, insbesondere für die Rohstoffsicherung, Bauwirtschaft und die Erzeugnisse von Maschinenbau und Elektronik,
- vom wissenschaftlich-technischen Niveau der Produktionsmittel und damit ihrer Leistungsfähigkeit,
- von den jeweils anfallenden Aufwendungen für die Reproduktion gegenständlicher Produktionsbedingungen mit sehr langer Nutzungsdauer, wie z. B. Straßen, Kanäle, Brücken und generell Naturbedingungen,[70]
- von Struktureffekten.

In den letzten 20 Jahren setzte sich bei der Grundfondsquote, soweit sie auf die Bruttoproduktion bezogen wird, insgesamt eine <u>steigende Tendenz</u> durch, wobei sich allerdings die Steigerung verlangsamte (vgl. Tabelle 1). Hierbei ist jedoch zu beachten, daß die Grundfonds zu vergleichbaren Preisen einbezogen werden, also ihre tatsächlichen Wiederbeschaffungskosten noch zu berücksichtigen wären. Auf der Basis des Nationalein-

Tabelle 1

Entwicklung der Grundfonds von 1955 bis 1975

Jahr	Produktiver Bereich		Industrie und produzierendes Handwerk	
	Basis Gesellschaftliches Gesamtprodukt	Basis Nationaleinkommen	Basis Bruttoproduktion	Basis Nettoproduktion
1. In Mark je 1000 Mark Grundfonds				
1955	794	368	680	356
1960	987	439	866	428
1965	939	387	839	392
1970	1002	394	890	405
1975	1007	386	885	395
2. 1975 in Prozent				
(1955 = 100)	126,8	104,9	130,1	111,0
(1960 = 100)	102,0	87,9	102,2	92,3

Quelle: Berechnet nach dem Statistischen Jahrbuch der DDR 1976, Berlin 1976, S. 13/14, S. 17, S. 44, S. 107.

kommens dagegen überwog im Vergleich zu 1960 insgesamt eine sinkende Tendenz der Grundfondsquote. Diese sinkende Tendenz würde noch deutlicher werden, wenn die Struktureffekte, die insbesondere von 1966 bis 1970 einen relativ großen Einfluß ausübten, aber auch 1971 bis 1975 von Bedeutung waren, bereinigt werden. Die unterschiedlichen Entwicklungstendenzen der Grundfondsquote auf der Basis der Brutto- und Nettoproduktion könnten zur Auffassung führen, daß sich in der sinkenden Grundfondsquote auf der Basis der Nettoproduktion hauptsächlich die steigende organische Zusammensetzung ausdrückt. Werden aber solche Faktoren, wie z. B. wissenschaftlich-technisches Niveau der Investitionen, Ausnutzung der Grundfonds oder Preis-Leistungs-Verhältnis der Grundfonds, analysiert, dann zeigt sich, daß noch wesentliche Effektivitätsreserven genutzt werden können, um den Auswirkungen steigender organischer Zusammensetzung auf die Grundfondsquote entgegenwirken zu können. Die Verstärkung dieser entgegenwirkenden Faktoren ist ein wichtiges Erfordernis weiterer Intensivierung. Tendenziell sinkende Netto-Grundfondsquote würde langfristig schließlich auch zu einer niedrigeren Wachstumsrate des Nationaleinkommens führen.

Inwieweit es gelingt, den Einfluß der die Grundfondsquote erhöhenden Faktoren zu verstärken, hängt vor allem von der Schaffung von Voraussetzungen für die bessere Nutzung der vorhandenen Grundfonds (u.a. durch noch größeren Einsatz der zeitweilig zunehmenden Zahl der Arbeitskräfte im Mehrschichtsystem und gezielte stärkere Freisetzung von Arbeitskräften) und von der Erhöhung des wissenschaftlich-technischen Niveaus ab. Ein höheres wissenschaftlich-technisches Niveau der Grundfonds ist gegenwärtig eng damit verbunden, daß der Erneuerungsprozeß in stärkerem Maße durch Modernisierung und Rekonstruktion der vorhandenen Grundfonds und in relativ geringerem Maße durch vorwiegend extensive Grundfondserweiterung erfolgt.

Ohne die große Bedeutung solcher Faktoren, wie z.B. der Grundfondsausnutzung, der Reproduktionsstruktur der Grundfonds u.a., zu unterschätzen, muß gleichzeitig doch betont werden, daß das Schlüsselproblem für größere Fortschritte bei der Intensivierung der Grundfondsreproduktion in der generellen Beschleunigung und höheren Wirksamkeit des wissenschaftlich-technischen Fortschritts besteht. Bei langsamem wissenschaftlich-technischem Fortschritt entwickelt sich ein starker Druck auf das mengenmäßige Wachstum der Produktion. Das kann bei den jeweils begrenzten primären Wachstumsquellen dazu führen, daß sich Erweiterungen der Grundfonds zu Lasten ihrer Erhaltung ausbreiten, was u.a. die Erhaltung und Nutzung der vorhandenen Grundfonds z.T. absolut verteuern kann, z.B. durch hohe Reparaturaufwendungen, durch höhere Aufwendungen für den Ersatz. Intensivierung der Grundfondsreproduktion bedeutet letztlich, daß sich das Preis-Leistungs-Verhältnis verbessert. Sie verstärkt in Richtung steigender Grundfondsquote wirkende Tendenzen und bedeutet, daß generell in der Volkswirtschaft nicht nur der Arbeitsaufwand je Produktionseinheit weiter sinkt, sondern zugleich, als Voraussetzung für zukünftige Effektivitätssteigerung, der Konsumtionseffekt je Produkt wesentlich steigt.

Fortschritte in der Intensivierung der Grundfondsreproduktion führen nicht automatisch zum Steigen der Grundfondsquote, weil zusätzliche Aufwendungen auf anderen Gebieten, wie z. B. für die Rohstoffsicherung und den Umweltschutz oder Struktureffekte, sowie insbesondere absolute Freisetzung von Arbeitskräften und Verkürzung der Jahresarbeitszeit dem entgegenwirken können. Da sich in der Entwicklung der Grundfondsquote sowohl die steigende organische Zusammensetzung der Aufwendungen als auch die effektive Nutzung der Grundfonds niederschlagen, kann sinkende Grundfondsquote zweifellos nicht von vornherein als Ausdruck sinkender Produktivität der gesellschaftlichen Arbeit angesehen werden. Um den Beitrag der Grundfondsökonomie zur Intensivierung einzuschätzen, ist es notwendig,

- den Einfluß der Grundfondsquote auf die volkswirtschaftliche Effektivitätssteigerung zu beurteilen (Bei sinkender Grundfondsquote wäre z. B. zu zeigen, ob sie mit beschleunigter Produktivitätssteigerung verbunden war, die Arbeitszeit absolut freisetzte und wie sich die gesellschaftlichen Arbeitsaufwendungen je Produkt, speziell die Selbstkosten, entwickelten.)[71] und
- die Einflußfaktoren der Entwicklung der Grundfondsquote zu analysieren. (Sinkende Grundfondsquote infolge einer schnellen Steigerung der organischen Zusammensetzung der Aufwendungen, z. B. durch Ersatz von Handarbeit in Montageprozessen, könnte durchaus Fortschritte im Intensivierungsprozeß ausdrücken.)

Wenn deshalb im einzelnen Fall sinkende Grundfondsquote mit einer hohen volkswirtschaftlichen Effektivitätssteigerung einhergehen kann, wächst jedoch mit zunehmender Intensivierung, insbesondere mit den Anforderungen kontinuierlicher Effektivitätssteigerung, generell die Bedeutung gleichbleibender oder steigender Grundfondsquote für eine stabile Dynamik des Reproduktionsprozesses. Das ergibt sich beispielsweise daraus, daß die Anforderungen der Reproduktionsbedingungen für die allseitige Entwicklung der Werktätigen schneller zu wachsen beginnen als für die Grundfonds.[72] Um z. B. Wissenschaft und Bildung als Hauptfaktor dauerhaft hoher Steigerungsraten der Arbeitsproduktivität erweitert zu produzieren, muß ein entsprechendes Nettoprodukt bereitgestellt werden. Bei tendenziell sinkender Grundfondsquote stößt das aber schließlich auf absolute Grenzen.

Es erhebt sich die Frage, ob sich mit der zunehmenden Bedeutung des subjektiven Faktors und der engeren Verschmelzung sozialer und ökonomischer Faktoren neue Wirkungsbedingungen auch für die Entwicklung der Grundfondsquote herausbilden. Eine Hypothese läßt sich aufstellen, wenn man von den Beziehungen zwischen organischer Zusammensetzung der Aufwendungen und Grundfondsquote ausgeht. Wird die Produktivitätssteigerung hauptsächlich durch Substitution lebendiger Arbeit durch Grundfonds hervorgebracht, erhöhen sich die gesamten Reproduktionsaufwendungen für die lebendige Arbeit langsamer als die Grundfondsausstattung. Darin drückt sich annäherungsweise mit die Steigerung der organischen Zusammensetzung der Aufwendungen aus. Diese bewirkt, daß die Nettogrundfondsquote bei tendenziell steigender Grundfondsquote auf der Basis der Bruttoproduktion in der Tendenz sinkt, wenn nicht entgegenwirkende Faktoren aktiviert werden. Diese Zusammenhänge kommen annäherungsweise mit darin zum Ausdruck, daß z. B. die fondsintensiven Zweige (abgesehen von solchen, bei denen zweigspezifische Besonderheiten überwiegen, wie in der Wasserwirtschaft) in der Regel eine höhere Bruttoproduktivität und höhere Brutto-Grundfondsquoten aufweisen als arbeitsintensive Zweige. Das bedeutet aber zugleich, daß sich mit steigendem Niveau der Grundfondsausstattung der Arbeit der Spielraum für das Sinken der Grundfondsquote verringert, der eingehalten werden muß, wenn noch eine Steigerung bzw. zumindest ein Gleichbleiben der Effektivität erreicht werden soll. Der Spielraum für das Sinken der Grundfondsquote ist hierbei grundsätzlich durch den Grenzwert des Freisetzungsaufwandes und sein Verhältnis zur Fondsausstattung gegeben. Dieser Grenzwert wird bestimmt durch das Nettoprodukt, das bei gleichbleibender Effektivität für die erweiterte Reproduktion erforderlich wäre. Er hängt vor allem vom Niveau der organischen Zusammensetzung und von ihrer Entwicklung ab.

Ein wesentlicher Bestimmungsfaktor dieses Spielraums ist die Grundfondsausstattung. Wenn zumindest eine gleichbleibende Effektivität gesichert werden soll, gilt in der Tendenz: Je niedriger das Niveau der Grundfondsausstattung, desto mehr kann die Grundfondsquote sinken, ohne daß auch die Effektivität sinkt. Je höher das Niveau der Grundfondsausstattung, desto weniger kann die Grundfondsquote abnehmen, ohne daß auch die Effektivität sinkt. Der relative Spielraum für die Abnahme der Grundfondsquote ist also hier geringer. Empirische experimentelle Berechnungen zeigten beispielsweise, daß bei den gegenwärtigen Preisrelationen die Netto-Grundfondsquote bei einer angenommenen Steigerung der Nettoproduktivität um 5 % in der Grundstoffindustrie nur noch um weniger als 0, 9 %, in der Leichtindustrie dagegen noch um mehr als 2, 6 % sinken könnte, wenn die Effektivität nicht absolut abnehmen soll. Bei aller Bedingtheit der Aussagen solcher experimentellen Rechnungen, weisen sie aber auf notwendige Differenzierungen in den Wegen zur Produktivitäts- und Effektivitätssteigerung hin.

Während in den Bereichen mit relativ niedrigem Niveau der Grundfondsausstattung das schnelle Wachstum der Ausstattung der Arbeit mit Grundfonds relativ stark als Produktivitätsfaktor wirkt, wächst die Grundfondsausstattung in den fondsintensiven Bereichen relativ langsamer, und die Steigerung der Leistungsfähigkeit der Grundfonds beeinflußt in verhältnismäßig stärkerem Maße die Produktivitätssteigerung. Dieser Zusammenhang wird durch empirische Untersuchungen über längere Zeiträume bestätigt.[73]

In dem relativ kleiner werdenden Spielraum für das Sinken der Grundfondsquote in den fondsintensiven Bereichen drückt sich mit aus, daß die weitere Substitution lebendiger Arbeit durch Fonds als Hauptfaktor der Produktivitätssteigerung ihre Wirksamkeit zu erschöpfen beginnt und immer stärker als Hauptfaktor die höhere Wirksamkeit lebendiger Arbeit auftritt. Damit wächst die Bedeutung solcher qualitativen Faktoren, die letztlich unter sozialistischen Bedingungen zur weiteren Ausprägung sozialistischer Persönlichkeiten beitragen. Unter diesen Bedingungen entstehen mit der sich verändernden Stellung der Grundfonds für die Produktivitätssteigerung objektive Voraussetzungen für eine tendenziell steigende Grundfondsquote. Gegenüber dem gegenwärtig noch vorwiegenden Einfluß der Einsparung lebendiger Arbeit auf die Effektivität der Ressourcennutzung und die Selbstkostensenkung gewinnt die Einsparung vergegenständlichter Arbeit größere Bedeutung für die Effektivitätssteigerung. Das heißt aber auch, daß eine tendenziell steigende Netto-Grundfondsquote untrennbar mit der schnellen Entwicklung von Wissenschaft, Bildung, Kultur u.a. auf der Basis einer immer besseren Befriedigung unmittelbarer Subsistenzbedürfnisse verbunden ist.[74] Engere Verbindung sozialer und ökonomischer Aspekte wirkt grundsätzlich in dieser Richtung, muß aber zukünftig noch wesentlich stärker in Effektivitätssteigerung umgesetzt werden.

Beim gegenwärtig erreichten Niveau der Grundfondsausstattung beginnen sich trotz noch bestehender Möglichkeiten zur weiteren Substitution lebendiger Arbeit durch Fonds (insbesondere bei Hilfs- und Nebenprozessen in der Produktion, bei Routinearbeiten in der Verwaltung, bei einer Reihe von Prozessen in der Bau- und Landwirtschaft) die Einflüsse der qualitativen Weiterentwicklung der lebendigen Arbeit und damit fondssparender Wege zur Produktivitätssteigerung generell zu verstärken. Jedoch muß berücksichtigt werden, daß die objektiven Bedingungen für eine tendenziell steigende Grundfondsquote in den verschiedenen Bereichen unterschiedlich heranreifen. Die Beachtung dieser Unterschiede ist von großer Bedeutung, um in noch stärkerem Maße tiefer liegende Effektivitätsreserven zu erschließen. Bei solchen Prozessen beispielsweise, bei denen die Produktivitätssteigerung weniger von der weiteren Substitution lebendiger Arbeit abhängt (obwohl diese natürlich eine gewisse Bedeutung behält) als vielmehr von der Stärke und Organisation eingeleiteter und überwachter technologischer Prozesse, in die der Mensch nur noch mittelbar eingreift, wirkt die Zeiteinsparung über die volle Nutzung und Kontinuität dieser Prozesse. Die unmittelbare Arbeitszeiteinsparung je Produktionseinheit verliert hier ihre primäre Bedeutung als Maßstab der Effektivität des wissenschaftlich-technischen Fortschritts, z.B. in vielen Bereichen der Energiewirtschaft und chemischen Industrie. Das bedeutet nicht, daß die Arbeitsproduktivität als Hauptkriterium der Effektivitätssteigerung durch die Fondsquote abgelöst wird, sondern macht die Notwendigkeit einer komplexen Effektivitätsbeurteilung noch deutlicher.

Daß versucht worden ist, Probleme der Ökonomie vergegenständlichter Arbeit unter Bedingungen der Intensivierung am Beispiel der Grundfondsquote aufzuzeigen, bedeutet keine Unterbewertung der Materialökonomie. Intensivierung richtet sich grundsätzlich auf den rationellsten Einsatz aller Ressourcen aus der Sicht hoher Gesamtsteigerung der Effektivität. Es wäre deshalb auch notwendig, die Wechselbeziehungen zwischen Grundfonds- und Materialökonomie bei den Hauptwegen der Produktivitätssteigerung lebendiger Arbeit zu untersuchen. Diese Aufgabe kann in der vorliegenden Arbeit nicht gestellt werden. Betont muß jedoch werden, daß die Bedeutung der Materialökonomie für die volkswirtschaftliche Effektivität wächst. Die Materialökonomie gehört zu den wichtigsten Intensivierungsfaktoren. Jede Materialeinsparung je Produktionseinheit erhöht nicht nur den Anteil des Nettoprodukts, sondern verringert zugleich relativ den Anteil der gesellschaftlichen Arbeit, der in fondsintensiven Zweigen gebunden werden muß. Sie trägt dazu bei, die Möglichkeiten für eine bessere Kapazitätsausnutzung in der verarbeitenden Industrie zu erweitern. Aus volkswirtschaftlicher Sicht ist es oft vorteilhafter, Investitionen für die Senkung des spezifischen Materialverbrauchs in der verarbeitenden Industrie anzulegen als für die Produktionserweiterung in den extraktiven Zweigen.

Den großen Einfluß der Materialökonomie auf das Wachstumstempo der Produktion machte u. a. Chejnman deutlich. Er berechnete, daß sich bei jeweiliger Eliminierung aller übrigen Einflüsse das Wachstumstempo der Produktion im 10. Jahr der Produktionsentwicklung bei 1 % Zunahme der Materialeffektivität um 6, 3 % erhöht, bei 1 % Steigerung der Arbeitsproduktivität um 3, 5 bis 3, 8 %, bei 1 % Erhöhung der Fondsquote um 0, 5 bis 0, 7 %.[75] In diesen Ergebnissen zeigt sich das jeweilige Gewicht der relativen Einsparungen an den verschiedenen Ressourcenarten. Hierbei muß jedoch berücksichtigt werden, daß die Materialökonomie keine Alternative zur Steigerung der Arbeitsproduktivität sein kann.

Die Materialökonomie resultiert gegenwärtig vor allem aus dem wissenschaftlich-technischen Fortschritt, der Anwendung von effektiveren Maschinen/Werkstoffen und technologischen Prozessen. Nach Berechnungen von Rachlin wäre z.B. durch den Einsatz von Plasten anstelle traditioneller Werkstoffe 1975 im materiellen Bereich der UdSSR eine Einsparung von 409 Millionen Arbeitsstunden, mehr als 440 Millionen Rubel Selbstkosten und etwa 580 Millionen Rubel Investitionen möglich gewesen.[76] Inwieweit in der Volkswirtschaft der DDR auch zukünftig ein stabiles Wachstum des Nationaleinkommens gesichert werden kann, hängt wesentlich davon ab, wie es gelingt, die Rohstoff- und Materialökonomie so zu beschleunigen, wie es in der Direktive zur Entwicklung der Volkswirtschaft der DDR von 1976 bis 1980[77] vorgesehen ist. Das stellt hohe Anforderungen an neue wissenschaftlich-technische Lösungen, durch die etwa 80 % der Materialeinsparungen gesichert werden müssen.

Eine weitere Wirkung fonds- und materialsparender Wege zur Produktivitätssteigerung ermöglicht eine qualitativ höhere Entwicklungsstufe auch bei der Schaffung von "disposable time". An der Schaffung von "disposable time" wäre letztlich der Beitrag effektiverer Ressourcennutzung zur umfassenden Effektivitätssteigerung zu messen. Damit wird auch die Ökonomie vergegenständlichter Arbeit von vornherein der Erweiterung menschlicher Fähigkeiten <u>untergeordnet</u>, d.h., sie muß dazu beitragen. Im Gegensatz dazu ist die Ökonomie an konstantem Kapital ein wichtiges Mittel, um den Arbeiter noch mehr auf die Erfordernisse des Kapitals auszurichten. Die vergegenständlichte Arbeit beherrscht hier die lebendige Arbeit. Wenn die höhere Stufe bei der intensiven Nutzung der Ressourcen dazu beiträgt, durch bessere Versorgung aller Werktätigen mit unmittelbaren Subsistenzmitteln den Anteil der Effektivitätssteigerung auszudehnen, der nicht nur indirekt, sondern auch direkt "disposable time" schafft, bereitet sie eine höhere Stufe in der Intensivierung des Gesamtprozesses der Reproduktion vor. Bei besserer quantitativer Versorgung mit Mitteln zur Befriedigung unmittelbarer Lebensbedürfnisse wächst der Einfluß des höheren qualitativen Niveaus der Gebrauchswerte. Damit wird die Erweiterung der Fähigkeiten und ihre aktive Rückwirkung auf die Produktion ebenfalls auf eine vorwiegend intensive Basis gestellt. Intensivierung bewirkt somit nicht nur qualitative Veränderungen in den <u>Quellen</u> des Wachstums, sondern auch in den Bedürfnissen. Da letztere in der Endkonsequenz mit der allmählichen Herausbildung der sozialistischen Lebensweise und von Elementen des kommunistischen Charakters der Arbeit verbunden sind, werden dadurch wesentliche Triebkräfte für die weitere Produktivitätssteigerung freigesetzt. Zugleich erfordert mehr "disposable time" für die Erweiterung der Fähigkeiten auch mehr Akkumulation, um die gewachsenen Fähigkeiten tatsächlich nutzen zu können. Eine höhere Stufe der Material- und Fondsökonomie würde die Lösung dieser Aufgabe erleichtern.

Die bisher untersuchten Zusammenhänge bestätigen, daß ebenso wie die Intensivierung die Einheit materiell-technischer und sozialökonomischer Faktoren einschließt, auch ihr Ergebnis letzten Endes in einem einheitlichen Effektivitätskriterium zum Ausdruck kommen muß.

Zusammenfassend sollte darauf aufmerksam gemacht werden, daß die Hinweise von Marx zur "disposable time" gewisse Ansatzpunkte für die Weiterführung bzw. Ergänzung der Produktivität der gesellschaftlichen Arbeit als Effektivitätskriterium geben.

Fortschritte in der Intensivierung würden sich demnach in der Endkonsequenz dahingehend auswirken, daß die Produktivität der gesellschaftlichen Arbeit dazu führt, die "disposable time" absolut und relativ (im Verhältnis zur gesellschaftlichen Arbeit, die in der materiellen Produktion gebunden ist) erhöht wird. Darin drückt sich die gesteigerte Wirksamkeit der Arbeit durch Intensivierung der Produktion aus. Mit diesem Kriterium wird versucht, Produktion und sozialistische Persönlichkeitsentwicklung zu verbinden. Eine Differenzierung zwischen ökonomischer Effektivität der Produktion auf der einen Seite und sogenannter sozialer Effektivität auf der anderen Seite oder auch die einseitige Hervorhebung einer der beiden Seiten zeigen subjektiv die Schwierigkeiten bei der einheitlichen Fassung der sozialistischen Effektivität, führen objektiv aber zu Effektivitätsverlusten. Gelingt es, den Beitrag der materiellen Produktion zur Effektivitätssteigerung in umfassendem Sinne zu beurteilen, dann wird damit zugleich auf eine höhere Stufe der Rationalität bei der Verausgabung gesellschaftlicher Arbeit orientiert. Das gehört mit zu den Voraussetzungen, um das Gesetz der Ökonomie der Zeit umfassend durchzusetzen.

Die Effektivität wird verschiedentlich auch deshalb gegenüber der Intensivierung als weitgehender aufgefaßt, weil sie soziale Aspekte einschließt. Chačaturov[78] z. B. bezieht die Intensivierung auf den Reproduktionsprozeß im engeren Sinne, während er bei der Effektivität auch die sozialökonomische Seite der Entwicklung einschließt. Wenn jedoch die Intensivierungsergebnisse umfassend an der sozialistischen Effektivität gemessen werden, muß das auch Auswirkungen auf den Hauptweg haben. Deutlich wird das z. B. am großen Einfluß, den die Beseitigung einfacher, monotoner und wenig abwechslungsreicher Arbeitsgänge auf die Produktivitätssteigerung hat. Gute Erfahrungen durch bessere Nutzung von Fähigkeiten der Produktionsarbeiter wurden z. B. in der UdSSR mit der Polezker Methode gesammelt. Das grundlegende Neue an der Arbeitsorganisation besteht hierbei darin, daß im Zusammenhang mit der Einsparung von Arbeitszeit Funktionen ohne schöpferischen Inhalt wegfallen. Wird der Umfang der auszuführenden Funktionen erweitert, gibt es Lohnzulagen. "Nicht der Lohn für die Arbeit, sondern die Arbeit selbst und ihr Inhalt wurden zum entscheidenden Anreizfaktor."[79] Da ein schnellerer wissenschaftlich-technischer Fortschritt die ökonomischen und gesellschaftlichen Verflechtungen qualitativ und quantitativ verstärkt, eine höhere Kontinuität, Proportionalität, Stabilität und Reproduktion bei gleichzeitig größerer Aufnahmefähigkeit für Neuerungen verlangt und die ökonomischen und sozialen Aspekte enger miteinander verbindet, müssen die Vorteile sozialistischer Organisation der gesellschaftlichen Arbeit noch wesentlich stärker als bisher genutzt werden.

Gegenwärtig sind noch nicht alle Zusammenhänge zwischen Einsparung gesellschaftlicher Arbeit in der materiellen Produktion und ihrem Beitrag zur Schaffung von "disposable time" so ausgearbeitet, wie es notwendig wäre, um das einheitliche Effektivitätskriterium praktisch umfassend anzuwenden. Hier sind weitere Untersuchungen erforderlich. Wichtige Schritte dazu sind die weitere Vervollkommnung der Effektivitätsbeurteilung der materiellen Produktion mit Hilfe eines wirklichen Kennziffernsystems, das von den volkswirtschaftlichen Endergebnissen ausgeht, die Herausarbeitung von Brücken zwischen Einsparungen gesellschaftlicher Arbeit und "disposable time", die Entwicklung einer Effektivitätsrechnung für den nichtproduktiven Bereich.

Gleichzeitig muß jedoch betont werden, daß diese Konzeption eine Richtung angeben kann, in der bereits gegenwärtig schrittweise die Beurteilung von Fortschritten im Intensivierungsprozeß vervollkommnet werden kann und muß. Sie steht in enger Verbindung mit den Intensivierungsreserven durch bessere Ausnutzung der Vorzüge der sozialistischen Produktionsverhältnisse und orientiert auf einen Wirkungsmechanismus, der dauerhafte Intensivierungslösungen sichert. Die Einheit technisch-ökonomischer und sozialökonomischer Seiten der Effektivitätssteigerung schwächt deshalb keineswegs die Effektivitätsanforderungen an die materielle Produktion ab. Im Gegenteil. Sie verstärkt sie. Während es die sozialistischen Produktionsverhältnisse gestatten, bereits bei einem gegenüber den ökonomisch entwickelten kapitalistischen Ländern gleich hohen oder noch niedrigeren Produktivitätsniveau eine höhere Befriedigung der Bedürfnisse aller Werktätigen zu sichern, verlangt zugleich die konsequente dauerhafte Intensivierung wesentlich höhere Vorleistungen, die nur durch höhere Produktivität erwirtschaftet werden können.

Damit durch Intensivierung der Produktion die gesellschaftliche Bedürfnisbefriedigung maximal verbessert werden kann, muß deshalb im Effektivitätskriterium beim Primat der Produktion die Einheit und proportionelle Gestaltung aller Phasen und Sphären des gesellschaftlichen Reproduktionsprozesses berücksichtigt werden. Gerade hierin liegen wichtige Quellen für die höhere Rationalität der sozialistischen Intensivierung. Bei einer umfassenden Beurteilung der Effektivitätssteigerung kann von Intensivierung nur die Rede sein, wenn die Effektivitätssteigerung die Dynamik des Reproduktionsprozesses dauerhaft bestimmt. Zugleich muß die Effektivitätssteigerung eines bestimmten Zeitraumes unter dem Aspekt ihrer Wirkung auf zukünftige Effektivitätssteigerung beurteilt werden. Hier sind unter anderem solche Fragen zu beantworten, wie: In welchem Maße war die Effektivitätssteigerung das Ergebnis eigener Intensivierungsanstrengungen dieses Zeitraumes und wie hat sie die Kontinuität in der Effektivitätssteigerung für den folgenden Zeitraum vorbereitet? Welchen Einfluß hatten auf die Effektivitätssteigerung extensive Erweiterungen einzelner Faktoren? Wie weit förderten solche extensiven Erweiterungen auf Teilgebieten die volkswirtschaftliche Effektivitätssteigerung, oder begannen sie beim jeweils erreichten extensiven Nutzungsgrad der Ressourcen bereits die Möglichkeiten zukünftiger Effektivitätssteigerung zu belasten? In welchem Verhältnis entwickelten sich kurzfristige Quellen der Effektivitätssteigerung und langfristige Proportionalitätsbedingungen? Die Beantwortung aller dieser Fragen ist mit der gegenwärtigen Effektivitätsrechnung allein noch nicht möglich. Sie verlangt eine weitere Vervollkommnung von Effektivitätsrechnung und -planung.

2. Analyse wichtiger Ergebnisse der Intensivierung des volkswirtschaftlichen Reproduktionsprozesses in der DDR von 1960 bis 1975

2.1. Zielstellung der Analyse und kurze Wertung ihrer Ergebnisse

Die höheren Anforderungen an die Intensivierung als entscheidendes Kettenglied der weiteren Entwicklung verlangen auch eine reale Beurteilung der bisherigen Intensivierungsergebnisse, der Entwicklungsprobleme und Intensivierungsreserven. Es muß vor allem eingeschätzt werden, wie die einzelnen Produktionselemente, insbesondere durch wissenschaftlich-technischen Fortschritt, wirksamer genutzt worden sind, wie sich die Produktivität der gesellschaftlichen Arbeit entwickelte, wie dadurch die gesellschaftliche Bedürfnisbefriedigung verbessert, die materiellen Bedingungen für die schrittweise Entfaltung der sozialistischen Persönlichkeit erweitert worden sind und wie damit die zukünftigen Wachstumsbedingungen vorbereitet wurden. Entsprechend der Bedeutung der Intensivierung für ein stabiles Wirtschaftswachstum muß solchen Kriterien besondere Aufmerksamkeit geschenkt werden, wie der Allseitigkeit der Intensivierung, dem Tempo der Effektivitätssteigerung, der Kontinuität in der Effektivitätsentwicklung unter anderen durch richtige Verbindung kurz- und langfristiger Effektivitätsfaktoren sowie generell dem Beitrag der Effektivitätssteigerung zur Sicherung der Dynamik des Reproduktionsprozesses.

In der vorliegenden Analyse konnte lediglich versucht werden, auf diese Fragen soweit mit einzugehen, wie sie sich unmittelbar aus den Ergebniskriterien der Intensivierung ergeben. Wie bereits gezeigt, ist es gegenwärtig nicht möglich, das einheitliche Ergebniskriterium der Intensivierung mit Hilfe einer allumfassenden Effektivitätskennziffer zu quantifizieren. Es muß deshalb versucht werden, mit einer gewissen Schrittfolge bei der Beurteilung der jeweiligen Intensivierungsergebnisse und ihrer Zusammenhänge, in Richtung eines Kennziffernsystems der Effektivität vorzugehen.

Die Analyse konzentriert sich vor allem auf den Versuch, anhand der Zusammenhänge zwischen wichtigen Teilkriterien der Effektivität zu einer weitgehend komplexen Beurteilung von Fortschritten in der Intensivierung zu kommen. Diese Aufgabenstellung erlaubte aber nicht, die Entwicklungsursachen mit gleicher Aufmerksamkeit zu verfolgen. Methodologische Grundlagen der Analyse sind erste Vorstellungen zu einem Kennziffernsystem der volkswirtschaftlichen Effektivitätsrechnung.[80] Davon ausgehend, daß die Intensivierung des Reproduktionsprozesses als "Hauptweg zu höherer Qualität und Quantität der gesellschaftlichen Produktion und grundlegend verbesserter Effektivität" führen muß, sollen zunächst einleitend die bisherigen Intensivierungsergebnisse aus volkswirtschaftlicher Sicht kurz zusammengefaßt beurteilt werden. Generell zeigten sich die bisher erreichten Fortschritte in der Intensivierung vor allem im Beitrag der Produktivitätssteigerung lebendiger Arbeit zum wirtschaftlichen Wachstum. Durch Intensivierung wurde im Zeitraum von 1971 bis 1975 vor allem ein höherer Beitrag der Produktivitätssteigerung, der spezifischen Roh- und Werkstoffökonomie sowie der Kostensenkung erreicht. Wichtige soziale Leistungen, deren Entwicklung letztlich vom Ergebnis der Intensivierung abhängt, wurden rascher verbessert. Eine etwas beschleunigte Steigerung der Arbeitsproduktivität in der produzierenden Sphäre realisierte sich in einem höheren Wachstumstempo des Nationaleinkommens. Zugleich war die Produktivitätssteigerung durch vorwiegend fondsaufwendige Wege hervorgebracht worden. Das bewirkte, daß aus gesamtvolkswirtschaftlicher Sicht die Effektivitätssteigerung absolut größer geworden ist, daß sie sich aber gleichzeitig im Verhältnis zu dem gesamten Einsatz von lebendiger Arbeit und Produktionsfonds relativ verlangsamt hat.

Bisherige Ergebnisse und Entwicklungsprobleme der Intensivierung machten deutlich, daß die Aufrechterhaltung der Dynamik des Reproduktionsprozesses in starkem Maße vom Erreichen einer höheren Entwicklungsstufe in der Intensivierung abhängig geworden ist. Diese erfordert vor allem dauerhaft hohe Steigerungsraten der Arbeitsproduktivität, die in enger Verbindung mit dem Erschließen tiefer liegender Effektivitätsreserven stehen, darunter mit einer stärkeren Wirksamkeit material- und fondssparender Wege zur Produktivitätssteigerung. Damit bekommt die komplexe Effektivitätsbeurteilung und -planung, insbesondere der Ökonomie lebendiger und vergegenständlichter Arbeit einen höheren Stellenwert.

Solche wichtigen Intensivierungsreserven, wie z. B. die weitere Verbesserung der Fondsnutzung durch spürbare Verminderung der Schere zwischen vorhandenen Arbeitsplätzen und verfügbaren Arbeitskräften, die Produktivitäts- und Effektivitätssteigerung durch konsequentere Intensivierung der Grundfondsreproduktion sowie die Verstärkung der Rohstoff- und Materialökonomie durch wirksamere Nutzung von Wissenschaft und Technik, können nur durch komplexes Wirksammachen aller Intensivierungsfaktoren erschlossen werden. Während z. B. bei einseitiger Effektivitätsbeurteilung wissenschaftlich-technische Fortschritte darauf gerichtet werden können, mit hohen Aufwendungen manchmal relativ geringe Zeiteinsparungen zu erreichen, kann gerade das komplexe Herangehen Möglichkeiten aufzeigen, wie mit gleich hohen, aber anders strukturierten Aufwendungen wesentlich höhere Gesamteinsparungen zu sichern wären. Eine höhere Wirksamkeit des wissenschaftlich-technischen Fortschritts verlangt deshalb auch eine höhere Wirksamkeit bei der gesellschaftlichen Beherrschung der Komplexität des einheitlichen Reproduktionsprozesses, insbesondere von Proportionalität und Kontinuität durch volle Nutzung der Vorzüge sozialistischer Produktionsverhältnisse. Die Untersuchung und bewußte Ausnutzung des Wirkungsmechanismus der ökonomischen Gesetze des Sozialismus erhält damit immer größere praktische Bedeutung. So hängen Fortschritte in der Intensivierung wesentlich mit davon ab, wie die Wechselbeziehungen zwischen Intensivierungsreserven, Wegen zur Produktivitätssteigerung, Entwicklung wichtiger Effektivitätskriterien sowie Vervollkommnung von materiell-technischer Basis und sozialistischer Lebensweise planmäßig genutzt werden.

Die höhere Effektivität des wissenschaftlichen Wachstums kam zusammenfassend vor allem in folgenden volkswirtschaftlichen Ergebnissen zum Ausdruck, deren Wirkung energisch vertieft werden muß.

1. Das produzierte Nationaleinkommen wuchs mit einer jahresdurchschnittlichen Steigerungsrate von 5,4 % im Zeitraum von 1971 bis 1975

gegenüber 5,25 % 1966 bis 1970 und 3,45 % 1961 bis 1965 in den letzten 10 Jahren nicht nur relativ schnell, sondern auch mit höherer Kontinuität. Dabei wurde das Wachstum durch solche stabilisierenden Faktoren, wie stärkere Orientierung wissenschaftlich-technischer Fortschritte auf Effektivitätssteigerung, vielfältige Initiativen der Werktätigen, konzentrierte Fertigstellung begonnener Vorhaben, schrittweise Verbesserung der Proportionalität, insbesondere bei Energie und Rohstoffen sowie im Zuliefer- und Konsumgüterbereich u.a., wesentlich beeinflußt. Im Zeitraum von 1971 bis 1975 wurden die Intensivierungsanstrengungen verstärkt. Diese richteten sich vor allem auf die Steigerung der Arbeitsproduktivität, die Erhöhung der Qualität der Produkte und die Ökonomie vergegenständlichter Arbeit. Wie effektiv das Wachstum war, wurde durch engere Verflechtungen innerer und äußerer Quellen mit bestimmt.

2. Im Vergleich zum etwas beschleunigten Wachstum des Nationaleinkommens nahm das Gesamtprodukt von 1971 bis 1975 im Jahresdurchschnitt mit 6 % langsamer als von 1966 bis 1970 mit 6,25 % zu. Das ist insgesamt als Beitrag zu einem effektiveren Wachstum zu werten. Der Anteil des Ersatzfonds am Gesamtprodukt stieg verlangsamt. Während dieser 1960 55,6 % betrug und bis 1970 auf 60,7 % anstieg, erhöhte er sich bis 1975 lediglich auf 61,7 %. Neben Veränderungen in der gesellschaftlichen Arbeitsteilung, über deren Einfluß gegenwärtig keine Informationen vorliegen, war das vor allem auf eine stärkere Annäherung im Anteil des Ersatzfonds nach Wirtschaftsbereichen sowie die hohe Senkung des spezifischen Aufwandes wichtiger Roh- und Werkstoffe um 2,8 % im Jahresdurchschnitt zurückzuführen. Die Wirtschaftsbereiche Bauwirtschaft, Land- und Forstwirtschaft sowie Verkehr, Post- und Fernmeldewesen, die 1960 noch weit unter dem Anteil des Ersatzfonds an der Bruttoproduktion in der Industrie lagen, kamen 1974 mit 63,6 %, 60,5 % und 58,9 % nahe an das Niveau der Industrie mit 63,3 % heran[81] (vgl. Anhang, Tabelle 1). Indem sich der Anteil des Ersatzfonds in der Industrie bei einem hohen Niveau seit 1965 kaum noch veränderte und sich auch in der Bauwirtschaft die Zunahme des Anteils verlangsamte, verstärken sich damit Faktoren, die in Richtung einer Annäherung der Wachstumstempi von Gesamtprodukt und Nationalein-

kommen wirken. Ob sich eine Annäherung tatsächlich durchsetzt, hängt auch davon ab, wie es gelingt, insbesondere durch wirksamere wissenschaftlich-technische Fortschritte gewissen Verteuerungen bei der Rohstoffsicherung entgegenzuwirken. Von großer Bedeutung hierfür ist, daß die starke Beschleunigung der Rohstoff- und Materialökonomie erreicht wird, die in der Direktive für die Entwicklung der Volkswirtschaft der DDR für den Zeitraum von 1976 bis 1980 vorgesehen ist. So soll z.B. im Jahresdurchschnitt der spezifische Verbrauch volkswirtschaftlich wichtiger Energieträger, Rohstoffe und Materialien um 3 % sowie die Gebrauchsenergieintensität in der Industrie um 5 % sinken. Der Einfluß der Materialökonomie auf die volkswirtschaftliche Effektivitätssteigerung wächst. Auch das spricht dafür, der Nettoproduktion im Vergleich zur Brutto- und Warenproduktion mehr Gewicht bei der Einschätzung von Ergebnissen der Intensivierung beizumessen.

3. Das Wachstum des Nationaleinkommens war in den letzten zehn Jahren mit höheren relativen Einsparungen an Ressourcen verbunden. Der Gesamteffekt aus den relativen Einsparungen von Arbeitskräften, Grund- und Umlaufmitteln je Einheit des Nationaleinkommens lag von 1966 bis 1975 um mehr als das 2fache höher als von 1961 bis 1965. Für die gesamte Effektivitätssteigerung aus besserer Ressourcennutzung gab die Steigerung der Produktivität der lebendigen Arbeit den Ausschlag. Sie war von 1966 bis 1970 zu mehr als 90 % an den relativen Einsparungen aus besserer Ressourcennutzung beteiligt und mußte von 1971 bis 1975 relative Mehraufwendungen an Grundfonds mit ausgleichen. Soweit der produzierende Bereich insgesamt betrachtet wird, stieg die Nettoproduktivität (produziertes Nationaleinkommen je Beschäftigten im produzierenden Bereich) relativ kontinuierlich und von 1971 bis 1975 sogar leicht beschleunigt. Während die Nettoproduktivität im produzierenden Bereich von 1961 bis 1965 durchschnittlich um 4,0 % je Jahr zunahm, stieg sie von 1966 bis 1970 um 5,0 % und von 1971 bis 1975 um 5,25 %. Durch Produktivitätssteigerung wurden von 1971 bis 1975 etwa 1 975 000 Arbeitskräfte relativ eingespart (fast 30 % der Gesamtbeschäftigten des produzierenden Bereichs). Die Steigerung der Produktivität der lebendigen Arbeit bestimmte im produzierenden

Bereich insgesamt und ebenfalls in seinen Zweigen die Abnahme der laufenden Aufwendungen je Produktionseinheit. Die Nettoproduktivität wuchs in einem solchen Maße schneller als der Durchschnittslohn (vgl. Anhang, Tabelle 2), daß die Lohnintensität der Gesamtproduktion um mehr abnehmen konnte, als die laufenden Aufwendungen vergegenständlichter Arbeit je Produkt wuchsen.

Bei der Beurteilung des überwiegenden Beitrages, den die Einsparung lebendiger Arbeit zur Effektivität der Ressourcennutzung leistete, dürfen die relativen Mehraufwendungen an Grundfonds nicht außer acht gelassen werden. Relative Mehraufwendungen an Grundfonds würden bei langfristiger Beibehaltung nicht nur die Möglichkeiten der Konsumtionsentwicklung vermindern, sondern sich auch ungünstig auf das Wachstumstempo des Nationaleinkommens auswirken. Unter Beachtung des langfristigen Charakters der Grundfondsreproduktion können kurzfristig zeitweilige Effektivitätsquellen in Anspruch genommen werden, um trotz Mehraufwendungen ein kontinuierliches Wachstum des Nationaleinkommens und der Konsumtion zu gewährleisten. Im Interesse der herangereiften stärkeren Intensivierung auch der Grundfondsreproduktion und einer ausgeglichenen Zeitverteilung der Investitionen werden solche zeitweiligen Effektivitätsquellen zukünftig relativ weniger verfügbar sein. Es geht deshalb um dauerhafte Fortschritte bei der effektiveren Nutzung der Ressourcen, insbesondere der Grundfonds, aber auch weiterhin des gesellschaftlichen Arbeitsvermögens. Wie im Abschnitt 2.2.3. auch gezeigt wird, kann die Effektivität der Ressourcennutzung Hinweise geben, um die jeweilige Wachstums- und Effektivitätswirksamkeit von Varianten im Anteil von Erweiterungs- und Modernisrerungsinvestitionen zu beurteilen.

4. Auf der Grundlage der hohen Vorleistungen für den wissenschaftlich-technischen Fortschritt, die unter anderem in der schnelleren Zunahme der Grundfondsausstattung, der Steigerung der Bildungs- und Wissenschaftsintensität der Arbeit (Bildungsaufwendungen sowie Aufwendungen für Wissenschaft und Technik je Beschäftigten) zum Ausdruck kommen, geht es darum, die Effektivität wissenschaftlich-technischer Veränderungen rascher zu steigern. Bei einer generellen Zunahme des Anteils der Rationalisierungs-

investitionen, des Mechanisierungs- und Automatisierungsgrades der Arbeit sowie des Anteils teil- und vollautomatisierter Ausrüstungen und beträchtlich gewachsener Aktivität der Neuerer bestehen, wie die Entwicklung der Effektivitätssteigerung aus besserer Ressourcennutzung zeigt, Reserven, um den Beitrag des technischen Fortschritts zur volkswirtschaftlichen Effektivitätssteigerung zu erhöhen. Das gilt z.B. für die Fondsökonomie und für die Freisetzung von Arbeitskräften mit Hilfe von Rationalisierungsinvestitionen. Effektivitätsreserven liegen sowohl in einer schnelleren Erhöhung des technischen Niveaus und seiner stärkeren Ausrichtung auf die Belange der Intensivierung als auch darin, die Voraussetzungen zu schaffen, daß die ökonomischen und sozialen Möglichkeiten der neuen Technik besser genutzt werden können.

Aus volkswirtschaftlicher Sicht muß der wissenschaftlich-technische Fortschritt noch mehr dazu beitragen, daß trotz komplizierter werdender Reproduktionsbedingungen die Wachstumsdynamik aufrechterhalten werden kann. Eine höhere Wirksamkeit des wissenschaftlich-technischen Fortschritts ist ausschlaggebend dafür, daß je Einheit der Aufwendungen für die intensive Erweiterung die Effektivitätssteigerung zumindest nicht sinkt. Das bedeutet, die Herstellungskosten der Erzeugnisse beträchtlich zu senken sowie das technische Niveau und die Qualität der Gebrauchswerte so zu erhöhen, daß das Preis-Leistungsverhältnis[82] der Grundfonds wesentlich verbessert wird und auch die arbeitsfreie Zeit der Werktätigen stärker zur Entfaltung der Persönlichkeit dienen kann.

5. Eine schnellere und wirksamere Entwicklung von Wissenschaft und Technik erfordert die weitere Ausgestaltung der sozialistischen ökonomischen Integration, die auch als wichtiger Faktor für die Vervollkommnung der Struktur der Volkswirtschaft wirkt. Durch die Zunahme der Forschungs- und Produktionskooperation mit den RGW-Ländern, insbesondere der UdSSR, wurde darauf hingewirkt, den wissenschaftlich-technischen Fortschritt zu beschleunigen und den Nutzeffekt der internationalen Spezialisierung und Kooperation zu steigern. Eine höhere Entwicklungsstufe der Intensivierung verlangt, diese Aufgaben verstärkt fortzuführen. In erster Linie müssen die vorgesehenen Exporte vertragsgerecht realisiert wer-

den, um die Wirtschaft der DDR stabil und langfristig mit notwendigen Produkten, insbesondere Roh- und Brennstoffen, zu versorgen. Hierbei ist zu beachten, daß der Beitrag der Außenwirtschaft zur Intensivierung letztlich darauf beruht, daß dadurch die inneren Quellen zur Effektivitätssteigerung wirksamer mobilisiert werden können.

Engere Verflechtung innerer und äußerer Quellen der Effektivitätssteigerung verstärkt die Notwendigkeit wachsender eigener Anstrengungen zur Intensivierung. Wenn auch eine Quantifizierung der oft indirekten Wirkungen nicht immer möglich ist, muß das Verhältnis innerer und äußerer Quellen bei der Beurteilung der Intensivierungsergebnisse stets berücksichtigt werden. Das bedeutet auch, daß Fortschritte und Entwicklungsprobleme bei der Vervollkommnung der Wirtschaftsstruktur als Effektivitätsfaktor zu beachten sind. "Die Hauptrichtung wird davon bestimmt, die Rohstoffe, die Ausgangsmaterialien, über die wir verfügen, durch qualifizierte Arbeit so weit zu veredeln wie möglich und hochwertige Endprodukte herzustellen."[83] Diese Hauptrichtung ist von großer Bedeutung, um eine bessere Struktur und höhere Rentabilität des Außenhandels zu erreichen. Um Voraussetzungen und Ergebnisse der Intensivierung umfassend zu beurteilen, müßte deshalb auch die Entwicklung des Außenhandelssaldos und insbesondere des Austauschverhältnisses, das den direkten Nutzeffekt des Außenhandels widerspiegelt, analysiert werden. Obwohl eine solche Analyse im Rahmen der vorliegenden Arbeit nicht möglich ist, mußte auf ihre Bedeutung hingewiesen werden, da sich daraus auch gewisse Einschränkungen hinsichtlich der Komplexität der vorgelegten Effektivitätsaussagen ergeben.

6. Eine qualitativ höhere Intensivierungsstufe erfordert einen hohen Grad von Kontinuität in der Effektivitätsentwicklung. Während sich das produzierte Nationaleinkommen, die Konsumtion und auch die Nettoproduktivität in den letzten zehn Jahren relativ kontinuierlich entwickelten, veränderten sich insbesondere von 1971 bis 1975 die Investitionen, die Grundfondsquote und ebenfalls die gesamte Effektivität aus besserer Ressourcennutzung nicht so kontinuierlich wie vorher (vgl. Tabelle 2[84] und Anhang, Tabelle 3).[85] Die relativ hohe Kontinuität in der Entwicklung der Ergebnis-

Tabelle 2

Übersicht über den Grad der Kontinuität in der Entwicklung wichtiger makroökonomischer Größen von 1960 bis 1975

Jahre	Durchschnittliche Abweichung der jährlichen Wachstumsraten vom durchschnittlichen Wachstum in Prozent						
	produziertes Nationaleinkommen	verwendetes Nationaleinkommen	Konsumtion	Investition im produzierenden Bereich	Nettoproduktivität	Grundfondsquote	Außenhandelsumsatz
1961-1965	30	87	72	67	5	46	-
1966-1970	4	31	7	23	6	100	28
1971-1975	10	32	13,5	64	15	353	36

Quelle: Berechnet nach dem Statistischen Jahrbuch der DDR 1976, Berlin 1976, S. 13, S. 36-38, S. 41, S. 44.

größen wurde dadurch noch nicht beeinträchtigt, u.a., weil sich die Auswirkungen zeitverzögert zeigen. Eine nicht ausreichend kontinuierliche Effektivitätsentwicklung würde sich jedoch langfristig auch auf den Grad der kontinuierlichen Entwicklung der Ergebnisgrößen auswirken. Sie drückt mit aus, daß die Intensivierung noch nicht mit gleicher Kraft alle Bereiche erfaßte, d.h. zur allseitigen Intensivierung weiter entwickelt werden muß. Sie kann auch damit verbunden sein, daß das Verhältnis von kurzfristigen Quellen der Effektivitätssteigerung und langfristigen Proportionalitätserfordernissen unter Beachtung der Zeitverzögerung die Effektivität noch nicht genügend förderte. Aus den Anforderungen einer hohen Kontinuität in der Produktivitäts- und Effektivitätssteigerung ergeben sich wesentliche ergänzende Kriterien für die Beurteilung kurzfristiger Intensivierungsergebnisse. In welchem Maße vorwiegend intensive und extensive Wege der Erweiterung wirken, kann deshalb nie anhand kurzfristiger Ergebnisse allein eingeschätzt werden. Vorwiegend intensive Wege müssen sich vor allem unter dem Gesichtspunkt der Kontinuität in der Produktivitätssteigerung als solche bestätigen.

Auf der 2. Tagung des ZK der SED wurde deshalb mit Nachdruck betont, daß auf allen Gebieten der gesellschaftlichen Produktion eine grundlegende Aufgabe darin besteht, "die Aufgaben von heute entschlossen zu lösen und gleichzeitig die Produktion und den Absatz von Waren für die künftigen Jahre rechtzeitig vorzubereiten".[86]

7. Höhere Intensivierungsergebnisse der materiellen Produktion bilden eine wichtige Grundlage für die Realisierung sozialpolitischer Maßnahmen. Das sozialpolitische Programm des VIII. und IX. Parteitages der SED setzt grundsätzlich voraus, daß die erforderlichen Mittel vorwiegend durch Effektivitätssteigerung erwirtschaftet werden. Welche Aufgaben damit an die Intensivierung gestellt werden, wird darum deutlich, daß für diese Maßnahmen etwa 25 % des Nationaleinkommens verwendet werden (vgl. Tabelle 3).

Tabelle 3

Verwendung des Nationaleinkommens für die Verbesserung des materiellen und geistig-kulturellen Lebens der Werktätigen aus gesellschaftlichen Fonds

Jahre	Kumulatives Nationaleinkommen des jeweiligen Zeitraums	Gesellschaftliche Fonds für die Verbesserung des materiellen und geistig-kulturellen Lebens der Werktätigen	Anteil am Nationaleinkommen
	in Milliarden Mark	in Milliarden Mark	in Prozent
1966-1970	490	98	20
1971-1975	637	161	etwa 25
1976-1980 (Direktive)	830	207-210	etwa 25 (24,9 - 25,3)

Quellen: Berechnet nach dem Statistischen Jahrbuch der DDR 1976, Berlin 1976, S. 23; Bericht des Zentralkomitees der Sozialistischen Einheitspartei Deutschlands an den IX. Parteitag der SED, Berichterstatter: Erich Honecker, Berlin 1976, S. 36; Direktive des IX. Parteitages der SED zum Fünfjahrplan für die Entwicklung der Volkswirtschaft der DDR in den Jahren 1976 - 1980, Berlin 1976, S. 10, S. 21.

Wie die Ansätze einer komplexen Beurteilung der Effektivitätsentwicklung in der materiellen Produktion sowie die zukünftigen Reproduktionsbedingungen zeigen, müssen die Intensivierungsergebnisse wesentlich erhöht werden, um die kontinuierliche Fortführung so umfangreicher sozialpolitischer Maßnahmen zu sichern. Es geht hier vor allem darum, Konsumtionszuwachs und Arbeitszeitverkürzung vorwiegend aus der Effektivitätssteigerung zu begründen und die schnell wachsenden Mittel, die für die Verbesserung der Arbeits- und Lebensbedingungen aller Werktätigen bereitgestellt werden, noch besser in produktivitäts- und persönlichkeitsfördernde Faktoren umzusetzen. Damit gewinnt die Berücksichtigung der Wechselbeziehungen zwischen den Prozessen der sozialistischen Intensivierung, der Entwicklung des sozialistischen Charakters der Arbeit und der Herausbildung sozialistischer Lebensweise in der Planung immer größere Bedeutung.

Zusammenfassend muß betont werden, daß der Übergang zur allseitigen Intensivierung Bedingung ist, um auch langfristig ein stabiles Wirtschaftswachstum sichern zu können. Wie die Analyse bisheriger Intensivierungsergebnisse zeigt, kommt es hierbei vor allem darauf an, die Qualität und das wissenschaftlich-technische Niveau der Erzeugnisse und Verfahren und damit auch die Exportkraft weiter zu erhöhen, eine höhere Stufe bei der Ökonomie vergegenständlichter Arbeit, insbesondere der Rohstoff- und Materialökonomie sowie der Entwicklung der Grundfondsquote, zu erreichen, wobei sich die Ergebnisse der Intensivierung auf Teilgebieten stärker auch in der volkswirtschaftlichen Effektivitätssteigerung auswirken müssen. Damit die Effektivitätssteigerung als stabile Quelle verbesserter Bedürfnisbefriedigung wirkt und einen noch größeren Beitrag zur gleichzeitigen Verbesserung der Arbeits- und Lebensbedingungen und der Vorleistungen für künftiges Wachstum leisten kann, muß die Volkswirtschaft konsequent in noch größerer Breite auf die Erfordernisse der Intensivierung eingestellt werden.

Die zukünftig noch weit stärker als bisher wachsende Bedeutung der Intensivierung erfordert, die Intensivierungsaufgaben besonders zu fördern, die zu einer qualitativ höheren Intensivierungsstufe beitragen. Mit den bekannten zehn Aufgaben zur Intensivierung gab E. Honecker hierzu die

Orientierung.[87] Wie die Analyse volkswirtschaftlicher Entwicklungstendenzen der Intensivierung zeigte, hängt die Realisierung dieser Aufgaben wesentlich mit davon ab, wie es gelingt, durch beschleunigten und wirksameren wissenschaftlich-technischen Fortschritt bei dauerhaft hohen Raten der Produktivitätssteigerung entscheidende Fortschritte in der Grundfondsökonomie zu erreichen und einen hohen Grad von Kontinuität in der Effektivitätssteigerung zu gewährleisten. Dauerhaft hohe Raten der Produktivitäts- und Effektivitätssteigerung beruhen letztlich auf der immer stärkeren Entfaltung der Entwicklungstriebkräfte des Sozialismus. Sie erfordern, daß im Gesamtprozeß der intensiv erweiterten Reproduktion ständig auch die Voraussetzungen für künftige Produktivitäts- und Effektivitätssteigerung mit reproduziert werden.

Volle Entfaltung der Intensivierung verlangt volle Ausnutzung der spezifischen Vorzüge sozialistischer Produktionsverhältnisse. Darüber hinaus muß die Intensivierung mit dazu beitragen, Aufwendungen, die auf einigen Gebieten, wie beispielsweise der Rohstoffsicherung, dem Schutz und der Erhaltung der natürlichen Umwelt des Menschen, gegenwärtig in Verbindung mit schwieriger werdenden Reproduktionsbedingungen auftreten, zu kompensieren. Der weiteren Gestaltung des entwickelten Sozialismus entspricht die Orientierung, die bisherigen Fortschritte der Intensivierung auf wichtigen Teilgebieten des Reproduktionsprozesses und bei wichtigen Produktionselementen zur allseitigen Intensivierung fortzuführen.

Es geht, kurz gesagt, um die Allseitigkeit der Intensivierung, der auch die Allseitigkeit in der Beurteilung der Planerfüllung entsprechen muß. Allseitigkeit der Intensivierung schließt ein, in stärkerem Maße dauerhaft wirkende Effektivitätsquellen zu erschließen. Hierfür ist es wichtig, den Beitrag einzelner Intensivierungsfaktoren zur volkswirtschaftlichen Effektivitätssteigerung zu analysieren.

2.2. Entwicklung der volkswirtschaftlichen Effektivitätssteigerung aus besserer Ressourcennutzung

2.2.1. Der Beitrag der Produktivität der lebendigen Arbeit zum Wachstum der Nettoproduktion

Das Wachstum des Nationaleinkommens wurde von 1971 bis 1975 im produzierenden Bereich zu 97 % und in der Industrie zu 91 % durch die Steigerung der Produktivität der lebendigen Arbeit bestimmt. Dabei muß berücksichtigt werden, daß die Zunahme des Wachstumstempos des Nationaleinkommens gegenüber 1966 bis 1970 zu etwa 75 % durch Zunahme der Zahl der Beschäftigten im produzierenden Bereich hervorgerufen wurde. Hiermit wird gleichzeitig darauf aufmerksam gemacht, daß die bereits in den letzten Jahren des Zeitraumes 1971 bis 1975 begonnene erneute Zunahme der Zahl der Beschäftigten im produzierenden Bereich die Intensivierung fördern kann und muß. In welchem Maße die Produktivitätssteigerung das Wachstum effektiver werden ließ, wird außerdem von den relativen Einsparungen oder Mehraufwendungen an Produktionsfonds und Investitionen sowie der direkten Außenhandelseffektivität beeinflußt. Die Steigerung der Produktivität der lebendigen Arbeit war im Zeitraum von 1971 bis 1975 ausschlaggebend für die Gesamteinsparungen aus besserer Ressourcennutzung (vgl. Tabelle 4).

Mit einem Jahresdurchschnitt von 5,25 % stieg die Nettoproduktivität (produziertes Nationaleinkommen je Beschäftigten im produzierenden Bereich) von 1971 bis 1975 im produzierenden Bereich etwas schneller als von 1966 bis 1970 (vgl. Anhang, Tabelle 4). Die Steigerung der Nettoproduktivität beeinflußte in allen Wirtschaftsbereichen die Nettoproduktion relativ stark. Während in der Land- und Forstwirtschaft nach wie vor Arbeitskräfte absolut freigesetzt wurden, wenn auch mit abnehmendem Tempo, gingen in der Industrie 91 % und in der Bauwirtschaft 78 % des Zuwachses der Nettoproduktion auf Produktivitätssteigerung zurück. Die volkswirtschaftliche Produktivitätssteigerung wurde neben der Industrie

Tabelle 4

Entwicklung der Nettoproduktivität und ihres Beitrages zum Wachstum der Nettoproduktion von 1961 bis 1975

Jahre	Steigerung der Nettoproduktivität Jahresdurchschnitt in Prozent	Durch Produktivitätssteigerung relativ eingesparte Arbeitskräfte in 1000 Personen	Zuwachs der Nettoproduktion infolge Steigerung der Arbeitsproduktivität in Prozent
Produzierender Bereich			
1961-1965	4,0	1 418	113
1966-1970	5,0	1 852	96
1971-1975	5,25	1 975	97
Industrie			
1961-1965	4,2	730	91
1966-1970	5,25	948	92
1971-1975	5,2	969	91,3
Bauwirtschaft			
1961-1965	4,25	108	92
1966-1970	4,45	131	62
1971-1975	3,6	109	78
Land- und Forstwirtschaft			
1961-1965	3,1	179	x
1966-1970	4,2	240	227
1971-1975	4,6	232	200
Verkehr, Post- und Fernmeldewesen			
1961-1965	3,7	109	100
1966-1970	4,3	125	100
1971-1975	3,7	109	88
Binnenhandel			
1961-1965	3,5	159	113
1966-1970	5,8	276	106
1971-1975	6,75	323	105

Quellen: Berechnet nach dem Statistischen Taschenbuch der DDR 1975, Berlin 1975, S. 23/24, S. 30; Statistischen Jahrbuch der DDR 1975, Berlin 1975, S. 36, S. 44; ebenda 1976, S. 36, S. 44.

insbesondere durch die Land- und Forstwirtschaft und durch den Binnenhandel stark beeinflußt. Auf diese drei Bereiche entfielen z. B. von 1971 bis 1975 etwa 88 % der durch Produktivitätssteigerung in den fünf wichtigsten Wirtschaftsbereichen relativ eingesparten Arbeitskräfte. Im Zeitraum von 1971 bis 1975 verringerte sich der Unterschied in den Steigerungsraten der Nettoproduktivität zwischen Landwirtschaft und Industrie. Obwohl die Zuwachsrate der Nettoproduktivität in der Industrie von 1971 bis 1975 annähernd so hoch war wie von 1966 bis 1970, muß sich ihr Einfluß auf die Produktivitätssteigerung des produzierenden Bereichs insgesamt weiter verstärken. Hier geht es unter anderem um eine höhere Kontinuität der Produktivitätssteigerung in den verschiedenen Zweigen durch Erhöhung des wissenschaftlich-technischen Niveaus der Produktion, weitere Vervollkommnung der Proportionen zwischen vor- und nachgelagerten Produktionen und durch gezielten Einsatz zusätzlicher Produktionsarbeiter. Beträchtliche Intensivierungsreserven bestehen auch in der besseren Ausnutzung der Arbeitszeit und der Nutzung der vorhandenen Qualifikation der Werktätigen bzw. in einer besseren Abstimmung zwischen Produktions- und Qualifikationsstruktur. Deutlich wird es u. a. daran, daß etwa 40 % der Facharbeiter nicht in ihrem Ausbildungsberuf eingesetzt. 40 % der Hochschulplanstellen und 30 % der Fachschulplanstellen nicht mit entsprechend ausgebildeten Kadern besetzt sind.

Ein Vergleich der Steigerungsraten von Brutto- und Nettoproduktivität zeigte von 1971 bis 1975 eine stärkere Annäherung, was u. a. auf die Ökonomie laufender vergegenständlichter Arbeit mit zurückzuführen war.[88] Mit Ausnahme der Land- und Forstwirtschaft erhöhte sich 1971 bis 1975 die Zunahme der Nettoproduktivität je Einheit gestiegener Bruttoproduktivität (Bruttoproduktion je Beschäftigten im produzierenden Bereich). Während im Zeitraum von 1966 bis 1970 mit 1 % Steigerung der Bruttoproduktivität die Nettoproduktivität in der Industrie um 0,95 %, in der Bauwirtschaft und im Verkehr, Post- und Fernmeldewesen um 0,67 % zunahm, waren es von 1971 bis 1975 entsprechend 0,98 %, 0,72 % und 0,88 %. Dadurch brachte die Erhöhung der Bruttoproduktivität einen relativ größeren

Beitrag zur volkswirtschaftlichen Effektivitätssteigerung (vgl. Anhang, Tabelle 5).

Die Steigerung der Nettoproduktivität war mit einem schnellen Wachstum der Vorleistungen, insbesondere der Ausstattung mit Ausrüstungen bei Fortschritten im Niveau von Mechanisierung und Automatisierung, verbunden. So stiegen z.B. die "technologischen Fonds" je Arbeitskraft (Produktionsfonds, Bildungs- und Forschungsfonds), die in gewisser Annäherung mit die "Macht der Agentien" ausdrücken, die von der Arbeitskraft in Bewegung gesetzt werden, im Zeitraum nach 1970 durchschnittlich um 6,5 %, gegenüber 5,0 % von 1966 bis 1970 (darunter die Grundfondsausstattung um 5,7 % gegenüber 4,8 %).[89] Diese gewachsenen Vorleistungen sind eine wichtige Voraussetzung für die höhere Leistungsfähigkeit in den Bereichen und Zweigen selbst. Struktureffekte blieben insgesamt unbedeutend. Lediglich in der Industrie trat ein negativer Struktureffekt von etwa 6 % der Produktivitätssteigerung auf der Grundlage der Gliederung nach Industriebereichen auf. Hierauf wirkten sich insbesondere die Verschlechterung der Abbaubedingungen im Bergbau sowie Schwankungen der Produktivitätssteigerung in einigen anderen Zweigen aus.

Die Fortschritte in der Produktivitätssteigerung können auch in relativ eingesparten Arbeitskräften bzw. relativ eingesparter Arbeitszeit (auf der Basis der Stundenproduktivität) ausgedrückt werden. In der relativ eingesparten Arbeitszeit äußert sich nicht nur das Tempo der Produktivitätssteigerung. Sie zeigt auch das gesamte Ausmaß der Einsparungen, das hinter einer gegebenen Rate der Produktivitätssteigerung steht. Die relative Einsparung von Arbeitszeit vergegenständlicht sich hauptsächlich in der Produktionssteigerung, darüber hinaus in der absoluten Verkürzung der Jahresarbeitszeit je Beschäftigten sowie in der absoluten Freisetzung von Arbeitskräften. Deshalb ist die relative Einsparung von Arbeitszeit bzw. Arbeitskräften vor allem für Bereiche mit absoluter Freisetzung von Arbeitszeitfonds besser geeignet, aus volkswirtschaftlicher Sicht den Produktivitätsbeitrag zu beurteilen, als das allein durch den Produktionszuwachs infolge von Produktivitätssteigerung möglich ist. Die relativ eingesparten Arbeitskräfte bzw. -stunden haben also durchaus eine selbständige

Bedeutung für die Produktivitätsanalyse. In den letzten fünf Jahren wurden im produzierenden Bereich je Jahr durchschnittlich 395 000 Arbeitskräfte relativ eingespart, darunter in der Industrie etwa 190 000. Der Ausweis der Produktivitätssteigerung in relativ eingesparten Arbeitskräften bildet den Ausgangspunkt, um den Beitrag der Produktivitätssteigerung zur volkswirtschaftlichen Effektivitätsentwicklung zu ermitteln. Dieser Ansatz ermöglicht es auch, die z. B. mit den sozialpolitischen Maßnahmen verbundenen differenzierten Arbeitszeitverkürzungen und Urlaubsverlängerungen mit als Effektivitätsbeitrag zu bewerten, wenn die entsprechenden Informationen vorliegen.

2.2.2. Beitrag der Produktivitätssteigerung lebendiger Arbeit zur volkswirtschaftlichen Effektivitätsentwicklung

Die Effektivitätssteigerung aus besserer Ressourcennutzung gibt an, welchen Beitrag die Produktivitätssteigerung zur besseren gesellschaftlichen Bedürfnisbefriedigung, insbesondere zum Zuwachs der Konsumtion, zur Erhöhung der Akkumulationsbasis und zur absoluten Verringerung des Jahresarbeitszeitfonds leisten konnte, nachdem die Vorleistungen an Fonds (in vergleichbar gemachter Form) berücksichtigt worden sind. Sie zeigt, in welchem Maße das Wachstum des Nationaleinkommens durch bessere Nutzung von Arbeitszeit, Grund- und Umlaufmitteln auf Effektivitätssteigerung zurückgeführt werden kann.

Im folgenden wird versucht, die Substitutionsbeziehungen zwischen lebendiger Arbeit und Fonds als methodologischem Ansatz für erste Einschätzungen der volkswirtschaftlichen Effektivitätssteigerung aus besserer Ressourcennutzung zu verwenden.[90] Anliegen des Versuches einer etwas komplexeren Effektivitätsbeurteilung ist es vor allem, die Aussagekraft der Effektivitätssteigerung aus besserer Ressourcennutzung für die Effektivitätsanalyse zu überprüfen. Damit würde ein wichtiger Teil der Zusammenhänge analysiert werden können, die für ein effektives Wachstum bedeutsam sind. Dabei ist zu beachten, daß die Berechnungsergebnisse vor allem hinsichtlich der langfristigen Tendenz der Effektivitätsentwicklung aussagefähig sind. Die Zuwachsgrößen, mit deren Hilfe sich die Substitutionsprozesse lebendiger Arbeit und Fonds sinnvoll ausdrücken lassen, können kurzfristig relativ starken Schwankungen unterliegen. Entsprechend dem zeitverzögerten Wirksamwerden von grundlegenden Substitutionsprozessen lebendiger Arbeit durch Fonds ist deshalb die Effektivität aus besserer Ressourcennutzung vor allem für mehrjährige Zeiträume aussagefähig. Den Berechnungen wurden daher generell Fünfjahreszeiträume zugrunde gelegt. Zugleich müssen jedoch auch die Vorteile der Analyse von Zuwachsgrößen für die Untersuchung der Dynamik des Reproduktionsprozesses, insbesondere von Fortschritten im Intensivierungsprozeß, betont werden. Fortschritte beim Übergang zur allseitigen Intensivierung lassen sich an den Zuwachsgrößen bereits erkennen, wenn sich die durchschnittlichen Größen noch nicht verändern. Die Breite und Tiefe der Intensivierung muß sich jedoch schließlich auch in den durchschnittlichen Größen niederschlagen.

Die Effektivitätssteigerung aus besserer Ressourcennutzung ist vor allem von Bedeutung, um das Verhältnis von Intensivierung und Wachstumsdynamik des Nationaleinkommens zu analysieren. Obwohl zu einem gegebenen Zeitpunkt die Arbeitsproduktivität das Wachstum des Nationaleinkommens bestimmt, sind die für die Produktivitätssteigerung erforderlich gewesenen Fondsvorleistungen keineswegs gleichgültig für die Wachstumsdynamik. Die relative Entwicklung der Fondsleistungen bewirkt vor allem, welches Tempo der zukünftigen Produktivitätssteigerung mit dem gegenwärtigen Niveau und Tempo der Arbeitsproduktivität vorbereitet werden kann. Deshalb ist es wichtig, einzuschätzen, welche Grundlagen die Erhöhung der Nettoproduktivität für die volkswirtschaftliche Effektivitätssteigerung geschaffen hat. Dazu soll zunächst ihr möglicher Beitrag zur Effektivitätssteigerung aus besserer Ressourcennutzung[91] bei Annahme einer gleichbleibenden Grundfondsquote[92] ermittelt werden. Wenn das Wachstumstempo des Nationaleinkommens gleichbleiben würde, könnte in Höhe dieses Beitrages die Konsumtion zunehmen. Bei verändertem Wachstumstempo würde daraus auch die zusätzliche Akkumulation gesichert sein.

Tabelle 5

Möglicher Beitrag der Produktivitätssteigerung im produzierenden Bereich zur Effektivitätssteigerung aus Ressourcennutzung bei Annahme gleichbleibender Grundfondsquote in Milliarden Mark

Jahre	Effektivitätssteigerung
1961-1965	14,4
1966-1970	22,1
1971-1975	29,3

Quellen: Berechnet nach dem Statistischen Jahrbuch der DDR 1968, Berlin 1968, S. 42; ebenda 1969, 1970, 1971, 1972, jeweils S. 41; ebenda 1974, S. 17, S. 41, S. 45, S. 48; ebenda 1976, S. 13, S. 15, S. 37, S. 41, S. 44, S. 70. Abschreibungen für 1961 bis 1965 interpoliert auf Grund des Anteils der Abschreibungen am Gesamtprodukt von 1966 bis 1970.

Die Hätte-Rechnung (vgl. Tabelle 5) zeigt, daß bei gleichgebliebener Grundfondsquote die Steigerung der Nettoproduktivität im Zeitraum von 1971 bis 1975 gegenüber 1966 bis 1970 mit einer um etwa 7 Milliarden Mark höheren Effektivitätssteigerung verbunden gewesen wäre. Jedoch lag unter dem Einfluß der 1975 im Vergleich zu 1970 gesunkenen Grundfondsquote der tatsächliche Beitrag der Nettoproduktivität zur Effektivitätssteigerung aus besserer Ressourcennutzung unter dem, der bei gleichbleibender Grundfondsquote möglich gewesen wäre. Demzufolge wuchs die Ressourceneffektivität unter Berücksichtigung des Einsatzes von Arbeitskräften <u>und</u> Grundfonds <u>langsamer</u> als die Nettoproduktivität (vgl. Tabelle 6).

Das absolute Volumen der Effektivitätssteigerung aus besserer Ressourcennutzung verkörpert die von der materiellen Produktion erwirtschafteten Mittel, die im wesentlichen das für die erweiterte Reproduktion verfügbare Nettoprodukt vergrößern. Damit bildet es vor allem die Grundlage, um das Wachstum der Konsumtion und die Erweiterung der Akkumulationsbasis dauerhaft zu sichern. Die absolute Effektivitätssteigerung zeigt aber darüber hinaus auch noch die Möglichkeiten an, die für eine absolute Verkürzung der Jahresarbeitszeit geschaffen worden sind. Aus ihr müßten ebenfalls Mittel fließen, wenn diese für den Ausgleich der Zahlungsbilanz erforderlich sind. Bei einem konsistenten Datensatz für die Ressourcenbestände und ihre aus dem Nationaleinkommen zu deckenden Reproduktionsaufwen-

Tabelle 6

Entwicklung der Effektivität aus besserer Ressourcennutzung von 1961 bis 1975

Jahre	Absolute Effektivitätssteigerung in Milliarden Mark	Relative Effektivitätssteigerung Koeffizient[1]
1961-1965	11,4	0,216
1966-1970	23,4	0,269
1971-1975	27,0	0,237

1 Effektivitätssteigerung je Einheit der Grenzaufwendungen für die Freisetzung, d.h. je Einheit zusätzlicher Aufwendungen an lebendiger Arbeit und Fonds.

Quellen: Berechnet nach dem Statistischen Jahrbuch der DDR 1968, Berlin 1968, S. 42; ebenda 1969, 1970, 1971, 1972, jeweils S. 41; ebenda 1974, S. 17, S. 41, S. 45, S. 48; ebenda 1976, S. 13, S. 15, S. 37, S. 41, S. 44, S. 70. Abschreibungen für 1961 bis 1965 interpoliert auf Grund des Anteils der Abschreibungen am Gesamtprodukt von 1966 bis 1970.

dungen wäre der Einfluß der Effektivitätssteigerung aus besserer Ressourcennutzung auf die Verwendungsproportionen des Nationaleinkommens eindeutig nachweisbar.

Im Zeitraum von 1971 bis 1975 war bei höherer Steigerungsrate der Nettoproduktivität das absolute Volumen der Effektivitätssteigerung höher als von 1966 bis 1970. Infolge der relativen Mehraufwendungen an Grundfonds sank jedoch der Koeffizient der relativen Effektivitätssteigerung. Das bedeutet, daß je Einheit der zusätzlich eingesetzten Ressourcen ein relativ niedrigerer Effektivitätszuwachs erreicht wurde. Bei langfristiger Beibehaltung einer sinkenden relativen Effektivitätssteigerung würden sich letztlich auch Konsequenzen für die Steigerungsraten der Nettoproduktivität, die Wachstumsdynamik des Nationaleinkommens und seine Verwendungsproportionen ergeben. Hierbei muß berücksichtigt werden, daß sich relative Mehraufwendungen an Grundfonds kurzfristig nicht automatisch auf Wachstum und Verwendung des Nationaleinkommens auswirken.

Infolge des langfristigen Charakters der Grundfondsreproduktion und der Zeitverzögerung bei Investitionen können diese Auswirkungen, wenn sie sich in bestimmten Grenzen halten und die Produktivitätssteigerung der lebendigen Arbeit relativ hoch ist, zum Teil über kurzfristige Zeiträume kompensiert oder hinausgeschoben werden. In dieser Richtung können beispielsweise die Erhöhung des Aktivierungsgrades der Investitionen, die Abnahme des Anteils der Ersatzinvestitionen an den Bruttoinvestitionen, die Senkung der Aussonderungsquote unter das durch die normative Nutzungsdauer der Grundfonds bedingte Maß u. a. wirken. Wenn berücksichtigt wird, daß ein hocheffektives Wachstum die Intensivierung der Grundfondsreproduktion voraussetzt, haben die genannten Faktoren nur begrenzte und kurzfristige Wirkungsmöglichkeiten. Hieraus folgt aber zugleich, daß im Interesse einer kontinuierlichen Effektivitätssteigerung und Verbesserung der Arbeits- und Lebensbedingungen solche kurzfristigen Faktoren, die relativen Mehraufwendungen an Fonds entgegenwirken, nur in verhältnismäßig engen Grenzen möglich sind und auch nur dann, wenn die Mehraufwendungen nicht zu hoch sind.

Langfristig gesehen, können die Auswirkungen relativer Mehraufwendungen an Fonds auf Wachstum und Verwendung des Nationaleinkommens nicht kompensiert oder hinausgeschoben werden. Ein Vergleich der tatsächlichen Effektivitätssteigerung aus besserer Ressourcennutzung bei gegebener Steigerung der Produktivität der lebendigen Arbeit mit derjenigen, die bei fondsneutralen Wegen der Produktivitätssteigerung zu erreichen wäre, zeigt, wie stark bereits eine gleichbleibende, noch mehr aber eine zunehmende Grundfondsquote die Effektivitätssteigerung fördern könnte. Bei gegebenen Ressourcen leistet die materielle Produktion einen höheren Beitrag zur Steigerung der Produktivität gesellschaftlicher Arbeit und zur Vermehrung von "disposable time", wenn die Fondsquote gleichbleibt oder steigt. Mehr "disposable time" wirkt aber gleichzeitig auch als mächtiger Hebel für eine weitere Produktivitätssteigerung. Objektive Bedingungen dafür sind insbesondere mit neuen Technologien und Verfahren der wissenschaftlich-technischen Revolution verbunden. Sie reifen in den einzelnen Bereichen differenziert heran. Die vom IX. Parteitag der SED geforderte höhere Stufe der Intensivierung muß sich letztlich auch in einem höheren Niveau der Effektivität der Ressourcennutzung niederschlagen, das wesentlich davon abhängt, wie es gelingt, fondssparende Wege der intensiven Erweiterung durchzusetzen. Es geht deshalb darum, im Prozeß der vertieften Intensivierung sowohl die vorhandenen Fonds rationeller zu nutzen als auch die Leistungsfähigkeit der erneuerten Fonds wesentlich zu steigern. Verstärkte Fondsökonomie erhöht die Effektivitätswirksamkeit der Produktionssteigerung der lebendigen Arbeit.

Im Gegensatz zur großen und wachsenden Bedeutung der Grundfondsökonomie für die volkswirtschaftliche Effektivitätssteigerung nimmt die Grundfondsökonomie bei der Leistungsbewertung der Wirtschaftseinheiten gegenwärtig eine völlig untergeordnete Stellung ein. Investitionen und Grundfonds interessieren gegenwärtig vor allem unter dem Kapazitätsaspekt. Das ist mit ein Ausdruck dafür, daß bisher Wege der Effektivitätssteigerung im Vordergrund standen, die vor allem durch relativ schnelle Produktionssteigerung der lebendigen Arbeit kurzfristig ein hohes Wachstum der Warenproduktion sicherten. Mit der zunehmenden Abhängigkeit kontinuierlich weiter steigender Produktivität von der Allseitigkeit in der Ökonomie der Ressourcennutzung erweitern sich die objektiven Wirkungsbedingungen für die Grundfondsökonomie. Das erfordert eine entsprechende Vervollkommnung der Effektivitätsplanung, Leistungsbewertung und Stimulierung der Wirtschaftseinheiten. Insbesondere ist zu berücksichtigen, daß der Effektivitätsbeitrag der Wirtschaftseinheiten sowohl durch die Produktivitätssteigerung und die Qualität der Erzeugnisse bestimmt wird als auch durch die einmaligen Aufwendungen, mit denen die Produktivitätssteigerung erkauft wurde. Zweifellos können sich gerade auf der Ebene der Wirtschaftseinheiten Schwierigkeiten bei der Einbeziehung der Grundfondsökonomie in die Leistungsbeurteilung ergeben. Das betrifft z. B. Fragen der Vergleichbarkeit durch Unterschiede im Reproduktionsverlauf der Grundfonds und auch ihrer Bewertung. Das spricht nicht gegen die höhere Wertung der Grundfondsökonomie, sondern dafür, ihre Wirkungsbedingungen zu verbessern, u. a. durch weitere Bereinigungen in der Bewertungsbasis der Grundfonds. Höhere Ausrüstungspreise infolge potentiell verbesserten Preis-Leistungs-Verhältnisses werden letztlich nur dann positiv auf die volkswirtschaftliche Effektivität wirken, wenn zugleich der Anwender dieser Ausrüstungen auf hohe Grundfondsökonomie orientiert wird.

2.2.3. Zur Einordnung der Grundfonds- und Investitionsökonomie in die volkswirtschaftliche Effektivitätssteigerung

Wenn seit 1961 die Einsparung lebendiger Arbeit nicht nur fast ausschließlich die Effektivitätssteigerung aus besserer Ressourcennutzung bestimmte, sondern darüber hinaus zeitweilig auch relative Mehraufwendungen an Grundfonds (infolge sinkender Grundfondsquote) mit ausgleichen mußte, dann wird bereits daran deutlich, daß die Grundfondsökonomie ein großes Gewicht für die volkswirtschaftliche Effektivitätssteigerung besitzt. Der Einfluß der Grundfondsökonomie auf die Effektivität der Ressourcennutzung erhöht sich in Abhängigkeit vom Niveau der Grundfondsausstattung. Je höher das Niveau der Grundfondsausstattung je Arbeitskraft ist, desto größer sind die Auswirkungen veränderter Grundfondsquote auf die Effektivitätssteigerung aus Ressourcennutzung, die bei gegebener Produktivitätszunahme möglich gewesen wäre. Gegenwärtig betragen z.B. die relativen Mehraufwendungen bei einem Sinken der Grundfondsquote um 1 % im materiellen Bereich 1,3 Milliarden Mark, in der Industrie 0,9 Milliarden Mark, in der Chemie mehr als 150 Millionen Mark, in der Elektrotechnik/Elektronik etwa 98 Millionen Mark. Das Niveau der Fondsausstattung ist gegenwärtig in den fondsintensivsten Bereichen, wie z.B. im Verkehrs- und Nachrichtenwesen, in der Energie- und Brennstoffindustrie, bereits so hoch, daß die Fondsquote nur noch relativ geringen Spielraum zur Abnahme hat, wenn die Produktivitätssteigerung auch zur Zunahme der Effektivität beitragen soll, wobei sich diese Aussage aus der gegenwärtigen Bewertung der Nettoproduktion zu 1967er Preisen ergibt. Hieran wird aber auch deutlich, welchen großen Einfluß die Steigerung der Grundfondsquote auf ein stabiles Wachstum des Nationaleinkommens und der Konsumtion ausüben kann.

Die von 1971 bis 1975 im produzierenden Bereich im Jahresdurchschnitt um 0,4 % sinkende Grundfondsquote (vgl. Tabelle 7) drückte sich in rela-

Tabelle 7

Entwicklung der Grundfondsquote[1] von 1961 bis 1975

Jahre	Veränderung im Jahresdurchschnitt in Prozent	Relative Einsparungen bzw. Mehraufwendungen (-)[2] in Millionen Mark
Produzierender Bereich		
1961-1965	-2,2	-10 850
1966-1970	0,35	1 893
1971-1975	-0,4	-2 774
Industrie		
1961-1965	-1,65	-4 814
1966-1970	0,65	2 133
1971-1975	-0,4	-2 287
Bauwirtschaft		
1961-1965	-4,3	-195
1966-1970	-2,15	-116
1971-1975	-2,2	-151
Land- und Forstwirtschaft		
1961-1965	-4,9	-4 523
1966-1970	-3,25	-2 777
1971-1975	-2,4	-2 115
Verkehr, Post- und Fernmeldewesen		
1961-1965	-0,3	-80
1966-1970	1,6	451
1971-1975	-0,1	-281
Binnenhandel		
1961-1965	-2,0	-1 260
1966-1970	0,7	483
1971-1975	0,7	738

1 Nettoproduktion je 1000 Mark Grundfonds.

2 Tatsächliche Entwicklung der Grundfonds im Vergleich zu der, die sich bei gegenüber dem Basisjahr gleichbleibender Grundfondsquote ergeben hätte.

Quelle: Berechnet nach dem Statistischen Jahrbuch der DDR 1975, Berlin 1975, S. 36, S. 44.

tiven Mehraufwendungen an Grundfonds in Höhe von 2,8 Milliarden Mark aus. Diese relativen Mehraufwendungen gehen in die Effektivitätsermittlung der Ressourcennutzung insgesamt unter Berücksichtigung des Aktivierungsgrades der Investitionen ein, d.h. wirken sich dadurch höher aus. Sie waren hauptsächlich durch relative Mehraufwendungen in der Industrie und in der Land- und Forstwirtschaft bedingt. Alle anderen Bereiche waren trotz teilweiser hoher Veränderungsraten der Grundfondsquote von geringerem Einfluß (vgl. Anhang, Tabelle 6).

Obwohl sich auf die Entwicklung der Grundfondsquote auch Entwicklungsprobleme der Arbeitsproduktivität auswirkten, übten insgesamt mit der Grundfondsreproduktion verbundene Probleme einen großen Einfluß aus (z.B. des wissenschaftlich-technischen Niveaus und der Ausnutzung der Grundfonds sowie Anlaufprobleme). Die Entwicklung der Nettogrundfondsquote wurde 1971 bis 1975 insgesamt noch durch positive Struktureffekte gefördert. Das bedeutet, daß die bisherigen Beiträge der Intensivierung der Grundfondsreproduktion in den Bereichen niedriger waren, als das in der Grundfondsquote des produzierenden Bereichs und in der Industrie zum Ausdruck kommt.

Ohne diese Struktureffekte[93] hätte die Grundfondsquote im produzierenden Bereich bon 1971 bis 1975 nicht um 0,4 % im Jahresdurchschnitt abgenommen, sondern um 0,6 %. Wie Untersuchungen zeigen, entwickelte sich die Effektivität vor allem dann positiv, wenn die Investitionen einen hohen Beitrag zur Überführung wissenschaftlich-technischer Ergebnisse leisteten. Gleichzeitig entstehen aus volkswirtschaftlicher Sicht dann Effektivitätsverluste, wenn einerseits Investitionen bei einem zu niedrigen wissenschaftlich-technischen Niveau verwirklicht werden,[94] andererseits Investitionen zur Realisierung hocheffektiver wissenschaftlich-technischer Erkenntnisse fehlen. Wenn einkalkuliert wird, daß wissenschaftliche Forschungen mit einem relativ hohen Unbestimmtheitsgrad des Ergebnisses[95] behaftet sind, im Interesse der effektivsten Lösungswege nicht alle vorliegenden Ergebnisse umgesetzt werden können, dann müssen offensichtlich die Verteilung der Ressourcen und ihr Einsatz noch wesentlich stärker darauf konzentriert werden, die tatsächliche Realisierung potentieller Effektivität wissenschaftlich-technischer Veränderungen bedeutend mehr zu unterstützen.

Weiter oben wurde bereits gezeigt, wie die sinkende Grundfondsquote das Tempo der Effektivitätssteigerung aus besserer Ressourcennutzung beeinflußte. Insbesondere wenn Einflußfaktoren überwiegend in Richtung einer sinkenden Fondsquote wirken, ist es wichtig, die Grenze zu kennen, bis zu der die Fondsquote noch sinken darf, ohne daß dadurch zugleich auch die Effektivität sinkt. Das "Schema zum Spielraum der Grundfondsquote bei Varianten der Arbeitsproduktivität und Grundfondsausstattung" (vgl. Abbildung 2) läßt erkennen, in welchem Spielraum die Grundfondsquote jeweils sinken darf, damit bei gegebener Produktivitätssteigerung die volkswirtschaftliche Effektivität noch steigen kann. Mit dem Schema wurde eine Einordnung der Grundfondsökonomie in die Gesamtentwicklung der volkswirtschaftlichen Effektivität versucht, indem anhand der Effektivitätssteigerung aus besserer Ressourcennutzung die Effektivitätswirksamkeit einer veränderten Fondsquote beurteilt wurde. Dieses Schema basiert auf gesamtvolkswirtschaftlichen Daten des Zeitraumes 1971 bis 1975. Da es vorwiegend zur Veranschaulichung dient, enthält es gewisse Vereinfachungen. Es erlaubt vor allem folgende Schlußfolgerungen über die Einordnung der Grundfondsquote in die Effektivität der Ressourcennutzung.

1. Vom Grenzwert des Freisetzungsaufwandes[96] ausgehend, wurde
- die Grundfondsquote ermittelt, bei der eine gegebene Produktivitätssteigerung nicht mehr effektiv wäre. Diese wird dann
- mit der tatsächlichen Grundfondsquote verglichen.

Nur wenn die tatsächliche Grundfondsquote über der Grundfondsquote im Grenzwert liegt, trägt sie zur Effektivitätssteigerung bei. Durch diesen Vergleich fällt also ein bestimmter Bereich der Entwicklung der Grundfondsquote von vornherein wegen Uneffektivität aus. Nach dem Schema wären das beispielsweise bei einer Steigerung der Arbeitsproduktivität um 4 % alle Steigerungsraten der Grundfondsausstattung, die über 5, 5 % hinausgehen.

2. Grundsätzlich sind alle Varianten der Entwicklung der Grundfondsquote, bei denen die tatsächliche Grundfondsquote die Grundfondsquote im Grenzwert übersteigt, effektivitätssteigernd. Wie aus dem Schema ersichtlich,

Grundfondsausstattung	Arbeitsproduktivität	Steigerungstempo in % nach Jahren 4%					4,3%	4,5%	5%					5,6%	5,7%	6%					6,2%
		1971	1972	1973	1974	1975	1971'	1975'	1971	1972	1973	1974	1975	1973'	1972'	1971	1972	1973	1974	1975	1974'
4%	1971	367 [2] 371,7 [3]					366,8 372,9		365,8 375,3							364,7 378,9					
	1972		366,8 371,7							369,1 378,9					365,6 378,9		371,3 386,2				
	1973			366,8 371,7							372,6 382,6			371,3 384,8				378,4 393,6			
	1974				366,8 371,7							376,1 386,2							385,5 401,2		376,3 393
	1975					366,8 371,7		386,4 394,8					379,6 389,9							392,7 408,9	
5%	1971	367 368					366,8 369,4		365,8 371,7							364,7 375,3					
	1972		363,6 364,7							365,9 371,7					362,4 371,7		368,2 378,8				
	1973			360,2 361,2							365,9 371,7			364,7 373,9				371,7 382,5			
	1974				356,8 357,8							365,9 371,9							375,2 386,1		366,3 378,3
	1975					353,5 354,4		372,4 376,4					365,9 371,7							378,6 389,8	
5,5%	1972' [4]		360,4 359,5							362,8 366,4					359,4 366,4		365,1 373,4				
5,6%	1973'			355,3 354							361 364,3			359,8 366,5				366,7 374,8			
	1974'				349,9 348,6							359 362							368,1 376,2		359,4 368,6
5,8%	1975'					344,7 342,7		363,4 364					356,9 359,5							369,3 376,95	
6%	1971'	367 364,7					366,8 365,9		365,8 368,3							364,7 371,8					
	1972		360,4 357,8							362,8 364,8					359,4 364,7		365,1 371,7				
	1973			353,8 351,1							359,5 361,3			358,3 363,4				365,2 371,7			
	1974				347,2 344,5							356,2 357,9							365,2 371,7		356,6 364,2
	1975					340,7 337,9		359 359					352,8 354,5							365,1 371,7	
7%	1971	367 361,3							365,8 364,8							364,7 368,3					
	1972		357,3 351,2							359,7 357,9							362,1 364,8				
	1973			347,5 341,3							353,2 351,3							358,9 361,4			
	1974				337,9 331,8							346,7 344,7							355,6 358,0		
	1975					328,5 322,5							340,3 338,3							352,3 354,7	

Steigerungstempo in % nach Jahren

keine Effektivitätssteigerung

Eff.-Steigerung bei sinkender Grundfondsquote

Effektivitätssteigerung bei steigender Grundfondsquote

Effektivitätssteigerung bei gleichbleibender Grundfondsquote

Abbildung 2: Schema zum Spielraum der Grundfondsquote bei Varianten der Arbeitsproduktivität und Grundfondsausstattung (auf der Grundlage von Daten des Zeitraums 1971-1975)

Fußnoten zu Abbildung 2:

1 Vergleich der Grundfondsquote, bei der die Produktivitätssteigerung nicht mehr effektiv wäre, mit der tatsächlichen Grundfondsquote. Dabei wurde von vereinfachten Beziehungen des Zeitraums 1971 bis 1975 ausgegangen.

2 Die jeweils obere Zahl stellt die Grundfondsquote bei gleichbleibender Effektivität dar.

3 Die jeweils untere Zahl ist die tatsächliche Grundfondsquote.

4 Mit ' wurden die tatsächlichen Ergebnisse der jeweiligen Jahre gekennzeichnet, während alles andere angenommene Wachstumsrelationen sind.

gehören dazu sowohl sinkende, als auch gleichbleibende und steigende Entwicklungsrichtungen der Grundfondsquote. Sie unterscheiden sich durch die Höhe der Differenz zwischen tatsächlicher Grundfondsquote und Grundfondsquote im Grenzwert. Bei gleichhohem Wachstum des Nationaleinkommens ergeben sich dadurch unterschiedliche Entwicklungsmöglichkeiten für Akkumulation und Konsumtion. Diese beeinflussen in der Regel auch das Verhältnis von Modernisierungs- und Erweiterungsinvestitionen. Aus dem Vergleich von tatsächlicher Grundfondsquote und Grundfondsquote im Grenzwert kann zwar der für die Effektivität zulässige Bereich abgeleitet werden, aber nicht, wie hoch diese Differenz sein kann und sein muß. Hierzu müssen die Wege der Produktionssteigerung und deren Einfluß auf die Reproduktionsbedingungen der Produktionselemente berücksichtigt werden.

3. Der Vergleich von tatsächlicher Grundfondsquote mit der Grundfondsquote im Grenzwert bestätigt auch, daß eine bestimmte Entwicklungsrichtung der Grundfondsquote (wie z. B. ihr Gleichbleiben) eine unterschiedliche Effektivitätswirksamkeit bedeutet, je nachdem, auf welchen Steigerungsraten der Arbeitsproduktivität sie beruhte. In der Abbildung 2 ist bei den Varianten gleichbleibender Grundfondsquote die Differenz zwischen tatsächlicher Grundfondsquote und Grundfondsquote im Grenzwert bei verschiedenen Raten der Produktivitätssteigerung unterschiedlich. Das bedeutet, daß die Orientierung z. B. auf gleichbleibende Grundfondsquote nur dann den beabsichtigten Effektivitätsbeitrag sichert, wenn gleichzeitig auch eine bestimmte Höhe der Produktivitätssteigerung erreicht wird.

Tabelle 8

Entwicklung von Akkumulationsrate und Konsumtion bei unterschiedlichen Anteilen der Modernisierungsinvestitionen

Wachstum der Grundfonds durch Steigerung der Grundfondsausstattung (in Prozent)			Wachstum des Nationaleinkommens				
Grundfonds	bei Aussonderungsrate von	Anteil der Modernisierungsinvestition an der Bruttoinvestition von	Nationaleinkommen wächst um 4 % bei einer Akkumulationsrate von Prozent:				
			1-6	7-12	13-18	19-24	25-30
4	1,4	20	4,1[1]				
	2,4	29		4,0			
	4,7	43			3,9		
5	1,4	17,5		4,1			
	1,7	20			4,0		
	2,4	26			3,8		
	4,7	39				3,6	
6	1,4	16		3,9			
	2,0	20			3,8		
	2,4	23				3,6	
	4,7	36					3,2
7	1,4	14			3,6		
	2,3	20				3,4	
	2,4	21				3,3	
	4,7	33					2,6

1 Konsumtionswachstum in Prozent.

In dem Schema zum Spielraum der Grundfondsquote (vgl. Abbildung 2) zeigen sich innerhalb des zulässigen (effektivitätswirksamen) Bereichs der Grundfondsquote Unterschiede in der Höhe des Effektivitätsbeitrages in Abhängigkeit sowohl von der Entwicklungsrichtung der Grundfondsquote als auch von den Steigerungsraten der Arbeitsproduktivität. Auf welchen Effektivitätsbeitrag die Volkswirtschaft orientieren kann, hängt mit von der Entwicklung der Reproduktionsbedingungen der Produktionselemente ab. Um die Zusammenhänge zwischen Entwicklung von Effektivität und Reproduktionsaufwendungen für die Begründung des jeweils möglichen und notwendigen Effektivitätsbeitrages mit auszunutzen, wurden die Auswir-

Fortsetzung Tabelle 8

durch Produktivitätssteigerung									
Nationaleinkommen wächst um 5 % bei einer Akkumulationsrate von Prozent:					Nationaleinkommen wächst um 6 % bei einer Akkumulationsrate von Prozent:				
1-6	7-12	13-18	19-24	25-30	1-6	7-12	13-18	19-24	25-30
5,2					6,2				
	5,1					6,2			
		5,0					6,1		
	5,2					6,3			
	5,1					6,1			
	5,0						6,1		
			4,9					6,1	
		5,0				6,1			
		4,9					6,1		
		4,8					6,0		
			4,6					6,1	
		4,8					6,0		
			4,6				5,9		
			4,5				5,8		
				4,1					5,4

kungen der Unterschiede im Spielraum der Grundfondsquote auf die Entwicklung von Akkumulation und Konsumtion dargestellt. Dabei wurde insbesondere der Einfluß unterschiedlicher Varianten der Grundfondsreproduktion bei gleichem Wachstum der Grundfonds untersucht (vgl. Tabelle 8). Die Tabelle zeigt, wie sich bei gegebenem Wachstumstempo des Nationaleinkommens und gegebener Zuwachsrate der Grundfonds Akkumulationsrate und Wachstumstempo der Konsumtion sehr unterschiedlich gestalten können, wenn der Anteil der Modernisierungsinvestition (als Ersatz veralteter Grundfonds) verschieden ist.

Aus der Tatsache, daß sich bei gleichem Wachstumstempo des Nationaleinkommens und gleicher Grundfondszuwachsrate (bei gleichbleibender Zahl von Beschäftigten) in Abhängigkeit von den Anteilen der Modernisierungsinvestitionen an den Bruttoinvestitionen, die Akkumulationsrate sehr unterschiedlich entwickelt, könnte bei statischer Betrachtung auf den ersten Blick geschlußfolgert werden, daß der Einfluß der Effektivitätssteigerung auf die Verwendungsproportionen des Nationaleinkommens durch die Struktur der Bruttoinvestitionen modifiziert werden kann. Bei einem niedrigen Anteil von Modernisierungsinvestitionen besteht z.B. die Tendenz zu relativ niedriger Akkumulationsrate und verhältnismäßig hohem Konsumtionswachstum und umgekehrt. Während die Akkumulationsrate z.B. bei Wachstumsraten des Nationaleinkommens von 4 % und der Grundfonds von 7 % bei einem Anteil der Modernisierungsinvestition von 14 % und einem Konsumtionswachstum von 3,9 % zwischen 13 und 18 % betragen würde, läge sie bei einem Anteil der Modernisierungsinvestition von 33 % und einem Konsumtionswachstum von 3 % bei 25 bis 30 %, d.h. je höher der Anteil der Modernisierungsinvestitionen an den Bruttoinvestitionen, desto höher muß bei sonst gleichen Bedingungen die Akkumulationsrate sein, um einen gleichen Grundfondszuwachs zu sichern. Bei gleichem Wachstum des Nationaleinkommens hätte das dann entsprechende Konsequenzen für das Wachstum der Konsumtion. Bei oberflächlichem Herangehen könnte aus den genannten Zusammenhängen zugunsten eines niedrigen Anteils der Modernisierungsinvestitionen an den Bruttoinvestitionen entschieden werden. Zeitweilig kann damit in gewissen Grenzen eine kurzfristige Quelle zusätzlicher Akkumulation erschlossen werden. Welcher Bewegungsspielraum aber tatsächlich für langfristige Veränderungen im Anteil der Modernisierungsinvestitionen an den Bruttoinvestitionen besteht, kann nur eingeschätzt werden, wenn man den Einfluß berücksichtigt, den Varianten im Anteil der Modernisierungsinvestitionen auf die volkswirtschaftliche Effektivitätssteigerung ausüben. Damit wird auch überprüft, ob das dem Schema 2 zugrunde gelegte gleiche Wachstumstempo des Nationaleinkommens

Tabelle 9

Effektivitätssteigerung aus Ressourcennutzung und Wachstumstempo des Nationaleinkommens bei gleichem Volumen der Bruttoinvestitionen, jedoch unterschiedlichen Anteilen der Modernisierungsinvestitionen

Varianten	Anteile der Modernisierungsinvestitionen an den Bruttoinvestitionen			Wachstum des Nationaleinkommens bei gleich hohen Bruttoinvestitionen, jedoch unterschiedlichen Anteilen von Modernisierungs- und Erweiterungsinvestitionen				
	Aussonderungsrate in Prozent	Anteil der Modernisierungsinvestitionen an der Bruttoinvestition	Akkumulationsrate	Wachstum des Nationaleinkommens von: 6,7 % davon durch: ΔAP[1] 8,3% (absolute Freisetzung von AK[2])	7,2 % davon durch: ΔAP 6,2% ΔAK 1,0%	8,0 % davon durch: ΔAP 7,7% ΔAK 0,3%	8,1 % davon durch: ΔAP 9,6% (absolute Freisetzung von AK)	8,2 % davon durch: ΔAP 7,3% ΔAK 0,9%
V 1	1,4 %	17,5 %	7,6 %					0,205[3]
V 2	2,4 %	26,0 %	8,0 %			0,295		
V 3	4,7 %	39,0 %	9,2 %	0,378				
V 1'	1,4 %	17,5 %	7,9 %		0,327			
V 3'	4,7 %	39,0 %	8,8 %				0,451	
Veränderung der Grundfondsquote in %				2,7	1,0	1,8	3,9	0,3

1 AP - Arbeitsproduktivität.

2 AK - Arbeitskräfte.

3 Koeffizient der relativen Effektivitätssteigerung, d.h. Effektivitätssteigerung aus Ressourcennutzung im Verhältnis zu den Grenzaufwendungen für die Substitution lebendiger Arbeit durch Grundfonds.

aufrechterhalten werden kann (vgl. Tabelle 9). Tabelle 9 veranschaulicht vor allem folgende Zusammenhänge:

1. Bei Annahme gleicher Bedingungen für die Produktivitätssteigerung[97] ist die relative Effektivitätssteigerung desto höher, je höher der Anteil der Modernisierungsinvestitionen an den Bruttoinvestitionen ist (Variante 1 bis 3).

2. Bei Annahme gleicher Bedingungen für die Produktivitätssteigerung zeigt sich zunächst eine entgegengesetzte Wirkung des Anteils der Modernisierungsinvestitionen auf die relative Effektivitätssteigerung und das Wachstumstempo des Nationaleinkommens. Wenn bei gleichem Volumen der Bruttoinvestitionen der Anteil der Modernisierungsinvestitionen relativ niedrig ist (17, 5 % bei einer Aussonderungsrate von 1, 4 %), würde bei niedriger Effektivitätssteigerung ein verhältnismäßig hohes Wachstumstempo des Nationaleinkommens von 8, 2 % erreicht werden. Das höhere Wachstumstempo wäre hierbei durch einen höheren Anteil von Erweiterungsinvestitionen für den Einsatz zusätzlicher Arbeitskräfte mit bedingt. Bei einem relativ höheren Anteil der Modernisierungsinvestitionen (39 % bei einer Aussonderungsrate von 4, 7 %) dagegen wäre das Wachstumstempo des Nationaleinkommens niedriger (nur 6, 7 %) bei zugleich hoher relativer Effektivitätssteigerung. Letztere wäre sowohl durch eine sehr hohe Produktivitätssteigerung (verbunden mit absoluter Freisetzung von Arbeitskräften beim angenommenen gleichen Volumen der Bruttoinvestitionen) als auch durch eine günstigere Grundfondsquote begründet.

3. Hinter der unterschiedlichen Verwendung der Bruttoinvestitionen für Modernisierung und Erweiterung können unterschiedliche gesellschaftliche Bedürfnisse hinsichtlich des Verhältnisses von materiellem Wachstum und absoluter Freisetzung von Arbeitszeit und Arbeitskräften aus der materiellen Produktion stehen. Dabei ist aber zu berücksichtigen, daß die Variante eines höheren Wachstumstempos des Nationaleinkommens unter den genannten Bedingungen die Existenz immer mehr zusätzlicher Arbeitskräfte voraussetzen würde. Müssen sie erst freigesetzt werden, hat diese Variante keine realen Entwicklungsmöglichkeiten, weil sie letztlich gegen eine hohe Freisetzung von Arbeitskräften wirkt. Das bestätigt, daß das Ver-

hältnis von Modernisierungs- und Erweiterungsinvestitionen letztlich nicht ohne Berücksichtigung der Effektivitätssteigerung aus Ressourcennutzung geplant werden kann.

4. Die bisher zugrunde gelegte Annahme gleicher Bedingungen für die Produktivitätssteigerung führte zu der Aussage, daß sich kurzfristig der Anteil der Modernisierungsinvestitionen auf das Wachstumstempo des Nationaleinkommens und die Effektivitätssteigerung entgegengesetzt auswirkt. Da der Prozeß der Grundfondsreproduktion langfristigen Charakter trägt, kann diese Tendenz kurzfristig und zeitweilig auch von realer wirtschaftspolitischer Bedeutung sein. Langfristig jedoch muß die Annahme fallengelassen werden, daß die Arbeitsproduktivitätssteigerung von unterschiedlichen Anteilen der Modernisierungsinvestitionen an den Bruttoinvestitionen nicht beeinflußt wird. So zeigten sich z. B. in der Industrie der DDR in den letzten Jahren relativ enge Zusammenhänge zwischen der Entwicklung des Aussonderungsvolumens und einer im wesentlichen gleichbleibenden absoluten Freisetzung von Arbeitskräften. Wird die realistischere Annahme eingeführt, daß sich langfristig der Anteil der Modernisierungsinvestitionen auf die Produktivitätssteigerung auswirkt, dann verschwindet der bei kurzfristigem Herangehen typische Gegensatz zwischen Wachstumstempo des Nationaleinkommens und Effektivitätssteigerung. Wird z. B. berücksichtigt, daß ein andauernd niedriger Anteil der Modernisierungsinvestitionen schließlich die Produktivitätssteigerung der an alten und im gewissen Grade auch an modernisierten Grundfonds Beschäftigten beeinträchtigt, dann würde sich beim angenommenen Beispiel langfristig anstatt des Wachstumstempos des Nationaleinkommens von 8,2 %, das bei einem niedrigen Anteil von Modernisierungsinvestitionen kurzfristig zeitweilig bei Vorhandensein ausreichender Arbeitskräfte möglich gewesen wäre, nur ein Wachstumstempo von 7,2 % ergeben (vgl. Variante 1', Tabelle 9). Umgekehrt ergibt sich ein Wachstum des Nationaleinkommens von mehr als 8 % bei einem hohen Anteil von Modernisierungsinvestitionen, wenn ihr fördernder Einfluß auf die Produktivitätssteigerung beachtet wird (vgl. Variante 3', Tabelle 9).

Die in der Tabelle 9 zusammengefaßten Zusammenhänge zeigen relativ deutlich, daß sich in der Endkonsequenz die Effektivitätssteigerung nach

Varianten im Anteil der Modernisierungsinvestitionen langfristig als wichtiger Bestimmungsfaktor auch für das Wachstumstempo des Nationaleinkommens durchsetzt. Das gilt besonders unter den Bedingungen der Intensivierung, wo zusätzliche Arbeitskräfte immer mehr nur dann verfügbar sind, wenn sie an anderer Stelle freigesetzt wurden und die Kontinuität in der Produktivitätssteigerung zur Hauptbedingung für die Aufrechterhaltung der Dynamik des Reproduktionsprozesses wird. Das schließt ein, daß zeitweilig kurzfristig auch das Wachstumstempo des Nationaleinkommens durch Zunahme des Anteils der Erweiterungsinvestitionen gefördert wird, wenn diese Beschleunigung im Wachstum nicht zu Lasten der Effektivitätssteigerung geht. Bei der Auswahl der effektivsten Kombination von Modernisierungs- und Erweiterungsinvestitionen kann die Effektivitätsbeurteilung der Ressourcennutzung offensichtlich dann Hinweise geben, wenn sie mit den jeweiligen Hauptwegen zur Produktivitätssteigerung verbunden wird.

Der gegenwärtige Beitrag der Grundfondsökonomie zur Effektivitätssteigerung aus besserer Ressourcennutzung zeigt, daß unter Berücksichtigung des Gewichts der Grundfonds an den gesamten eingesetzten Ressourcen die Intensivierung der Grundfondsreproduktion noch stärker die volkswirtschaftliche Effektivitätssteigerung fördern muß. Hier bestehen noch Reserven, um ein schnelles Wachsen der Arbeitsproduktivität gegenüber der Grundfondsausstattung zu erreichen. Obwohl sich in einigen Jahren das Abnahmetempo der Grundfondsquote bereits verlangsamte, weil der Investitionskoeffizient (bezogen auf die aktivierten Investitionen) zunahm, konnte eine beständig steigende bzw. zumindest gleichbleibende Netto-Grundfondsquote bisher noch nicht erreicht werden.

Für die Intensivierung der Grundfondsreproduktion sind ein relativ geringeres Wachstumstempo des Grundfondsbestandes in Verbindung mit verstärkten Aussonderungen, ein hoher Ausrüstungsanteil an den Grundfondszugängen bei schnellem Anwachsen des Anteils automatisierter Ausrüstungen und die Verringerung des Verschleißkoeffizienten charakteristisch. Damit wirkt sie in Richtung einer steigenden Grundfondsquote.

Unter dem Einfluß relativ hoher Anteile von Erweiterungsinvestitionen konnten 1971 bis 1975 extensive Entwicklungstendenzen der Grundfondsreproduktion nicht immer zurückgedrängt werden. Dabei kann die volkswirtschaftliche Wirkung extensiver Erweiterungen der Grundfonds nicht zusammenfassend eingeschätzt werden. Zu berücksichtigen ist auch, daß nicht alle Grundfondserweiterungen generell mit einer extensiven Entwicklung gleichgesetzt werden können. Eine Verstärkung extensiver Entwicklungstendenzen der Grundfondsreproduktion zeigte sich u. a. am gegenüber 1966 bis 1970 noch beschleunigten Grundfondswachstum (teilweise zeitverzögerte Wirkung der zeitweiligen Verstärkung von Erweiterungsinvestitionen gegen Ende der sechziger Jahre) und den damit verbundenen Arbeitskräfteproblemen, den noch zu geringen Modernisierungen als Ersatz veralteter Grundfonds, wie sie sich u. a. in einer hohen Zuwachsquote der Ausrüstungen (40 %) bei gleichzeitiger Zunahme des Anteils überalterter Grundfonds darstellten. Anzeichen dafür waren auch die noch nicht geschlossene Schere zwischen neu geschaffenen Arbeitsplätzen und verfügbaren Arbeitskräften, die damit noch immer verbundenen Probleme der Grundfondsnutzung in der Zeit, Probleme bei der materiellen Sicherung und beim technischen Niveau von Modernisierungsinvestitionen für die Aussonderung veralteter Grundfonds, beim konstanten und teilweise gestiegenen Verschleißkoeffizienten u. a., die insgesamt zur Abnahme der Grundfondsquote beitrugen. Verstärkte Anstrengungen zur besseren zeitlichen und intensiveren Nutzung der Grundfonds,[98] wie z. B. zur Förderung der Schichtarbeit, Erhöhung des Anteils der Rationalisierungsinvestitionen und des Anteils der automatisierten Ausrüstungen,[99] konnten deshalb noch nicht zur anhaltenden Steigerung der Grundfondsquote führen.[100]

Bei Betonung der großen Bedeutung, die eine stärkere Erneuerung vorhandener Grundmittel für die Intensivierung der Grundfondsreproduktion hat und die durch das hohe Volumen des derzeitigen Grundfondsbestandes, noch verstärkt wird, wäre es nicht richtig, die Intensivierung der Grundfondsreproduktion auf die Erneuerung vorhandener Grundfonds zu reduzieren und ihren Verlauf allein an der Entwicklungstendenz der Rationalisierungsinvestitionen zu messen.

Die Intensivierung der Grundfondsreproduktion steht in erster Linie in Verbindung mit einem beschleunigten und wirksameren wissenschaftlich-technischen Fortschritt. Sie schließt also sowohl die Erhöhung des Anteils der Modernisierungsinvestitionen auf hohem wissenschaftlich-technischen Niveau als gegenwärtigen Schwerpunkt als auch Investitionen zur Realisierung grundlegender wissenschaftlich-technischer Umwälzungen ein. Wie schnell durch letztere die Grundfonds wachsen, hängt wesentlich von den Reproduktionsaufwendungen ab, d. h. dem wissenschaftlich-technischen Fortschritt bei der Produktion von Investitionsgütern. Ein wesentliches Kriterium für die Intensivierung der Grundfondsreproduktion ist deshalb die Verbesserung des Preis-Leistungs-Verhältnisses. Aus der engen Verbindung mit dem wissenschaftlich-technischen Fortschritt folgt, daß die Intensivierung der Grundfondsreproduktion grundsätzlich auch für die Investitionen zur Sicherung der Energie- und Rohstoffbasis gilt, wenn auch hier spezifische Fragestellungen aus volkswirtschaftlicher Sicht überwiegen.

Inwieweit die Intensivierung der Grundfondsreproduktion bereits begann, sich günstig auf die Entwicklung der Grundfondsquote auszuwirken, zeigt sich zuerst an der Entwicklung des Zuwachskoeffizienten (der Grundfondsquote bzw. an der Entwicklung des Investitionskoeffizienten auf der Basis der aktivierten Investitionen) (vgl. Tabelle 10).

Während die gegenüber 1970 gesunkene Grundfondsquote in der Industrie auch mit einem sinkenden Investitionskoeffizienten verbunden war, stieg im produzierenden Bereich der Investitionskoeffizient leicht an. Hierbei muß berücksichtigt werden, daß der Investitionskoeffizient auf der Basis des materiellen Investitionsvolumens nicht geeignet ist, die Investitionseffektivität auszudrücken, weil in der Regel die Entwicklung des materiellen Investitionsvolumens von der Entwicklung der tatsächlich produktionswirksam gewordenen Investition abweicht. Die Investitionseffektivität wäre deshalb auf der Basis der aktivierten Investitionen zu messen. Die Entwicklung des Zuwachskoeffizienten der Grundfondsquote kann als Ersatz für die Investitionseffektivität herangezogen werden, wenn die Anteile von

Tabelle 10

Entwicklung des Investitionskoeffizienten und des Zuwachskoeffizienten der Grundfondsquote von 1961 bis 1975

Jahre	Investitions-koeffizient[1]		Zuwachskoeffizient der Grundfondsquote[2]	
	produzierender Bereich	Industrie	produzierender Bereich	Industrie
1961-1965	180	213	278	273
1966-1970	217	244	482	449
1971-1975	218	225	363	372[3]

1 Zuwachs der Nettoproduktion bzw. des produzierten Nationaleinkommens je 1000 Mark kumulative materielle Investitionen.

2 Zuwachs der Nettoproduktion bzw. des produzierten Nationaleinkommens je 1000 Mark Grundfondszuwachs.

3 1971 bis 1974.

Quellen: Berechnet nach dem Statistischen Jahrbuch der DDR 1975, Berlin 1975, S. 23/24, S. 27, S. 29, S. 30; ebenda 1976, S. 36, S. 41, S. 44.

Modernisierungs- und Erweiterungsinvestitionen nahezu unverändert geblieben sind. Auch in der Entwicklung des Zuwachskoeffizienten setzte sich jedoch seit 1970 eine sinkende Tendenz durch.

Für die richtige Wertung des Einflusses der jeweiligen Investitionsentwicklung auf die volkswirtschaftliche Effektivität ist es notwendig, die Gründe für die unterschiedliche Entwicklung von Investitionskoeffizient und Grundfondsquote zu analysieren. Für die unterschiedliche Entwicklung von Grundfondsquote und Investitionskoeffizienten[101] können folgende Ursachen ausschlaggebend sein:

1. Durch relativ stärkere Konzentration der Investitionen auf die Fertigstellung begonnener Vorhaben stieg offenbar von 1971 bis 1975 der Aktivierungsgrad der Investitionen. Das läßt sich überschlägig und vereinfacht am Verhältnis von Investitionen und Grundfondszuwachs nachweisen, wenn angenommen wird, daß sich der Anteil der Modernisierungsinvestitionen wenig veränderte. Relative Mehraufwendungen an Grundfonds infolge sinkender Grundfondsquote konnten auf diese Weise in ihrer Wirkung auf die Ver-

wendungsproportionen teilweise abgefangen werden. Im Interesse kontinuierlicher Grundfondsreproduktion kann jedoch nicht damit gerechnet werden, daß diese Quelle zukünftig in gleichem Maße die Investitionseffektivität steigert. Diese Quelle trägt zeitweiligen Charakter.

2. Ein abnehmender Anteil der Modernisierungsinvestitionen (Ersatz für Aussonderungen veralteter Grundfonds) kann auch dazu beitragen, daß sich der Investitionskoeffizient günstiger als die Grundfondsquote entwickelt. Eine zunehmende Differenz zwischen normativen und tatsächlichen Aussonderungen würde den Reproduktionseffekt der Amortisationen unter kurzfristigen Gesichtspunkten scheinbar erhöhen und damit das Wachstum der Investitionen gegenüber den Grundfonds relativ verlangsamen. Hierbei würde es sich aber im wesentlichen um zeitweilige Effekte handeln. Diese könnten dann zukünftige Möglichkeiten zur Effektivitätssteigerung beeinträchtigen, wenn sich das Preis-Leistungs-Verhältnis der Grundfonds nicht verbessert.

3. Veränderungen im Tempo der Entwicklung der Grundfondsquote könnten ebenfalls zur unterschiedlichen Entwicklung von Grundfondsquote und Investitionskoeffizienten beitragen. Wenn beispielsweise die Grundfondsquote sinkt, das Tempo ihres Sinkens jedoch abnimmt, könnte der Investitionskoeffizient steigen. Dieser Faktor war jedoch von 1971 bis 1975 nicht wirksam. Das zeigt sich daran, daß der Zuwachskoeffizient der Grundfondsquote sank, wenngleich der Investitionskoeffizient stieg.

4. Theoretisch könnten auch Struktureffekte zu einer unterschiedlichen Entwicklungsrichtung von Grundfondsquote und Investitionskoeffizienten beitragen. Tatsächlich traten jedoch von 1971 bis 1975 bei positiven Struktureffekten der Nettogrundfondsquote negative Struktureffekte des Investitionskoeffizienten auf.[102]

5. Soweit Betriebe, Zweige und Bereiche analysiert werden, ergeben sich unterschiedliche Entwicklungsrichtungen von Grundfondsquote und Investitionskoeffizienten auch aus dem jeweiligen Verlauf des Investitionszyklus. Auf gesamtvolkswirtschaftlicher Ebene und für die Industrie übte jedoch dieser Faktor auch einen gewissen Einfluß aus.

Zusammenfassend zeigen die Ursachen für die unterschiedliche Entwicklung von Grundfondsquote und Investitionskoeffizienten im produzierenden Bereich, daß der seit 1970 leicht steigende Investitionskoeffizient insgesamt noch nicht als Ausdruck überwiegend fondssparender Wege der Produktivitätssteigerung gewertet werden kann. Für die Beurteilung des Investitionskoeffizienten ist es wichtig, zu versuchen, die Zusammenhänge zwischen Grundfondsökonomie und Verwendungsproportionen des Nationaleinkommens näher zu analysieren.

2.2.4. Effektivität der Freisetzung und Verwendungsproportionen des Nationaleinkommens

Wichtige Ansatzpunkte zur Einschätzung des Beitrages, den die Intensivierung der Grundfondsreproduktion zur volkswirtschaftlichen Effektivitätssteigerung leistete, liefert die Analyse des Freisetzungsaufwandes. Der Freisetzungsaufwand drückt die Vorleistungen an vergegenständlichter Arbeit aus, die notwendig waren, um eine Arbeitskraft durch Produktivitätssteigerung relativ einzusparen. Da die relative Einsparung von Arbeitskräften die Basis für die absolute Freisetzung ist und letztere in der Regel einen Teileffekt neben dem Produktionswachstum bildet, ist der Freisetzungsaufwand nur als relativer, d.h. als Aufwand für die relativ eingesparte Arbeitskraft sinnvoll.

Die Entwicklung des Freisetzungsaufwandes wird in letzter Konsequenz durch den erreichten Stand bei der Substitution lebendiger Arbeit durch Grundfonds sowie den Kompliziertheitsgrad der Arbeit bestimmt. Konkret wird der Freisetzungsaufwand durch das Wechselspiel von Grundfondsausstattung und Grundfondsquote beeinflußt. Steigende Grundfondsausstattung wirkt in Richtung eines wachsenden Freisetzungsaufwandes, während zunehmende Grundfondsquote dem entgegenwirkt. Je komplizierter die zu ersetzende Arbeit und je mehr sie bereits mit Fonds ausgestattet ist, desto höher ist im allgemeinen der Freisetzungsaufwand. Es besteht deshalb in der Regel ein enger Zusammenhang zwischen Niveau und Tempo produktiv genutzter Wissenschaft und Technik und dem Niveau und Steigerungstempo des Freisetzungsaufwandes.[103] Steigender Freisetzungsaufwand ist somit, über längere Zeiträume betrachtet, gesetzmäßig.

Aus den weiter oben dargelegten Zusammenhängen für die experimentelle Ermittlung der Effektivität aus besserer Ressourcennutzung folgt, daß ein steigender Freisetzungsaufwand keineswegs von vornherein aussagt, daß die Einsparung von Arbeitskraft weniger effektiv war. Er ist in dem Maße mit volkswirtschaftlicher Effektivitätssteigerung verbunden, wie er unter dem zulässigen Freisetzungsaufwand (Grenzwert) bleibt. Dieser Grenzwert des Freisetzungsaufwandes sagt aus, wie lange der tatsächliche Freisetzungsaufwand steigen kann, wenn bei gegebener Erhöhung der Produktivität lebendiger Arbeit noch eine Effektivitätssteigerung erreicht werden soll.[104] Je niedriger der tatsächliche Freisetzungsaufwand gegenüber dem Grenzwert ist, desto höher ist die Effektivitätssteigerung.

Ausgehend von dem weiter oben bereits genannten Versuch, die Substitutionsbeziehungen lebendiger Arbeit und Fonds der Ermittlung der Effektivitätssteigerung aus besserer Ressourcennutzung zugrunde zu legen, wäre es möglich, einen Grenzwert für den Freisetzungsaufwand abzuleiten. Danach würde der Grenzwert des Freisetzungsaufwandes durch die Aufwendungen aus dem Nationaleinkommen bestimmt sein, die bei extensiver Erweiterung (d.h. gleichbleibender Effektivität) für den Einsatz einer zusätzlichen Arbeitskraft erforderlich gewesen wären. In ihm verkörpert sich das wachsende Niveau der Fondsausstattung und der Aufwendungen für die Arbeits- und Lebensbedingungen der Werktätigen. Steigender Grenzwert des Freisetzungsaufwandes bedeutet deshalb, daß sich die Möglichkeiten zur Produktivitätssteigerung erweitert haben. Der Vergleich mit dem tatsächlichen Freisetzungsaufwand zeigt an, inwieweit die gewachsenen Möglichkeiten für eine höhere Effektivitätssteigerung genutzt wurden. Eine Einsparung von Arbeitszeit oder Arbeitskräften ist folglich effektiv, wenn das Verhältnis von Grenzwert und tatsächlichem Freisetzungsaufwand größer als 1 ist. Teurer wird lebendige Arbeit offenbar dann substituiert, wenn der tatsächliche Freisetzungsaufwand schneller steigt als der Grenzwert.[105]

Tabelle 11

Entwicklung von Grenzwert und tatsächlichem Freisetzungsaufwand sowie Verhältniskoeffizient von 1961 bis 1975

Jahre	Freisetzungsaufwand in 1000 Mark		Grenzwert/ Freisetzungsaufwand
	Grenzwert	tatsächlich	Koeffizient
1961-1965	58,6	50,4	1,163
1966-1970	79,8	65,2	1,223
1971-1975	99,1	83,2	1,192

Quellen: Berechnet nach dem Statistischen Jahrbuch der DDR 1968, Berlin 1968, S. 42; ebenda 1969, 1970, 1971, 1972, jeweils S. 41; ebenda 1974, S. 17, S. 41, S. 45, S. 48; ebenda 1976, S. 13, S. 15, S. 37, S. 41, S. 44, S. 70. Abschreibungen für 1961 bis 1965 interpoliert auf Grund des Anteils der Abschreibungen am Gesamtprodukt von 1966 bis 1970. Unter Berücksichtigung eines geschätzten Aktivierungsgrades der Investitionen, dem mangels anderer Informationen vereinfacht das Verhältnis von Investitionen und Grundfondszuwachs zugrunde gelegt wurde.

Der Grenzwert des Freisetzungsaufwandes ist nur von Bedeutung für die relative Einsparung von Arbeitszeit unter den jeweils gegebenen Substitutionsbedingungen. Wenn sich die Bedingungen für die Substitution verändern, verändert sich auch der Grenzaufwand für die Freisetzung (vgl. Tabelle 11).

Der Grenzwert des Freisetzungsaufwandes wurde ermittelt als Summe der Grundfondsausstattung des jeweiligen Basisjahres (dividiert durch den geschätzten Aktivierungsgrad der Investitionen) und den Teil der Nettoproduktion je Beschäftigten im produzierenden Bereich, der für Reproduktionsaufwendungen der Werktätigen im weitesten Sinne verausgabt wurde (unter Berücksichtigung der verfügbaren Informationen ermittelt als Nettoproduktion plus Abschreibungen minus Bruttoinvestitionen, dividiert durch die Zahl der Beschäftigten im nichtproduzierenden Bereich). Es geht damit inhaltlich um die Entwicklung des Netto-Endprodukts. Die Ergebnisse sind als Näherungslösung anzusehen. Bei Vorhandensein entsprechender Informationen müßten die Berechnungen durch die Veränderung der unvollendeten Investitionen, der Umlaufmittelquote sowie durch die direkte

Effektivität des Außenhandels ergänzt werden. Dem Durchschnitt des jeweiligen Zeitraums liegen die Werte der einzelnen Jahre zugrunde.

Der Freisetzungsaufwand im eigentlichen Sinne des Wortes muß als Verhältnis von zusätzlichen Grundfonds, die der intensiven Erweiterung dienen und relativ eingesparten Arbeitskräften ermittelt werden. D. h. es geht um den Aufwand, der aktiviert ist und im Produktionsprozeß real Arbeitskraft substituiert hat.

Für die volkswirtschaftliche Ebene muß diese Betrachtungsweise jedoch modifiziert werden, weil es hier noch wesentlich stärker als in einzelnen Bereichen um die Kontinuität der Substitution geht. Diese erfordert, daß neben den aktivierten Investitionen unvollendete gebunden sind, die die zukünftige Substitution vorbereiten. Aus volkswirtschaftlicher Sicht müßten deshalb alle Investitionen, die der Steigerung der Arbeitsproduktivität dienen, der Ermittlung des Freisetzungsaufwandes zugrunde gelegt werden. Danach ergab sich der tatsächliche Freisetzungsaufwand als Bruttoinvestition für die intensive Erweiterung im produzierenden Bereich, dividiert durch die Zahl der relativ eingesparten Arbeitskräfte. Als Bruttoinvestition für die intensive Erweiterung wurden zugrunde gelegt: tatsächliche Bruttoinvestitionen minus Investitionen für die Beschäftigung zusätzlicher Arbeitskräfte (= Zunahme produktiv Beschäftigter mal Grundfondsausstattung$_0$, dividiert durch Aktivierungsgrad der Investitionen).

Der Grenzwert des Freisetzungsaufwandes ist zum Zwecke der Effektivitätsmessung auf gleichbleibende Effektivität gegenüber der Basisperiode bezogen worden.[106] Der Vergleich von Freisetzungsaufwand und seinem Grenzwert für den produzierenden Bereich kann infolge der genannten Einschränkungen nur in etwa die Entwicklungstendenzen angeben.[107] Er kann vor allem von Bedeutung sein, wenn es um die Verbindung zwischen den Kriterien der volkswirtschaftlichen Effektivität und der Effektivität der nach der wirtschaftlichen Rechnungsführung arbeitenden Einheiten geht.

In den letzten zehn Jahren stieg der Grenzwert des Freisetzungsaufwandes um etwas mehr als 5 % im Jahresdurchschnitt und erreichte im Durchschnitt des Zeitraumes 1971 bis 1975 etwa 99 000 Mark (vgl. Anhang, Tabelle 7). Damit erweiterte sich der Bereich, in dem eine effektive Freisetzung möglich war, wesentlich. Hauptfaktor des steigenden Grenzwertes war die Fondsausstattung der Arbeit, die jahresdurchschnittlich im gleichen Zeitraum um 5,2 % wuchs. Demgegenüber nahm das Nettoprodukt, das je Beschäftigten in der materiellen Produktion unmittelbar für die erweiterte Reproduktion der Werktätigen bereitgestellt wurde, um 4,6 % im Jahresdurchschnitt zu. Diese Entwicklungsrelationen sind Ausdruck der steigenden organischen Zusammensetzung. Eine Zunahme des Grenzwertes der Freisetzungsaufwendungen bei steigender organischer Zusammensetzung stellt höhere Anforderungen an die Fondsökonomie, wenn die Produktivitätssteigerung nicht teurer werden soll.

Die volkswirtschaftliche Effektivität der Einsparung von Arbeitskräften hat sich 1966 bis 1975 beträchtlich erhöht. Während von 1961 bis 1965 das Verhältnis von Grenzwert und tatsächlichem Freisetzungsaufwand durchschnittlich 1,163 betrug, erreichte es von 1971 bis 1975 einen Koeffizienten von 1,192. Jedoch muß berücksichtigt werden, daß im Durchschnitt des Zeitraums von 1971 bis 1975 der Freisetzungsaufwand relativ schnell zunahm. Der durchschnittliche Freisetzungsaufwand war im Zeitraum von 1971 bis 1975 um fast 20 000 Mark höher als im Zeitraum von 1966 bis 1970.[108] Der Fondsaufwand für die relative Einsparung von Arbeitskräften wuchs schneller als der Grenzwert des Freisetzungsaufwandes. Infolgedessen hat sich unter Berücksichtigung der Gesamtaufwendungen das Tempo der Effektivitätssteigerung aus besserer Ressourcennutzung verlangsamt.

Bei der Wertung dieser Entwicklung muß jedoch berücksichtigt werden, daß sich darin nicht allein die Effektivität der Freisetzung in dieser Periode ausdrückt. Sie wurde sowohl durch zeitverzögerte Wirkungen aus Vorperioden als auch durch notwendige Vorbereitungsmaßnahmen zukünftiger Produktivitätssteigerung (wie z.B. Maßnahmen zur Energie- und Rohstoffsicherung) beeinflußt. Gleichzeitig ist aber eine hohe Kontinuität in der Effektivität der Freisetzung von großer Bedeutung für den kontinuierlichen Verlauf des gesamten gesellschaftlichen Reproduktionsprozesses, denn die volkswirtschaftliche Effektivität der Freisetzung von Arbeitskräften gehört zu den hauptsächlichen inländischen Bestimmungsfaktoren für die

Entwicklung von Grundproportionen, wie zwischen Akkumulation und Konsumtion oder dem Aufkommen von Produktions- und Konsumtionsmitteln. Dabei nimmt der Einfluß der Effektivität aus der Freisetzung von Arbeitskräften in dem Maße zu, wie sich der Anteil der Produktivitätssteigerung am Wachstum des Nationaleinkommens verändert. Eine effektivere Substitution lebendiger Arbeit ermöglicht bei gleichem Wachstumstempo des Nationaleinkommens eine höhere Konsumtionsrate oder eine Beschleunigung des Wachstums bei sinkender Konsumtionsrate, aber absolut stärker steigender Konsumtion. Ihr Effekt kann sich auch darin ausdrücken, daß aus der materiellen Produktion Arbeitszeitfonds absolut freigesetzt werden, ohne daß die Wachstumstempi von Akkumulation und Konsumtion beeinträchtigt werden. Jedoch schlagen sich die Ergebnisse intensiverer Ressourcennutzung nicht unvermittelt in den Verwendungsproportionen des Nationaleinkommens nieder, weil daneben noch andere Faktoren von Einfluß sind.

Auf die Entwicklung der Verwendungsproportionen wirken insbesondere ein:

- die Effektivitätssteigerung aus besserer Ressourcennutzung,[109]
- die extensive Erweiterung des Nationaleinkommens durch zusätzlichen Einsatz von Arbeitskräften im produzierenden Bereich,
- die Veränderungen im Reproduktionseffekt der Amortisationen, in der Zeitverteilung der Investitionen u. ä.,
- das Entwicklungsverhältnis von produziertem und verwendetem Nationaleinkommen, darunter der Einfluß der direkten Außenhandelseffektivität.

Um die Verbindung zwischen der Effektivitätssteigerung aus besserer Ressourcennutzung und den Verwendungsproportionen des Nationaleinkommens herzustellen, muß der Beitrag der direkten Außenhandelseffektivität (beruhend auf einem positiven Austauschverhältnis) zum Außenhandelssaldo ermittelt werden. Zusammen mit der inländischen Effektivitätssteigerung aus besserer Ressourcennutzung ergibt sich dadurch der Gesamteinfluß, den die Effektivitätssteigerung auf die Verwendungsproportionen des Nationaleinkommens (ausgedrückt im physischen Volumen) ausübt. Um einzuschätzen, inwieweit sich in der Entwicklung der Verwendungsproportionen des Nationaleinkommens Fortschritte in der Intensivierung ausdrücken, ist es notwendig, die Quellen zu analysieren, aus denen sich das Wachstum des verwendeten Nationaleinkommens zusammensetzt.

Da die extensiven Wachstumsquellen objektiv insgesamt nur unbedeutend sein können, muß die Effektivitätssteigerung langfristig die dauerhafte Quelle auch für die Verwendung des Nationaleinkommens bilden. Alle anderen Quellen können höchstens zeitweiligen Charakter tragen. Aus den vorliegenden Daten war es nicht möglich, alle Quellen für den Zuwachs des verwendeten Nationaleinkommens zu ermitteln.

Tabelle 12

Entwicklung der Proportionen zwischen Akkumulation und Konsumtion von 1961 bis 1975 (in Prozent)

Jahre	Akkumulationsrate	Rate der produktiven Akkumulation	Rate der Konsumtion im weiteren Sinne[1]	Anteil der Akkumulation in dem nichtproduzierenden Bereich an der Akkumulation
1960	18,1	12,2	87,8	32,6
1965	19,9	13,9	86,1	30,2
1970	24,0	16,3	83,7	32,1
1975	21,9	12,9	87,1	41,1
1961-1965	18,3	12,2	87,8	33,1
1966-1970	21,7	14,3	85,7	33,9
1971-1975	22,5	14,1	85,9	37,2

1 . Bezieht sich auf die gesamte nichtproduktive Konsumtion, d. h. die Summe der Konsumtion und Akkumulation in den nichtproduzierenden Bereichen.

Quellen: Berechnet nach: Heinz-Dieter Haustein, Messung der volkswirtschaftlichen Intensivierung. Zur Methodologie, Berlin 1976, S. 60 (Forschungsberichte des Zentralinstituts für Wirtschaftswissenschaften der Akademie der Wissenschaften der DDR, Nr. 17); Statistisches Jahrbuch der DDR 1975, Berlin 1975, S. 38; ebenda 1976, S. 38.

Die Entwicklung der Proportion zwischen Akkumulation und Konsumtion (vgl. Tabelle 12)[110] zeigt, daß die Rate der produktiven Akkumulation im Jahre 1975 unter der von 1970 lag. Jedoch war die durchschnittliche Rate der produktiven Akkumulation des Zeitraumes 1971 bis 1975 mit 14, 1 % fast so hoch wie von 1966 bis 1970 mit durchschnittlich 14, 3 %.[111] Auf der Grundlage des relativ hohen Niveaus, das die produktive Akkumulation Ende der sechziger Jahre erreicht hatte, wuchsen die Investitionen im produzierenden Bereich von 1971 bis 1975 im Jahresdurchschnitt nur um 3, 7 % gegenüber 9, 5 % von 1966 bis 1970 (vgl. Anhang, Tabelle 8). Bei einer im Durchschnitt des Zeitraumes von 1971 bis 1975 mit 22, 5 % höheren Rate der Gesamtakkumulation (1966 bis 1970 = 21, 7 %) wuchs der Anteil der Akkumulation in den nichtproduzierenden Bereichen auf mehr als 37 % der Gesamtakkumulation.

Mit dieser Strukturveränderung innerhalb der Akkumulation und einem schnellen Wachstum der Konsumtion wurde der Einheit von Wirtschafts- und Sozialpolitik als Ergebnis und Voraussetzung der Intensivierung Rechnung getragen. Daß die Verwendungsstruktur des Nationaleinkommens stärker auf die Förderung qualitativer Faktoren ausgerichtet war, zeigt sich auch an der Entwicklung der Wissenschafts- und Bildungsintensität des Nationaleinkommens. Während z.B. die Ausgaben für Wissenschaft und Technik von 1966 bis 1970 durchschnittlich 3 % des Nationaleinkommens betrugen, waren es seit 1970 etwa 4 %, 1976 bis 1980 sollen sie 4, 2 % betragen. Die Bildungsausgaben aus dem Staatshaushalt erhöhten sich von 5, 2 % des Nationaleinkommens im Zeitraum von 1966 bis 1970 auf 5, 6 % von 1971 bis 1974.

Bei einem etwas beschleunigten Wachstum des Nationaleinkommens von 1971 bis 1975 könnte die gegenüber 1966 bis 1970 im Durchschnitt annähernde Stabilität der Verwendungsproportionen des Nationaleinkommens als Ausdruck gestiegener Effektivität erscheinen. Hierbei muß jedoch beachtet werden, daß die Intensivierung mittelbar auf die Verwendungsproportionen einwirkt, daß auch zeitliche Verzögerungen auftreten und zeitweilige Faktoren wirken. Für die Beurteilung der Entwicklung der Proportionen zwischen produktiver Akkumulation und Konsumtion von 1971 bis 1975 unter dem Aspekt dauerhafter Fortschritte in der Intensivierung müssen z.B. auch die bereits behandelten Unterschiede in der Entwicklung von Grundfondsquote und Investitionseffektivität, das relativ niedrige Wachstum der Investitionen in den produzierenden Bereichen, die Aufgaben und Probleme bei der Intensivierung der Grundfondsreproduktion berücksichtigt werden. Infolge des langfristigen Charakters der Grundfondsreproduktion und der zeitverzögerten Wirkung der Investitionen ist eine umfassende direkte Beurteilung dieser Zusammenhänge erschwert. Es kann deshalb nur darauf verwiesen werden, daß eine auch weiterhin relativ stabile Entwicklung der Verwendungsproportionen größere Fortschritte in der Effektivitätssteigerung aus besserer Ressourcennutzung verlangt.

2.3. Zum Beitrag der Effektivitätssteigerung zur verbesserten gesellschaftlichen Bedürfnisbefriedigung

Bei vorwiegend intensiv erweiterter sozialistischer Reproduktion besteht langfristig ein enger Zusammenhang zwischen Einsparungen gesellschaftlicher Arbeit in der Produktion und verbesserten materiellen Bedingungen für die gesellschaftliche Bedürfnisbefriedigung. Bisher wurde versucht, vor allem anhand der Effektivitätssteigerung aus besserer Ressourcennutzung weitgehend die Frage zu beantworten, mit welcher Einsparung gesellschaftlicher Arbeit die Produktion materieller Gebrauchswerte verbunden war. Damit sind wichtige Ausgangspunkte gegeben, um die Ergebnisse der Intensivierung einzuschätzen. Aus der Sicht des einheitlichen sozialistischen Effektivitätskriteriums muß der volkswirtschaftliche Intensivierungsgrad weiterführend jedoch auch danach beurteilt werden, wie die Einsparung gesellschaftlicher Arbeit zur Vermehrung von "disposable time" beitrug. Das bedeutet, daß jede Einsparung gesellschaftlicher Arbeit nach ihrem Beitrag zur gesellschaftlichen Bedürfnisbefriedigung bewertet werden muß. Dabei geht es u.a. sowohl um Konsumtionseffekte materieller Gebrauchswerte, die sich in und außerhalb der materiellen Produktion realisieren, als auch um die Verwendungsstruktur der Effektivitätssteigerung für die bessere Befriedigung unmittelbarer Subsistenzbedürfnisse der Werktätigen, für die Entwicklung von Bildung, Wissenschaft u.a. sowie für die Akkumulation, damit erweiterte Fähigkeiten auch weitgehend genutzt werden können. Hieraus ergeben sich Aufgaben für die weitere Vervollkommnung der sozialistischen Effektivitätsrechnung. In der vorliegenden Analyse können dazu nur erste Ansätze aufgezeigt werden, die tieferer Untersuchung bedürfen.

Um die Frage zu beantworten, in welchem Maße eine gegebene Einsparung gesellschaftlicher Arbeit bei der Produktion materieller Gebrauchswerte die "disposable time" vermehrte, muß zunächst geklärt werden, über welche Brücken Intensivierungsergebnisse der Produktion und materielle Bedingungen der gesellschaftlichen Bedürfnisbefriedigung miteinander verbunden werden können. Das ist auch deshalb wichtig, weil auf die Bedürfnisbefriedigung zusätzliche Faktoren einwirken und die Analyse der Wechselbeziehungen zwischen Intensivierung und Bedürfnisbefriedigung Hinweise auf bessere Nutzung der sozialistischen Triebkräfte geben kann.

Brücken zwischen Effektivitätssteigerung aus besserer Ressourcennutzung und materiellen Bedingungen für die Bedürfnisbefriedigung bilden vor allem:

- die Quellen des Konsumtionszuwachses im weiteren Sinne,
- die Einflüsse der Bevölkerungsbewegung.

Erst wenn der Einfluß dieser beiden Faktoren analysiert wird, kann eingeschätzt werden, inwieweit bessere materielle Bedingungen für die Bedürfnisbefriedigung in den jeweiligen Zeiträumen auf Fortschritte in der Intensivierung verweisen. Die Intensivierung hat für die Verbesserung der Lebensbedingungen aller Werktätigen wichtige Voraussetzungen zu schaffen. Da die Zunahme des Arbeitszeitfonds im produzierenden Bereich den Konsumtionszuwachs nur geringfügig förderte (von 1971 bis 1975 wurden dadurch nur etwa 3 % des Konsumtionszuwachses hervorgebracht), bestand von Seiten der Konsumtionsentwicklung objektiv ein starker Druck auf hohe Effektivitätssteigerung. Anhand der verfügbaren Daten können jedoch gegenwärtig die Quellen des Konsumtionszuwachses nicht im einzelnen analysiert werden.

Für die Verbindung von Effektivität der materiellen Produktion und Bedürfnisbefriedigung ist das Verhältnis von Ergebnisgrößen, die je Einwohner und pro Kopf der Beschäftigten im produzierenden Bereich ausgedrückt werden, von großer Bedeutung. Auf diese Weise kann ermittelt werden, welche Anforderungen eine bestimmte Entwicklung, z.B. des Nationaleinkommens oder der Konsumtion pro Kopf der Bevölkerung, an die Steigerung der Nettoproduktivität oder der Effektivität aus besserer Ressourcennutzung stellt.

Für die Einschätzung der Intensivierungsergebnisse ist es wichtig zu wissen, in welchem Maße die Steigerung des Nationaleinkommens pro Kopf der Bevölkerung auf gestiegene Nettoproduktivität in der materiellen Produktion zurückgeht. Intensivierung drückt sich darin aus, daß die Nettoproduktivität schneller steigt als das Nationaleinkommen je Einwohner. Letzteres ist jedoch nur dann mit der Nettoproduktivität vergleichbar, wenn die Auswirkungen der Bevölkerungsbewegung eliminiert werden. Die Entwicklung des Beschäftigtengrades der arbeitsfähigen Bevölkerung und die Verteilung der Beschäftigten auf den produzierenden und nichtproduzierenden Bereich sind dabei im Nationaleinkommenszuwachs bzw. in der Produktivitätssteigerung mit berücksichtigt.

Das Nationaleinkommen pro Kopf der Bevölkerung stieg von 1971 bis 1975 im Jahresdurchschnitt mit 5,8 % relativ schnell (vgl. Tabelle 13). Zugleich näherten sich die Entwicklungstempi von Nettoproduktivität und strukturbereinigtem Nationaleinkommen pro Kopf der Bevölkerung an. Es verringerte sich der Anteil der Beschäftigten in der materiellen Produktion an der Gesamtbevölkerung. Bei Annahme eines gleichen Anteils der arbeitsfähigen Bevölkerung versorgte 1960 ein Beschäftigter im materiellen Bereich 2,60 Einwohner (tatsächlich 2,66) 1965 = 2,61, 1970 = 2,84 und 1975 = 2,85 Einwohner (tatsächlich 2,64) (vgl. Anhang, Tabelle 9).

Der Vergleich mit den Steigerungsraten der Nettoproduktivität im produzierenden Bereich ist sehr wichtig, um die Entwicklung des Nationaleinkommens je Einwohner richtig zu werten. Beispielsweise kann im internationalen Vergleich durch einen höheren Beschäftigtengrad bereits ein höheres Niveau des Pro-Kopf-Einkommens erreicht werden, wenn die Arbeitsproduktivität noch niedriger als im Vergleichsland ist.[112] Der höhere Beschäftigtengrad drückt eine bessere quantitative Nutzung des gesellschaft-

Tabelle 13

Entwicklung des Nationaleinkommens pro Kopf der Bevölkerung und der Nettoproduktivität von 1961 bis 1975 (in Prozent)

Jahre	Steigerung des produzierten Nationaleinkommens		
	pro Kopf der Bevölkerung		je Beschäftigten im produzierenden Bereich
	tatsächlich	unter Berücksichtigung von Einflüssen der Bevölkerungsbewegung[1]	
1956-1960	7,95	7,6	7,5
1961-1965	3,6	3,8	4,0
1966-1970	5,15	5,2	5,0
1971-1975	5,8	5,4	5,25

1 Entwicklung des Nationaleinkommens pro Kopf der Bevölkerung bei Annahme eines gleichbleibenden Anteils der arbeitsfähigen Bevölkerung bei gegebenem Bevölkerungswachstum sowie gleichbleibender Bevölkerung bei gegebenem Anteil arbeitsfähiger Bevölkerung, jeweils im Vergleich zum Vorjahr.

Quelle: Berechnet nach dem Statistischen Jahrbuch der DDR 1976, Berlin 1976, S. 3, S. 13, S. 392.

lichen Arbeitsvermögens aus. Damit ist er Voraussetzung für jede umfassende Intensivierung, die den Beitrag der Produktivitätssteigerung zur Entwicklung des Pro-Kopf-Einkommens erhöhen muß. Auch von der Bevölkerungsbewegung gingen Einflüsse aus, die das Wachstum pro Kopf der Bevölkerung förderten. Seit 1970 waren etwa 16 % der Zunahme des Nationaleinkommens pro Kopf der Bevölkerung primär auf die Bevölkerungsbewegung zurückzuführen (insbesondere auf die Zunahme des Anteils der arbeitsfähigen Bevölkerung an der Gesamtbevölkerung und die absolute Abnahme der Bevölkerung).

Die genannten Beziehungen zwischen Effektivitäts- und Konsumtionsentwicklung sowie die Einflüsse der Bevölkerungsbewegung bilden die Grundlage, um die Entwicklung der Bedürfnisbefriedigung als wesentlichstes Ergebnis der Intensivierung richtig zu werten und aus ihrer Sicht Aufgaben für die zukünftige Effektivitätssteigerung abzuleiten.

Das Lebensniveau aller Werktätigen hat sich insbesondere im Zeitraum von 1971 bis 1975 beschleunigt entwickelt. Aus makroökonomischer Sicht gehören zu den materiellen Bedingungen für die Verbesserung des Lebensniveaus insbesondere die Entwicklung der Konsumtion im weiteren Sinne pro Kopf der Bevölkerung, darunter für lebensstandardwirksame Zwecke,[113] die Entwicklung der für lebensstandardwirksame Zwecke eingesetzten Beschäftigten und der Grundfonds im nichtproduzierenden Bereich, der Arbeitszeit und arbeitsfreien Zeit sowie Konsumtionseffekte, die sich vor allem in der rationelleren Nutzung des Zeitbudgets der Bevölkerung niederschlagen.

Die Konsumtion im weiteren Sinne pro Kopf der Bevölkerung wuchs im Jahresdurchschnitt mit 5, 7 % im Zeitraum von 1971 bis 1975 schneller als von 1966 bis 1970 mit 5, 2 % (vgl. Anhang, Tabelle 10). Einen zunehmenden Einfluß auf die Verbesserung der Lebensbedingungen übten insbesondere seit 1970 die Investitionen für nichtproduzierende Bereiche (darunter den komplexen Wohnungsbau) und die gesellschaftliche Konsumtion für die kulturelle und soziale Betreuung der Bevölkerung aus (vgl. Tabelle 14). Die Verbesserung der Lebensbedingungen der Bevölkerung erfolgte vorwiegend durch das Wachstum der individuellen Konsumtion, die pro Kopf der Bevölkerung von 1971 bis 1975 um 5, 1 % im Jahresdurchschnitt stieg gegenüber 4, 3 % von 1966 bis 1970. Zugleich erhöhte sich allmählich der Beitrag der gesellschaftlichen Fonds. Während 1965 auf 1000 Mark individueller Konsumtion 120 Mark gesellschaftliche Konsumtion zur kulturellen und sozialen Betreuung der Bevölkerung sowie Investitionen in den nichtproduzierenden Bereich kamen, waren es 1970 140 Mark und 1975 180 Mark (vgl. Anhang, Tabelle 11).

An den Veränderungen in der Verbrauchsstruktur wird deutlich, daß der Beitrag der Konsumtion zur Bedürfnisbefriedigung immer stärker von qualitativen Aspekten, wie dem Sortiment, der Qualität, der Lebensdauer, der rechtzeitigen Bereitstellung u. a. abhängt. Die Ausgaben gesellschaftlicher Arbeit für traditionelle Bedürfniskomplexe, wie z. B. Ernährung

Tabelle 14

Struktur der Konsumtion im weiteren Sinne von 1960 bis 1975 (Anteile in Prozent)

Jahr	Individuelle Konsumtion	Gesellschaftliche Konsumtion	darunter kulturelle und soziale Betreuung	Investitionen im nichtproduzierenden Bereich
1960	83,8	9,3	3,2	6,8
1965	83,2	9,9	3,3	7,0
1970	79,8	11,0	3,3	8,0
1975	77,5	12,2	3,9	10,3

Quellen: Berechnet nach dem Statistischen Jahrbuch der DDR 1975, Berlin 1975, S. 38; ebenda 1976, S. 38.

und Kleidung, nehmen relativ ab. Ihr Anteil an den Warenkäufen verringerte sich. Während auf Ernährung und Bekleidung 1960 = 67 % aller bezahlten Warenkäufe und Leistungen entfielen, waren es 1965 = 63 % und 1974 noch 61 % (vgl. Anhang, Tabelle 12).[114] Der Bestand an langlebigen Konsumgütern pro Kopf der Bevölkerung, der von 1961 bis 1970 jahresdurchschnittlich um 4 % zunahm, wuchs seit 1971 um 6,3 % im Jahresdurchschnitt. Die bereits seit 1966 begonnene schnellere Veränderung der Verbrauchsstruktur zugunsten der Leistungen setzte sich von 1971 bis 1975 fort. Bei einem Anteil der Leistungen von 36,4 % 1974 (1960 = 29,8 %, 1970 = 33,7 %) wuchsen die Leistungen für Volksbildung und Kultur (1974 etwa 40 % aller Leistungen, 1960 = 29,5 %, 1970 = 35 %) sowie für das Wohnungswesen besonders stark. Die allmähliche Verschiebung zugunsten der qualitativen Vervollkommnung der Konsumtion erfordert von der materiellen Produktion auf zunehmend mehr Gebieten eine Verstärkung der Effektivitätssteigerung im umfassenden Sinne, wobei die gleichzeitige Beschleunigung des quantitativen Wachstums auf wichtigen Gebieten, wie z. B. beim komplexen Wohnungsbau, nach wie vor von Bedeutung sein wird.

Tabelle 15

Gesamtübersicht wichtiger makroökonomischer Bestimmungsgrößen zur Verbesserung der Bedürfnisbefriedigung pro Kopf der Bevölkerung von 1960 bis 1975

Jahr	"laufende" Ausgaben für die Konsumtion im weiteren Sinne	darunter: wirksam für Lebensstandard[1]	Arbeitszeit für nichtmaterielle Leistungen[2]	Grundfonds für nichtproduktive Zwecke
	in Mark	in Mark	in Arbeitsstunden	in Mark
1960	3 631	3 538	138	9 450
1965	4 172	4 022	149	10 285
1970	5 352	5 121	159	11 182
1975	7 104	6 699	179	12 502
Jahresdurchschnitt des Wachstums in Prozent				
1961-1965	2,8	2,6	1,5	1,7
1966-1970	5,1	5,0	1,35	1,7
1971-1975	5,8	5,5	2,4	2,2

1 Infolge begrenzt verfügbarer Informationen ermittelt als Summe von individueller Konsumtion, gesellschaftlicher Konsumtion für die kulturelle und soziale Betreuung der Bevölkerung, Investitionen für die nichtproduzierenden Bereiche.

2 Arbeitsstunden der Beschäftigten im nichtproduzierenden Bereich unter Berücksichtigung einer Jahresarbeitszeit von 2000 Stunden.

Quellen: Berechnet nach dem Statistischen Jahrbuch der DDR 1976, Berlin 1976, S. 1, S. 14/15, S. 38 und Heinz-Dieter Haustein, Messung der volkswirtschaftlichen Intensivierung. Zur Methodologie, Berlin 1976, S. 60 (Forschungsberichte des Zentralinstituts für Wirtschaftswissenschaften der Akademie der Wissenschaften der DDR, Nr. 17).

Die schnellere Verbesserung der materiellen Lebensbedingungen der Werktätigen wird auch bestätigt, wenn über die Konsumtion hinaus weitere Mittel, wie die Bereitstellung von Arbeitszeitfonds und Grundfonds für den nichtproduzierenden Bereich und Verkürzungen der Jahresarbeitszeit, berücksichtigt werden (vgl. Tabelle 15).[115] Diese Übersicht ist nicht vollständig. So fehlen z. B. solche Bestandteile, wie die Verkürzung der Jahresarbeitszeit, die rationellere Nutzung der arbeitsfreien Zeit (Zeitbudget der Bevölkerung) oder der Bestand langlebiger Konsumgüter bei der Bevölkerung.[116] Aus der Übersicht geht trotz dieser Einschränkungen hervor, welche wichtigen Ergebnisgrößen berücksichtigt werden müssen, wenn es um die Verbindung von Effektivitätssteigerung in der materiellen Produktion und Bedürfnisbefriedigung geht.

Für den Bezug auf die Einsparung gesellschaftlicher Arbeit in der materiellen Produktion wäre es notwendig, ergänzend zu den einzelnen makroökonomischen Bestimmungsgrößen der Bedürfnisbefriedigung pro Kopf der Bevölkerung diese auch zusammengefaßt darzustellen.

Werden vereinfacht nur die "laufende" Konsumtion im weiteren Sinne, die Arbeitszeit für nichtmaterielle Leistungen und die Grundfonds für nichtproduktive Zwecke zugrunde gelegt, dann würden nach diesen hypothetischen überschlägigen Einschätzungen[117] pro Kopf der Bevölkerung von 1971 bis 1975 zusätzliche Mittel für die Verbesserung der Bedürfnisbefriedigung bereitgestellt, die umgerechnet etwa der Freisetzung von 788 Arbeitsstunden aus der materiellen Produktion entsprechen (1961 bis 1965 etwa 464 Stunden, 1966 bis 1970 etwa 677 Stunden). Zur konkreten Analyse dieser Beziehungen wäre es notwendig, Ergebnisse von Untersuchungen gesellschaftlicher Aufwendungen nach Bedürfniskomplexen einzubeziehen.[118]

Interessant ist vor allem die Struktur dieser freigesetzten Arbeitsstunden je Einwohner, weil sie vom Prinzip her gewisse Hinweise ermöglicht, wie sich die Proportionen zwischen materiellen Gebrauchswerten für die laufende und langlebige Konsumtion sowie der zu ihrer Nutzung verfügbaren Zeit gestalteten. Diese Proportionen sind von Bedeutung, wenn es um maximale "disposable time" bei gegebenen Arbeitseinsparungen in der materiellen Produktion geht. Den überwiegenden Anteil an diesen zusätzlichen Mitteln nahm der Zuwachs aus laufender Konsumtion mit etwa 68 % ein. Wesentlich geringer war der Anteil zusätzlicher Grundmittel im nichtproduzierenden Bereich mit etwa 30 %. Am niedrigsten lag der Anteil des zusätzlichen Einsatzes von Arbeitszeitfonds im nichtproduzierenden Bereich (mit etwa 2, 5 %). Unter überschlägiger Berücksichtigung von Verkürzungen der Wochenarbeitszeit und Verlängerung des Urlaubs würden mehr als 8 % auf unmittelbare Freisetzung von Arbeitszeit für die bessere Befriedigung nichtproduktiver Bedürfnisse entfallen. Ihr Gewicht nimmt jedoch im laufenden Fünfjahrplan, insbesondere mit differenzierten Verkürzungen der Wochenarbeitszeit, differenziertem Zusatzurlaub und der vorgesehenen Erhöhung des Grundurlaubs zu.

Die Struktur, in der die Gesamtmittel für die Verbesserung der Bedürfnisbefriedigung pro Kopf der Bevölkerung verausgabt werden, zeigt mit an, in welchem Maße die unmittelbaren Lebensbedürfnisse der Werktätigen besser befriedigt und mehr zusätzliche Zeit für geistig-kulturelle Bedürfnisse, wie z. B. Bildung und Wissenschaft, verwendet werden kann. In den letzten zehn Jahren hat sich die Verwendung des Konsumtionszuwachses für unmittelbar persönlichkeitsfördernde Bedürfnisse und damit auch die potentielle Rückwirkung auf weitere Effektivitätssteigerung zweifellos verstärkt. Während je Einwohner vom Zuwachs der Konsumtion im weiteren Sinne von 1961 bis 1965 etwa 14 % auf den Zuwachs der Aufwendungen für Bildung, Wissenschaft und Technik entfielen, waren es 1965 bis 1970 etwa 20 % und von 1971 bis 1975 etwa 18 %.[119]

Aus den genannten Zusammenhängen zwischen Einsparung gesellschaftlicher Arbeit in der materiellen Produktion und gesellschaftlicher Bedürfnisbefriedigung ergeben sich wichtige Kriterien für die Gestaltung der Proportionen zwischen dem produzierenden und nichtproduzierenden Bereich im Zuge der Intensivierung. Die Beschäftigten des nichtproduzierenden Bereichs entwickelten sich verhältnismäßig kontinuierlich. Bei der relativ langsamen Zunahme der Beschäftigten im Analysezeitraum war der Beitrag der Produktivitätssteigerung zur absoluten Freisetzung von Arbeitskräften ein begrenzender Faktor (vgl. Tabelle 16).

Während der Anteil der Beschäftigten im nichtproduzierenden Bereich zunahm und 1975 knapp 20 % erreichte,[120] hielt die Abnahme des Anteils der Grundfonds im nichtproduzierenden Bereich weiter an. Auf eine Grundfondseinheit im produzierenden Bereich entfiel 1960 noch eine Einheit im nichtproduzierenden Bereich, 1975 nur noch etwa 3 5 (vgl. Anhang, Tabel-

Tabelle 16

Proportion der Entwicklung von Arbeitskräften und Grundfonds im produzierenden und nichtproduzierenden Bereich von 1960 bis 1975

Jahr	Anteil des nichtproduzierenden Bereichs in Prozent		Auf jeweils eine Einheit im produzierenden Bereich entfielen im nichtproduzierenden Bereich	
	Arbeitskräfte	Grundfonds	Arbeitskräfte	Grundfonds
1960	15,5	50,2	0,183	1,006
1965	16,5	44,6	0,197	0,805
1970	17,4	40,9	0,211	0,691
1975	19,0	36,4	0,235	0,573

Quelle: Berechnet nach dem Statistischen Jahrbuch der DDR 1976, Berlin 1976, S. 14/15.

le 13). Dieser Tendenz kann u.a. zugrunde liegen, daß die Arbeitskräfte mit wachsendem Grundfondsaufwand in der materiellen Produktion freigesetzt wurden, die Struktur sich zugunsten arbeitsintensiverer Bedürfniskomplexe, wie z.B. des Bildungswesens, veränderte und daß die seit 1970 relativ schneller wachsenden Investitionen im nichtproduzierenden Bereich teilweise Ersatzinvestitionen waren.

Die Abnahme des Anteils der Grundfonds im nichtproduzierenden Bereich war seit 1960 in allen RGW-Ländern vorherrschend. Eine gewisse Ausnahme bildete lediglich die ČSSR, in der von 1970 bis 1975 dieser Anteil fast gleich blieb[121] (vgl. Tabelle 17). Die Abnahme des Anteils der Grundfonds im nichtproduzierenden Bereich war in einigen RGW-Ländern auch mit einem langsameren Wachstum der Investitionen für den nichtproduzierenden Bereich verbunden. Dagegen wuchsen jedoch seit 1965 in der UVR, VRB und DDR die Investitionen für den nichtproduktiven Bereich schneller als die Gesamtinvestitionen. Die Besonderheiten der Grundfondsreproduktion im nichtproduktiven Bereich bedingen von vornherein, daß eine Wertung ihrer Entwicklung nur über einen relativ langen Zeitraum möglich ist.

Tabelle 17

Durchschnittliches Wachstum je Jahr der Grundfonds im produzierenden und nichtproduzierenden Bereich von 1960 bis 1975 nach RGW-Ländern (in Prozent)

Land	Wachstumstempo der Grundfonds		
	gesamt	im produzierenden Bereich	im nichtproduzierenden Bereich
VRB	8,15	9,95	5,35
ČSSR	4,45	4,9	3,85
DDR	3,9	5,55	2,3
VRP	4,55	6,15	2,7
SRR	7,9	10,25	4,75
UdSSR	8,0	8,95	6,55
UVR	4,95	5,85	3,55

Quelle: Berechnet nach: Statističeskij ežegodnik stran členov SĖV 1976, Moskva 1976, S. 46.

In dieser Richtung wirken neben Bewertungsproblemen z. B. der hohe Anteil von Grundfonds mit einer relativ hohen Lebensdauer (wie z. B. Wohnraumbestand,[122] Straßen, Brücken u. ä.), die Unterschiede in der Struktur dieser Grundfonds im Vergleich zum produzierenden Bereich, die u. a. durch relativ höheren Anteil von Bauten gekennzeichnet sind, die heterogene Zusammensetzung dieser Grundfonds, die z. B. bewirkt, daß eine globale Grundfondsausstattung der Arbeit für den gesamten nichtproduktiven Bereich ohne Aussage ist, der Einfluß des generell längeren Reproduktionszyklus der Grundfonds im nichtproduzierenden Bereich und der damit verbundenen Perioden ihres Ersatzes, die relativ höhere Zeitverzögerung des Wirksamwerdens der Investitionen dieses Bereichs u. a. m.

Weiterhin ist zu berücksichtigen, daß die langlebigen Konsumgüter der Bevölkerung, von ihrer ökonomischen Funktion ausgehend, ebenfalls zum materiellen Nationalreichtum in der nichtproduzierenden Sphäre gehören. Werden die Grundfonds des nichtproduzierenden Bereichs um die Bestände an langlebigen Konsumgütern ergänzt, die sich auf Grundlage der Berechnungen von Haustein[123] im Verlauf der letzten 20 Jahre um etwa 8 % im Jahresdurchschnitt erhöhten, dann vermindert sich zwar die Differenz zwischen dem Wachstum des materiellen Nationalreichtums im produzierenden und nichtproduzierenden Bereich, letztere wachsen aber auch dann noch langsamer.

Während sich in den letzten 20 Jahren die Grundfonds im nichtproduzierenden Bereich um 1,4 % erhöhten, stiegen die Bestände an langlebigen Konsumgütern im Jahresdurchschnitt um mehr als 8 %. Das bedeutet ein durchschnittliches Wachstum je Jahr der Fonds des materiellen Nationalreichtums im nichtproduzierenden Bereich von etwa 3,4 % bei einem Wachstum der Grundfonds im produzierenden Bereich um 4,35 %. Die Zweige des nichtproduzierenden Bereichs stellen auch weiterhin Anforderungen an die Inanspruchnahme von Investitionen zur Erhöhung ihrer Leistungsfähigkeit. Hieraus ergibt sich die Frage, ob bei einer höheren Reifestufe der Intensivierung auch die Grundfonds im nichtproduzierenden Bereich schneller wachsen müssen als die Grundfonds im produzierenden Bereich. Diese Frage kann hier nicht untersucht werden. Generell geht es darum, mehr Zeit und Produkte für den nichtproduzierenden Bereich freizusetzen, unabhängig davon, ob von vornherein der Anteil des nichtproduzierenden Bereichs an allen Ressourcen zunimmt. Von primärem Einfluß auf das Tempo der für den nichtproduzierenden Bereich freigesetzten Ressourcen sind Wege und Effektivität des wissenschaftlich-technischen Fortschritts im produzierenden Bereich.

Zur Effektivitätssteigerung aus der Gesamtsicht des sozialistischen Reproduktionsprozesses gehören auch die Entwicklung der arbeitsfreien Zeit und ihre rationellere Nutzung, so daß dem wachsenden Beitrag des gesellschaftlichen Produkts für die Entwicklung von Wissenschaft, Bildung, Kultur u. ä. auch die zu ihrer effektiven Nutzung erforderliche Zeit zur Verfügung steht.

Zeitbudgetuntersuchungen zeigten die Tendenz einer langsamen Abnahme des Anteils der Zeitaufwendungen für die Befriedigung materieller Bedürfnisse im Haushalt. So sank z. B. von 1965 bis 1970 die wöchentliche Hausarbeitszeit je befragter Haushalt von 47,5 Stunden auf etwa 47 Stunden, wobei etwa 37 Stunden auf die Ehefrau entfielen.[124] Entscheidend für die Möglichkeiten besserer Bedürfnisbefriedigung ist letztlich die Zeitverwendung je Person. Hierbei setzte sich von 1970 bis 1974 eine Abnahme der Zeitaufwendungen für die Befriedigung materieller Bedürfnisse (Ernährung, Kleidung, Wohnen, Körper- und Gesundheitspflege) von 0, 7 Stunden je erwachsene Person durch.

Die Abnahme der Zeitaufwendungen für materielle Bedürfnisse war mit ihrer Zunahme für die Befriedigung geistig-kultureller Bedürfnisse verbunden. Sie beruhte u. a. auf einem stärkeren Wirksamwerden des gesellschaftlichen Arbeitsprozesses für die Bedürfnisbefriedigung der Bevölkerung, so daß die Aufwendungen für die Befriedigung materieller Bedürfnisse in Familienhaushalten je erwachsener Person im Zeitraum von 1970 bis 1974 um 1 Stunde sanken.[125] Dabei ist jedoch zu berücksichtigen, daß die Befriedigung materieller Bedürfnisse mit etwa 70 % nach wie vor den größeren Teil des Zeitbudgets der Bevölkerung bindet. Die ökonomische Bedeutung der in der Hauswirtschaft gebundenen Zeit der Gesellschaft drückt sich mit darin aus, daß die jährliche Hausarbeitszeit einer Leistung von etwa 6 Millionen vollbeschäftigten Arbeitskräften entspricht. In der Hauswirtschaft werden u. a. über 2/3 der verbrauchten Nahrungsmittel be- und verarbeitet, über 90 % der anfallenden Schmutzwäsche gereinigt und in beträchtlichem Umfange Bekleidungsgegenstände hergestellt.

Die Analyse der Freizeitentwicklung von Frauen[126] zeigte, daß Arbeitszeitverlagerungen und -verkürzungen allein nicht ausreichen, um die Freizeit der berufstätigen Frau zu erhöhen. Große Reserven liegen in der Einschränkung der Hausarbeitszeit,[127] wie z. B. durch weitere Ausgliederung zeitaufwendiger hauswirtschaftlicher Tätigkeiten, Rationalisierung der verbleibenden Arbeitsgänge, gerechtere Verteilung der Hausarbeit, sowie in der Verkürzung der Wege- und Wartezeiten. Zweifellos sind bei der weiteren Ausgliederung hauswirtschaftlicher Tätigkeiten noch Reserven vorhanden. Diese zeigen sich z. B. daran, daß bei einem relativ hohen Ausstattungsgrad der Haushalte mit Waschmaschinen,[128] die anerkanntermaßen relativ hohe Zeiteinsparungen ermöglichen, der Zeitaufwand für Reinigung und Pflege von Wäsche und Bekleidung leicht angestiegen ist. Neben dem Auftreten neuartiger Konsumgüter und den wachsenden Ansprüchen der Bevölkerung an Komfort und Hygiene wirkt sich darauf auch aus, daß gegenwärtig nur etwa 6 % der in privaten Haushalten anfallenden Schmutzwäsche industriell gewaschen wird.[129] Neben Qualitäts- und Kapazitätsproblemen der industriellen Wäschereien,[130] Veränderungen in Gebrauchs- und Pflegeeigenschaften von Wäsche und Bekleidung spielen hier Einkommensentwicklung und Bedürfnisstrukturen eine große Rolle.

Ein generelles Problem bei der Beurteilung der Entwicklung der Hausarbeitszeit zeigt sich darin, daß bei einer Reihe von hauswirtschaftlichen Arbeiten, wie z.B. Heimwerkertätigkeit, Gartenarbeit, Anfertigung von Bekleidung u.a. der Zeitaufwand tendenziell steigt. So wenden z.B. 83 % aller Männer und 35 % aller Frauen einen Teil ihrer Freizeit für Reparatur- und Instandhaltungsarbeiten aller Art auf (ohne Arbeiten an Kraftfahrzeugen), wobei etwa 55 % aller Malerarbeiten und mehr als 40 % aller Tapezier- und Schlosserarbeiten von den Haushalten selbst ausgeführt werden.[131] Wie Befragungen zeigten, spielten als auslösendes Moment für eigene Ausführung solcher Arbeiten finanzielle Gründe und mangelnde Handwerkerkapazitäten eine gewisse Rolle. Zugleich werden von einem wachsenden Teil von Haushalten Hobby, Ausgleich zur Berufstätigkeit u.a. hervorgehoben.[132] Weiterhin ist zu beachten, daß hinter finanziellen Gründen für die Anschaffung bzw. Nichtbeschaffung bestimmter hauswirtschaftlicher Konsumgüter oft ihr zu geringer Beitrag zur Zeiteinsparung für die Gesellschaft steht.[133] Teilweise werden Arbeitserleichterung und praktischere Nutzung mit einem viel zu hohen gesellschaftlichen Arbeitsaufwand erkauft.[134]

Insgesamt wird bereits an diesen wenigen ausgewählten Beispielen deutlich, daß die Entwicklung des Zeitaufwandes für die Hausarbeit ein wichtiger Prozeß ist, dessen Faktoren nicht alle in gleicher Richtung wirken. Natürlich geht es letzten Endes um die Vermehrung der Zeit, die auch außerhalb der Arbeitszeit für die Befriedigung von solchen Bedürfnissen verausgabt wird, die unmittelbar zur weiteren Entfaltung der Persönlichkeit beitragen. Dabei muß jedoch beachtet werden, daß diese Bedürfnisse selbst in starkem Maße durch das Qualifikations- und Bildungsniveau und seine Abforderung im Arbeitsprozeß, die Herausbildung der sozialistischen Lebensweise[135] bestimmt werden. Damit sind zunächst noch Unterschiede hinsichtlich Niveau und Volumen dieser Bedürfnisse verbunden, die in starkem Maße auch durch die jeweiligen Arbeitsanforderungen bestimmt werden. Eine reale Einschätzung des Beitrages, den die weitere Verminderung der Hausarbeitszeit zur Schaffung von "disposable time" im Marxschen Sinne bringen kann, hängt deshalb von der Berücksichtigung der gesellschaftlichen, ökonomischen und sozialen Begrenzungen für die weitere Rationalisierung der Hausarbeit ab. Zu den hierbei zu beachtenden Faktoren gehören insbesondere:

- das Produktivitätsniveau der materiellen Produktion und ihre Anforderungen an die Inanspruchnahme von Ressourcen,
- die Effektivität, die beim Hervorbringen von Leistungen für die Bevölkerung durch den gesellschaftlichen Arbeitsprozeß oder durch hauswirtschaftliche Leistungen erreicht wird (beim jeweiligen Ausmaß der Mittel, die für die Verbesserung der Bedürfnisbefriedigung verfügbar sind),
- die Entwicklung der Arbeitsinhalte und die Herausbildung des sozialistischen Charakters der Arbeit,
- das Angebot an Waren und Leistungen unter dem Aspekt der Bedarfsgerechtheit, Qualität, zeitlichen Realisierung und der Preisgestaltung,
- die Einkommensstruktur der Bevölkerung in Verbindung mit der Verteilung nach der Leistung, der Entwicklung der Qualifikationsstruktur der Werktätigen,
- das Niveau des Lebensstandards und der Herausbildung der sozialistischen Lebensweise einschließlich der Entwicklung rationeller und vernünftiger Konsumgewohnheiten,
- die Formen der Arbeitsorganisation und Durchführung der Hausarbeiten, das Verhältnis zwischen anfallenden Arbeiten und ihrer tatsächlichen Realisierung.

Bei der Vermehrung der Zeit für die Befriedigung geistig-kultureller Bedürfnisse durch Verminderung der Hausarbeitszeit handelt es sich offensichtlich um einen sehr langfristigen Prozeß, der eng mit der Herausbildung der materiellen und subjektiven Voraussetzungen für die Entwicklung der Arbeit zum ersten Lebensbedürfnis verbunden ist. Das wird dadurch bestätigt, daß sich nach sowjetischen Untersuchungen über einen längeren Zeitraum bisher der Umfang der Hausarbeit und ihre Verteilung auf Frau und Mann nicht sehr stark verändert haben. So erhöhte sich z. B. die arbeitsfreie Zeit von 1923/24 bis 1967/68 bei den Männern um etwa 2 Stunden je Wochentag, bei den Frauen um etwa 4 Stunden. Demgegenüber wuchs jedoch die Freizeit langsamer als die Zunahme der arbeitsfreien Zeit. Sie nahm im genannten Zeitraum bei den Männern um 1,11 Stunden, bei den Frauen um 1,59 Stunden zu. Für dieses langsamere Wachsen waren vor allem von Bedeutung die Zunahme der arbeitsgebundenen Zeit, der Wegezeiten, der Zeiten für die Befriedigung natürlich-physiologischer Bedürfnisse. Die Hausarbeitszeit nahm in diesem relativ langen Zeitraum unbedeutend ab (um 0,15 Stunden je Mann, d.h. auf 1,41 Stunden, um 1,10 Stunden je Frau, d.h. auf 3,50 Stunden je Tag). Insgesamt erhöhte sich im Zeitraum von etwa 24 Jahren der Anteil der Freizeit am Zeitbudget von 18,6 % auf 22,3 % bei den Männern und von 10,1 % auf 13,8 % bei den Frauen. Für die Nutzung der gewonnenen Freizeit war dabei die Zunahme des Anteils charakteristisch, der für Erholung und Sport, kulturelle Selbstbetätigung und kulturelle Entspannung aufgewendet wurde.[136]

Wie bereits diese wenigen Beispiele zeigen, sind Umfang, Struktur und Wirkungsgrad der in der nichtproduktiven Sphäre eingesetzten gesellschaftlichen Arbeit mit ausschlaggebend dafür, daß die mit der Produktivitätssteigerung der gesellschaftlichen Arbeit erwirtschafteten Möglichkeiten besserer gesellschaftlicher Bedürfnisbefriedigung weitgehend realisiert werden. In Verbindung mit der Vervollkommnung der materiell-technischen Basis und der Entwicklung des sozialistisch-kommunistischen Charakters der Arbeit werden dadurch die Triebkräfte ständig steigender Produktivität der gesellschaftlichen Arbeit erweitert reproduziert. Durch die bessere gesellschaftliche Beherrschung dieser Wechselbeziehungen sind Produktivitäts- und Effektivitätsreserven zu erschließen. Ohne das Primat der Produktivität gesellschaftlicher Arbeit in Frage zu stellen, geht es deshalb darum, sie durch Untersuchungen ihrer Wirksamkeit auf die gesellschaftliche Bedürfnisbefriedigung zu ergänzen, d.h. den Kreislaufaspekt stärker auch bei der Effektivitätsbeurteilung zu berücksichtigen.

Insgesamt konnte nur auf einige ausgewählte Aspekte der Wechselbeziehungen zwischen Steigerung der Produktivität der gesellschaftlichen Arbeit und gesellschaftlicher Bedürfnisbefriedigung hingewiesen werden. Die bewußte Ausnutzung dieser Wechselbeziehungen kann volkswirtschaftliche Intensivierungsreserven erschließen helfen.

Eine umfassende Einschätzung des Verhältnisses von "disposable time" und in der materiellen Produktion gebundener gesellschaftlicher Arbeit würde tiefer gehende Untersuchungen erfordern. Es konnte in der vorliegenden Arbeit zunächst nur der Versuch gemacht werden, einen Rahmen für diese Untersuchungen aus makroökonomischer Sicht zu skizzieren. Bereits dabei zeigte sich aber, daß aus den Wechselbeziehungen von Effektivitätssteigerung, Bedürfnisbefriedigung und -struktur über die "disposable time" wichtige Fragen der Entfaltung spezifisch sozialistischer Triebkräfte abzuleiten sind.

3. Tabellenanhang

Tabelle 1

Anteil des Ersatzfonds an der Bruttoproduktion von 1965 bis 1975 nach Bereichen (in Prozent) - zu vergleichbaren Preisen -

Bereich	1965	1966	1967	1968	1969	1970	1971	1972	1973	1974	1975
Produzierender Bereich											
Anteil Ersatzfonds	58, 8	59, 2	59, 5	60, 0	60, 5	60, 7	60, 9	61, 9	61, 2	61, 6	61, 6
Zuwachs zum Vorjahr	.	0, 4	0, 3	0, 5	0, 5	0, 2	0, 2	0	0, 3	0, 2	0, 3
relatives Niveau	1	1	1	1	1	1	1	1	1	1	1
Anteil Abschreibung an BP[1]	.	.	.	4, 5	4, 2	4, 5	4, 6	4, 5	4, 6	4, 7	4, 7
Anteil Materialverbrauch an BP	.	.	.	55, 5	56, 3	56, 2	56, 3	56, 4	56, 6	56, 7	56, 9
Industrie											
Anteil Ersatzfonds	.	.	.	63, 1	63, 0	63, 1	63, 0	63, 1	63, 1	63, 1	63, 1
Zuwachs zum Vorjahr	.	.	.	.	0, 1	0, 1	-0, 1	0, 1	0	0	0
relatives Niveau	.	.	.	1, 05	1, 04	1, 04	1, 03	1, 04	1, 03	1, 03	1, 03
Anteil Abschreibung an BP	.	.	.	3, 7	3, 8	4, 0	4, 0	4, 2	4, 3	4, 3	4, 3
Anteil Materialverbrauch an BP	.	.	.	59, 4	59, 2	59, 1	58, 9	58, 9	58, 9	58, 7	58, 7
Bauwirtschaft											
Anteil Ersatzfonds	.	.	.	59, 0	62, 9	61, 9	62, 3	62, 7	63, 2	63, 6	64, 1
Zuwachs zum Vorjahr	.	.	.	.	3, 9	-1, 0	0, 4	0, 4	0, 5	0, 4	0, 8
relatives Niveau	.	.	.	0, 98	1, 04	1, 02	1, 02	1, 03	1, 03	1, 04	1, 04
Anteil Abschreibung an BP	.	.	.	2, 3	2, 3	2, 5	2, 9	2, 8	2, 8	2, 7	2, 9
Anteil Materialverbrauch an BP	.	.	.	56, 7	60, 6	59, 5	59, 4	60, 2	60, 5	60, 8	61, 2

Fortsetzung Tabelle 1

Bereich	1965	1966	1967	1968	1969	1970	1971	1972	1973	1974	1975
Land- und Forstwirtschaft											
Anteil Ersatzfonds	.	.	.	43,7	48,6	50,9	53,7	54,6	58,6	60,5	62,5
Zuwachs zum Vorjahr	.	.	.	.	4,9	2,3	2,8	0,9	4,0	1,9	3,3
relatives Niveau	.	.	.	0,73	0,80	0,84	0,88	0,90	0,96	0,99	1,01
Anteil Abschreibung an BP	.	.	.	5,3	5,6	5,1	5,4	5,3	5,3	5,2	5,4
Anteil Materialverbrauch an BP	.	.	.	38,5	42,9	45,7	48,3	49,0	53,3	55,3	57,1
Verkehr, Post- und Fernmeldewesen											
Anteil Ersatzfonds	.	.	.	55,9	57,5	59,7	58,4	58,5	58,8	58,9	59,5
Zuwachs zum Vorjahr	.	.	.	.	1,6	2,2	-1,3	0,1	0,3	0,1	1,0
relatives Niveau	.	.	.	0,93	0,95	0,98	0,96	0,96	0,96	0,96	0,97
Anteil Abschreibung an BP	.	.	.	11,8	12,0	12,1	12,0	11,9	12,0	12,0	12,4
Anteil Materialverbrauch an BP	.	.	.	44,1	45,5	47,6	46,4	46,6	46,7	46,9	47,0
Binnenhandel											
Anteil Ersatzfonds	.	.	.	34,1	34,7	33,5	33,0	32,0	31,4	31,5	31,1
Zuwachs zum Vorjahr	.	.	.	.	0,6	-1,2	-0,5	-1,0	-0,6	0,1	-1,3
relatives Niveau	.	.	.	0,57	0,57	0,55	0,54	0,53	0,51	0,51	0,50
Anteil Abschreibung an BP	.	.	.	4,1	4,0	4,2	4,2	4,3	4,0	3,9	3,9
Anteil Materialverbrauch an BP	.	.	.	30,0	30,7	29,3	28,8	27,7	27,4	27,5	27,1

1 BP - Bruttoproduktion.

Quellen: Berechnet nach dem Statistischen Jahrbuch der DDR 1969, Berlin 1969, S. 41; ebenda 1970, 1971, 1972, 1974, jeweils S. 41; ebenda 1975, S. 13, S. 37; ebenda 1976, S. 37.

Tabelle 2

Entwicklungsrelation von Nettoproduktivität und durchschnittlichem Arbeitsein

Bereich	1961	1962	1963	1964	1965	1966
Produktiver Bereich						
Zuwachs zum Vorjahr in %						
- der Nettoproduktivität	4, 0	3, 6	3, 8	4, 1	4, 3	4, 6
- des Arbeitseinkommens	4, 1	1, 4	1, 5	3, 0	3, 9	2, 0
Wachstumsrelation	1, 03	0, 39	0, 39	0, 73	0, 91	0, 43
Industrie						
Zuwachs zum Vorjahr in %						
- der Nettoproduktivität	6, 5	4, 5	4, 1	4, 4	4, 2	4, 5
- des Arbeitseinkommens	3, 7	1, 9	1, 7	3, 3	3, 6	2, 0
Wachstumsrelation	0, 57	0, 42	0, 41	0, 75	0, 86	0, 44
Binnenhandel						
Zuwachs zum Vorjahr in %						
- der Nettoproduktivität	2, 2	1, 9	1, 7	5, 6	5, 9	5, 2
- des Arbeitseinkommens	3, 3	0	1, 4	2, 0	3, 9	1, 5
Wachstumsrelation	1, 5	.	0, 82	0, 36	0, 66	0, 29

Quellen: Berechnet nach dem Statistischen Jahrbuch der DDR 1975, Berlin 1975, S. 36, S. 44, S. 70; ebenda 1976, S. 13, S. 70.

kommen nach ausgewählten Bereichen von 1960 bis 1975

1967	1968	1969	1970	1971	1972	1973	1974	1975
4, 7	5, 1	5, 0	5, 6	4, 3	5, 7	5, 6	6, 2	4, 5
2, 5	4, 6	4, 3	4, 4	3, 9	3, 3	3, 1	3, 7	3, 5
0, 53	0, 90	0, 86	0, 79	0, 91	0, 58	0, 55	0, 60	0, 78
5, 0	5, 5	5, 5	5, 8	4, 6	4, 4	5, 1	6, 2	5, 7
1, 6	4, 4	3, 7	4, 6	3, 6	3, 4	2, 6	2, 9	3, 5
0, 32	0, 80	0, 67	0, 79	0, 78	0, 77	0, 51	0, 47	0, 61
4, 2	0, 8	15, 5	3, 8	8, 7	6, 3	7, 0	6, 9	4, 8
5, 5	5, 6	5, 9	4, 0	2, 5	3, 5	5, 1	3, 0	4, 0
1, 31	7, 0	0, 38	1, 05	0, 29	0, 56	0, 73	0, 43	0, 83

Tabelle 3

Relatives und absolutes Wachstum wichtiger volkswirtschaftlicher Kennziffern

1. Jährliche Wachstumsraten wichtiger volkswirtschaftlicher Kennziffern von 1960 bis 1975 (jeweils in Prozent zum Vorjahr)

Jahr	Gesamt-produkt	produziertes Nationaleinkommen	verwendetes Nationaleinkommen	Konsumtion im weiteren Sinne	Investitionen im produzierenden Bereich	Nettoproduktivität	Grundfondsquote
1961	3, 1	1, 6	1, 1	3, 7	3, 2	4, 0	-3, 9
1962	4, 6	2, 7	3, 2	-0, 6	2, 9	3, 6	-3, 4
1963	4, 3	3, 5	-1, 4	1, 0	3, 0	3, 8	-2, 7
1964	7, 2	4, 9	5, 9	3, 8	11, 0	4, 1	-1, 1
1965	5, 9	4, 6	5, 6	4, 6	13, 5	4, 3	-1, 1
1966	5, 9	4, 9	6, 2	4, 8	7, 0	4, 6	-0, 5
1967	6, 2	5, 4	4, 7	5, 2	9, 3	4, 7	1, 0
1968	6, 6	5, 1	2, 5	5, 8	8, 2	5, 1	0, 4
1969	6, 5	5, 2	8, 7	6, 3	15, 2	5, 0	0, 9
1970	6, 2	5, 6	7, 3	4, 1	9, 1	5, 6	-0, 1
1971	5, 0	4, 5	3, 0	4, 5	0, 1	4, 3	-1, 4
1972	5, 8	5, 7	5, 4	6, 2	3, 7	5, 7	0, 3
1973	6, 3	5, 6	6, 7	6, 5	8, 3	5, 6	-0, 2
1974	6, 8	6, 3	5, 8	6, 4	2, 7	6, 2	0, 5
1975	5, 7	4, 9	2, 9	3, 8	2, 7	4, 5	-1, 0

Fortsetzung Tabelle 3

2. Absoluter jährlicher Zuwachs wichtiger volkswirtschaftlicher Kennziffern von 1960 bis 1975

Jahr	Gesamtprodukt in Millionen Mark	produziertes Nationaleinkommen in Millionen Mark	Konsumtion im weiteren Sinne in Millionen Mark	Investitionen im produzierenden Bereich in Millionen Mark	Nettoproduktivität in Mark	Grundfondsquote in Mark
1961	4 952	1 167	2, 4	410	418	-17, 3
1962	7 653	1 920	-0, 4	383	392	-14, 4
1963	7 500	2 560	0, 7	398	430	-11, 0
1964	12 967	3 795	2, 6	1 520	480	-4, 4
1965	11 322	3 688	3, 0	2 069	522	-4, 5
1966	12 017	4 119	3, 5	1 219	585	-1, 9
1967	13 367	4 749	4, 0	1 537	630	3, 9
1968	15 091	4 787	4, 7	1 652	704	1, 4
1969	15 856	5 117	5, 4	3 321	735	3, 7
1970	16 054	5 773	3, 7	2 285	859	-0, 3
1971	13 913	4 842	4, 3	31	703	-5, 7
1972	16 965	6 528	6, 1	1 009	957	1, 0
1973	19 519	6 750	6, 8	2 352	1 008	-0, 8
1974	22 228	8 016	7, 2	826	1 173	2, 1
1975	19 799	6 656	4, 5	875	899	-4, 1

Quellen: Berechnet nach dem Statistischen Jahrbuch der DDR 1975, Berlin 1975, S. 13/14; ebenda 1976, S. 13, S. 36-38, S. 41, S. 44; Heinz-Dieter Haustein, Messung der volkswirtschaftlichen Intensivierung. Zur Methodologie, Berlin 1976, S. 60 (Forschungsberichte des Zentralinstituts für Wirtschaftswissenschaften der Akademie der Wissenschaften der DDR, Nr. 17).

Tabelle 4

Entwicklung der Nettoproduktivität (Nettoprodukt je Beschäftigten im

Bereich	1960	1961	1962	1963	1964	1965
Produzierender Bereich						
absolut in Mark	10 469	10 887	11 279	11 709	12 189	12 711
Zuwachs zum Vorjahr in Mark	.	418	392	430	480	522
in %	.	4,0	3,6	3,8	4,1	4,3
relativ eingespart: AK[1] in 1000 Personen	.	265	237	250	271	184
Δ NP[2] durch Δ AP[3] in %	.	237,6	134,2	110,0	83,5	93,7
Industrie						
absolut in Mark	12 971	13 817	14 445	15 034	15 695	16 348
Zuwachs zum Vorjahr in Mark	.	846	628	589	661	653
in %	.	6,5	4,5	4,1	4,4	4,2
relativ eingespart: AK in 1000 Personen	.	207	143	128	139	132
Δ NP durch Δ AP in %	.	104,4	111,2	109,6	85,1	95,1
Bauwirtschaft						
absolut in Mark	11 142	11 632	12 262	11 809	13 062	13 809
Zuwachs zum Vorjahr in Mark	.	490	630	-453	1 253	747
in %	.	4,4	5,4	-3,7	10,6	5,7
relativ eingespart: AK in 1000 Personen	.	20	25	x	49	27
Δ NP durch Δ AP in %		189,7	104,4	x	83,6	75,9
Land- und Forstwirtschaft						
absolut in Mark	8 965	8 054	8 127	9 085	9 628	10 460
Zuwachs in 5 Jahren[4]						1 495
Jahresdurchschnitt in %[4]						3,1
relativ eingesparte AK im Durchschnitt 1 Jahres in 1000 Personen[4]						39
Δ NP durch Δ AP in %[4]						Mehrfaches von 100

produzierenden Bereich) nach Bereichen von 1960 bis 1975

1966	1967	1968	1969	1970	1971	1972	1973	1974	1975
13 296	13 926	14 630	15 365	16 224	16 927	17 884	18 892	20 066	20 965
585	630	704	735	859	703	957	1 008	1 173	899
4, 6	4, 7	5, 1	5, 0	5, 6	4, 3	5, 7	5, 6	6, 2	4, 5
306	317	338	337	335	291	380	378	417	303
94, 3	88, 6	98, 3	96, 2	99, 7	97, 4	98, 4	100, 3	98, 4	91, 3
17 085	17 931	18 922	19 955	21 105	22 075	23 055	24 240	25 737	27 209
737	846	991	1 033	1 150	970	980	1 185	1 497	1 472
4, 5	5, 0	5, 5	5, 5	5, 8	4, 6	4, 4	5, 1	6, 2	5, 7
144	159	178	177	188	151	147	171	206	192
90, 7	89, 5	92, 2	87, 8	94, 1	88, 2	86, 3	85, 6	93, 3	93, 5
14 783	15 483	16 055	16 612	17 137	17 516	18 348	18 928	19 569	20 393
974	700	572	557	525	379	832	580	641	824
7, 1	4, 7	3, 7	3, 5	3, 2	2, 2	4, 7	3, 2	3, 4	4, 2
33	23	19	18	17	12	26	18	19	24
108, 1	65, 9	36, 0	44, 9	56, 7	47, 6	132, 2	68, 9	72, 9	83, 7
11 132	12 097	12 371	11 955	12 785	12 524	14 653	14 883	15 864	16 026
				2 325					3 241
				4, 1					4, 6
				57					58
				218					200, 6

Fortsetzung Tabelle 4

Bereich	1960	1961	1962	1963	1964	1965
Verkehr, Post- und Fernmeldewesen						
absolut in Mark	7 333	7 710	7 404	7 741	8 494	8 709
Zuwachs zum Vorjahr in Mark	.	377	-306	337	753	220
in %	.	5, 1	-4, 0	4, 6	9, 7	2, 6
relativ eingespart: AK in 1000 Personen	.	29	x	26	54	14
Δ NP durch Δ AP in %	.	80, 2	x	96, 4	109, 3	333, 3
Binnenhandel						
absolut in Mark	10 696	10 927	11 132	11 317	11 956	12 664
Zuwachs zum Vorjahr in Mark	.	231	205	185	639	708
in %	.	2, 2	1, 9	1, 7	5, 6	5, 9
relativ eingespart: AK in 1000 Personen	.	19	16	14	49	51
Δ NP durch Δ AP in %	.	180, 5	190, 4	355, 6	90, 8	103, 0

1 AK - Arbeitskräfte.
2 NP - Nettoproduktion.
3 AP - Arbeitsproduktivität.
4 Angaben für die Jahre 1961 bis 1964, 1966 bis 1969 und 1971 bis 1974 aus sachlichen Gründen nicht möglich.

Quellen: Berechnet nach dem Statistischen Jahrbuch der DDR 1975, Berlin 1975, S. 13, S. 36, S. 44; ebenda 1976, S. 13, S. 36, S. 44.

1966	1967	1968	1969	1970	1971	1972	1973	1974	1975
9 109	9 393	9 968	10 024	10 861	11 471	11 685	12 051	12 383	12 993
395	284	575	56	837	610	214	366	332	610
4,5	3,1	6,1	0,6	8,3	5,6	1,9	3,1	2,8	4,9
25	17	33	3	45	31	10	17	15	27
125,9	132,2	112,5	22,6	101,6	87,0	108,3	92,6	92,1	91,5
13 317	13 879	13 993	16 159	16 777	18 241	19 391	20 746	22 191	23 248
653	562	114	2 166	618	1 464	1 150	1 355	1 445	1 057
5,2	4,2	0,8	15,5	3,8	8,7	6,3	7,0	6,9	4,8
45	37	7	131	32	72	52	58	58	40
99,0	92,4	17,5	171,1	95,8	136,9	96,9	97,6	103,6	95,9

Tabelle 5

Wachstumsrelation von Brutto- und Nettoproduktivität nach Bereichen von 196(

Jahr	Produzierender Bereich Zuwachs in % zum Vorjahr		Wachstumsrelation	Industrie Zuwachs in % zum Vorjahr		Wachstumsrelation	Bauwirtschaft Zuwachs in % zum Vorjahr	
	Bruttoproduktivität 1	Nettoproduktivität 2	(1):(2)	Bruttoproduktivität 1	Nettoproduktivität 2	(1):(2)	Bruttoproduktivität 1	Nettoproduktivität 2
1961	5,5	4,0	1,38	.	.	.	.	.
1962	5,6	3,6	1,56	.	.	.	.	.
1963	4,7	3,8	1,24	.	.	.	.	.
1964	6,3	4,1	1,54	.	.	.	.	.
1965	5,6	4,3	1,30	.	.	.	.	.
1966	5,6	4,6	1,22	.	.	.	.	.
1967	5,5	4,7	1,17	.	.	.	.	.
1968	6,5	5,1	1,27	.	.	.	.	.
1969	6,3	5,0	1,26	5,5	5,5	1,0	.	.
1970	6,1	5,6	1,09	5,2	5,8	0,90	.	.
1971	4,9	4,3	1,14	4,7	4,6	1,02	5,1	2,2
1972	5,7	5,7	1,0	4,8	4,4	1,09	5,2	4,7
1973	6,4	5,6	1,14	5,2	5,1	1,02	4,5	3,2
1974	6,7	6,2	1,08	6,1	6,2	0,98	5,7	4,7
1975	5,2	4,5	1,15	5,6	5,7	0,98	5,5	4,2

Quellen: Berechnet nach dem Statistischen Jahrbuch der DDR 1969, Berlin 196 S. 41; ebenda 1970, 1971, 1972, 1974, jeweils S. 41; ebenda 1975, S. 13, S. 3 ebenda 1976, S. 13, S. 37, S. 44.

bis 1975

Wachstumsrelation	Verkehr, Post- und Fernmeldewesen Zuwachs in % zum Vorjahr		Wachstumsrelation	Binnenhandel Zuwachs in % zum Vorjahr		Wachstumsrelation
	Bruttoproduktivität	Nettoproduktivität		Bruttoproduktivität	Nettoproduktivität	
(1):(2)	1	2	(1):(2)	1	2	(1):(2)
.	.	.	.	.	.	.
.	.	.	.	.	.	.
.	.	.	.	.	.	.
.	.	.	.	.	.	.
.	.	.	.	.	.	.
.	.	.	.	.	.	.
.	.	.	.	.	.	.
.	.	.	.	.	.	.
.	4,3	0,6	7,17	9,9	15,5	0,64
.	12,2	8,3	1,47	3,7	3,8	0,97
2,32	4,6	5,6	0,82	6,9	8,7	0,79
1,11	3,0	1,9	1,58	6,3	6,3	1,0
1,41	3,7	3,1	1,19	6,1	7,0	0,87
1,21	4,1	3,6	1,14	7,0	6,9	1,01
1,31	5,5	4,9	1,12	4,4	3,6	1,22

Tabelle 6

Entwicklung der Grundfondsquote (Bezugsbasis : Nettoproduktion) nach Bereic

Bereich	1960	1961	1962	1963	1964	1965	1966
Produktiver Bereich							
Grundfondsquote absolut in Mark je 1000 Mark Grundfonds	438,7	421,4	407,0	396,0	391,6	387,1	385,
Zuwachs zum Vorjahr in Mark	.	-17,3	-14,4	-11,0	-4,4	-4,5	-1,
in %	.	-3,9	-3,4	-2,7	-1,1	-1,1	-0,
Relative Einsparung bzw. Mehraufwand an Grundfonds (-) in Millionen Mark	.	-2 964	-2 623	-2 130	-904	-979	-436
Industrie							
Grundfondsquote absolut in Mark je 1000 Mark Grundfonds	428,4	429,6	421,8	413,2	400,7	392,2	390,
Zuwachs zum Vorjahr in Mark	.	1,2	-7,8	-8,6	-12,5	-8,5	-1,
in %	.	0,3	-1,8	-2,0	-3,0	-2,1	-0,
Relative Einsparung bzw. Mehraufwand an Grundfonds (-) in Millionen Mark	.	122	-843	-984	-1 552	-1 125	-265
Bauwirtschaft							
Grundfondsquote absolut in Mark je 1000 Mark Grundfonds	1 831,6	1 669,3	1 518,9	1 316,4	1 381,5	1 414,6	1 407,
Zuwachs zum Vorjahr in Mark	.	-162,3	-150,4	-202,5	65,1	33,1	-7,
in %	.	-8,9	-9,0	-13,3	4,9	2,4	-0,
Relative Einsparung bzw. Mehraufwand an Grundfonds (-) in Millionen Mark	.	-511	-549	-815	282	151	-35

1967	1968	1969	1970	1971	1972	1973	1974	1975
389,1	390,5	394,2	393,9	388,2	389,2	388,4	390,5	386,4
3,9	1,4	3,7	-0,3	-5,7	1,0	-0,8	2,1	-4,1
1,0	0,4	0,9	-0,1	-1,4	0,3	-0,2	0,5	-1,0
932	351	966	-83	-1 667	309	-261	726	-1 503
395,4	398,6	404,4	404,7	401,3	398,5	397,6	396,8	394,8
5,1	3,2	5,8	0,3	-3,4	-2,8	-0,9	-0,8	-2,0
1,3	0,8	1,5	0,1	-0,8	-0,7	-0,2	-0,2	-0,5
742	490	930	51	-614	-535	-183	-173	-462
1 403,8	1 391,0	1 320,0	1 255,1	1 214,7	1 174,5	1 150,1	1 130,6	1 111,8
-3,6	-12,8	-71,0	-64,9	-40,4	-40,2	-24,4	-19,5	-18,8
-0,3	-0,9	-5,1	-4,9	-3,2	-3,3	-2,1	-1,7	-1,7
-19	-75	-476	-483	-326	-347	-225	-192	-197

Fortsetzung Tabelle 6

Bereich	1960	1961	1962	1963	1964	1965	196(
Land- und Forstwirtschaft							
Grundfondsquote absolut in Mark je 1000 Mark Grundfonds	585,3	456,2	414,0	416,0	421,9	427,7	420,
Zuwachs zum Vorjahr in Mark	.	-129,1	-42,2	2,0	5,9	5,8	-7,
in %	.	-22,1	-9,3	0,5	1,4	1,4	-1,
Relative Einsparung bzw. Mehraufwand an Grundfonds (-) in Millionen Mark	.	-2 875	-1 030	53	160	165	-221
Verkehr, Post- und Fernmeldewesen							
Grundfondsquote absolut in Mark je 1000 Mark Grundfonds	121,7	125,1	115,9	114,9	121,8	118,6	118,
Zuwachs zum Vorjahr in Mark	.	3,4	-9,2	-1,0	6,9	-3,2	0,
in %	.	2,8	-7,4	-0,9	6,0	-2,6	0,
Relative Einsparung bzw. Mehraufwand an Grundfonds (-) in Millionen Mark	.	117	-329	-38	267	-128	12
Binnenhandel							
Grundfondsquote absolut in Mark je 1000 Mark Grundfonds	1 090,0	1 062,3	1 014,5	973,8	990,7	975,7	950
Zuwachs zum Vorjahr in Mark	.	-27,7	-47,8	-40,7	16,9	-15,0	-25
in %	.	-2,5	-4,5	-4,0	1,7	-1,5	-2
Relative Einsparung bzw. Mehraufwand an Grundfonds (-) in Millionen Mark	.	-251	-458	-408	177	-169	-312

Quellen: Berechnet nach dem Statistischen Jahrbuch der DDR 1975, Berlin 19
S. 36, S. 44; ebenda 1976, S. 36, S. 44.

1967	1968	1969	1970	1971	1972	1973	1974	1975
420, 4	388, 4	349, 5	351, 7	317, 4	340, 9	321, 6	331, 9	307, 4
0	-32, 0	-38, 9	2, 2	-34, 3	23, 5	-19, 3	10, 3	-24, 5
0	-7, 6	-10, 0	0, 6	-9, 8	7, 4	-5, 7	3, 2	-7, 4
0	-1 106	-1 390	83	-1 358	976	-846	470	-1 170
118, 8	122, 5	123, 7	129, 4	131, 9	129, 7	129, 1	128, 5	128, 9
-0, 1	3, 7	1, 2	5, 7	2, 5	-2, 2	-0, 6	-0, 6	0, 4
-0, 1	3, 1	1, 0	4, 6	1, 9	-1, 7	-0, 5	-0, 5	0, 3
-4	160	53	260	119	-108	-31	-32	
942, 2	993, 7	1 030, 9	1 009, 2	1 004, 6	1 008, 6	1 020, 6	1 046, 2	1 048, 9
-7, 8	51, 5	37, 2	-21, 7	-4, 6	4, 0	12, 0	25, 6	2, 7
-0, 8	5, 5	3, 7	-2, 1	-0, 5	0, 4	1, 2	2, 5	0, 3
-100	655	495	-307	-69	64	203	454	50

Tabelle 7

Entwicklung des Grenzwertes des Freisetzungsaufwandes und des tatsächlichen Freisetzungsaufwandes im produzierenden Bereich von 1961 bis 1975 (in 1000 Mark)

Jahr	Grenzwert des Freisetzungsaufwandes[1]	Hauptbestandteile des Grenzwertes, insbesondere[2]		tatsächlicher Freisetzungsaufwand[3]
		Grundfondsausstattung	für die Konsumtion zu produzierendes Nettoprodukt je Beschäftigten	
1961	35,1	24,9	9,5	46,5
1962	66,0	26,8	9,9	52,4
1963	65,2	28,6	10,3	52,3
1964	62,8	30,7	10,7	45,4
1965	65,2	32,5	11,1	55,3
1966	70,9	34,5	11,9	57,3
1967	77,4	36,4	12,5	59,1
1968	75,9	37,9	13,1	63,8
1969	86,8	39,7	13,7	71,0
1970	86,9	41,4	14,1	73,6
1971	99,4	43,6	14,8	90,2
1972	93,2	46,3	15,7	75,3
1973	100,1	48,8	16,7	83,9
1974	97,1	51,5	17,5	76,8
1975	107,3	54,5	18,8	93,1

1 Der Grenzwert des Freisetzungsaufwandes wurde ermittelt als:

$$\frac{Bfr \frac{GFa_o}{AG} + Bfr = \frac{K_o}{B_o} + rA \text{ bzw. } - rE}{Bfr} .$$

Dabei bedeuten:

Bfr - durch Produktivitätssteigerung relativ eingesparte Zahl von Arbeitskräften,

GFa - Grundfondsausstattung,

AG - Aktivierungsgrad der Investitionen,

B - Zahl der Arbeitskräfte,

K - Nettoprodukt abzüglich der Nettoinvestitionen des jeweiligen Bereichs,

rA - relative Mehraufwendungen,

rE - relative Einsparungen.

Fortsetzung Tabelle 7

Zur Erläuterung vgl. Anneliese Braun, Arbeitsproduktivität und Effektivität. Zur volkswirtschaftlichen Effektivität der Substitution lebendiger Arbeit durch Fonds, Berlin 1976, S. 150 (Akademie der Wissenschaften der DDR, Schriften des Zentralinstituts für Wirtschaftswissenschaften, Nr. 15).

2 Die Summe von Grundfondsausstattung und für die Verwendung als Konsumtion bestimmtem Nettoprodukt je Beschäftigten der Basisperiode im produzierenden Bereich bildet zwar den Hauptteil des Grenzwertes des Freisetzungsaufwandes und bestimmt langfristig seine Entwicklung. Sie würde aber nur dann mit ihm völlig übereinstimmen, wenn die Grundfondsquote sich stets gleichbleibend verändert und keine unvollendeten Investitionen auftreten. Der Unterschied zwischen dem Grenzwert des Freisetzungsaufwandes und der Summe der Grundfondsausstattung und für die Konsumtion produziertem Nettoprodukt je Beschäftigten ergibt sich aus Unterschieden in der Veränderung der Grundfondsquote von Jahr zu Jahr und der Entwicklung des Aktivierungsgrades der Investitionen.

3 Da es sich hierbei um den volkswirtschaftlichen Freisetzungsaufwand handelt, wurden die Investitionen des produzierenden Bereichs als Aufwendungen zugrunde gelegt. Freisetzungsaufwand wird ermittelt als Verhältnis der Investitionen, die für intensive Erweiterung verausgabt wurden, dividiert durch infolge Steigerung der Arbeitsproduktivität relativ eingesparte Arbeitskräfte. Letztere wurden ermittelt aus: Zuwachs der Nettoproduktivität multipliziert mit den Beschäftigten_1, dividiert durch $\text{Nettoproduktivität}_0$. Investitionen für die intensive Erweiterung werden ermittelt als Verhältnis der Investitionen des produzierenden Bereichs minus Investitionen für die Beschäftigung zusätzlicher Arbeitskräfte (= Zuwachs der Beschäftigten, multipliziert mit der Grundfondsausstattung, dividiert durch Aktivierungsgrad der Investitionen).

Quellen: Berechnet nach dem Statistischen Jahrbuch der DDR 1968, Berlin 1968, S. 42; ebenda 1969, 1970, 1971, 1972 jeweils S. 41; ebenda 1974, S. 17, S. 41, S. 45, S. 48; ebenda 1976, S. 13, S. 15, S. 37, S. 41, S. 44, S. 70.

Tabelle 8

Entwicklung der Verwendungsproportionen des Nationaleinkommens von 1960 bis 1975

1. Raten (Anteil am Nationaleinkommen in Prozent)

Jahr	Akkumulations-rate	Rate der produktiven Akkumulation	Rate der Konsumtion[1] im weiteren Sinne	Anteil der Akkumulation in dem nichtproduzierenden Bereich an der Gesamtakkumulation
1960	18, 1	12, 2	87, 8	32, 6
1961	16, 1	10, 0	90, 0	37, 9
1962	19, 0	13, 2	86, 8	30, 5
1963	17, 2	11, 0	89, 0	36, 0
1964	18, 9	12, 8	87, 2	32, 3
1965	19, 9	13, 9	86, 1	30, 2
1966	21, 1	15, 0	85, 0	28, 9
1967	21, 4	14, 6	85, 4	31, 8
1968	19, 7	11, 9	88, 1	39, 6
1969	21, 9	13, 7	86, 3	37, 4
1970	24, 0	16, 3	63, 7	32, 1
1971	22, 8	15, 1	84, 9	33, 8
1972	22, 1	14, 2	85, 8	35, 7
1973	22, 7	14, 7	85, 3	35, 2
1974	22, 6	14, 0	86, 0	38, 6
1975	21, 9	12, 9	87, 1	41, 1

1 Die Konsumtion im weiteren Sinne enthält die individuelle und gesellschaftliche Konsumtion sowie die Akkumulation in den nichtproduzierenden Bereichen.

Fortsetzung Tabelle 8

2. Wachstumstempi (jeweils in Prozent zum Vorjahr)

Jahr	Akkumulation	produktive Akkumulation	Konsumtion im weiteren Sinne	Akkumulation im nichtproduzierenden Bereich
1961	-10,4	-11,0	3,7	4,5
1962	22,5	18,0	-0,6	-2,2
1963	-10,9	-9,5	1,0	4,4
1964	16,0	9,9	3,8	4,3
1965	11,2	5,3	4,3	4,1
1966	13,0	6,0	4,8	7,8
1967	5,8	1,4	5,2	16,4
1968	-5,4	-7,9	5,8	18,8
1969	20,9	11,2	6,3	13,2
1970	17,3	9,6	4,1	1,2
1971	-2,2	-5,0	4,5	3,4
1972	1,9	-3,1	6,2	7,8
1973	10,0	2,7	6,5	9,3
1974	6,4	0,4	6,4	15,1
1975	-1,6	-3,9	3,8	4,9

Quellen: Berechnet nach dem Statistischen Jahrbuch der DDR 1975, Berlin 1975, S. 38; ebenda 1976, S. 38; vgl. Heinz-Dieter Haustein, Messung der volkswirtschaftlichen Intensivierung. Zur Methodologie, Berlin 1976, S. 60 (Forschungsberichte des Zentralinstituts für Wirtschaftswissenschaften der Akademie der Wissenschaften der DDR, Nr. 17).

Tabelle 9

Wachstumsrelationen des Nationaleinkommens je Einwohner und je Beschäftigten im produzierenden Bereich von 1960 bis 1975

Jahr	Nationaleinkommen Zuwachs in Mark	Nationaleinkommen Zuwachs in % zum Vorjahr	je Einwohner durch Bevölkerungsbewegung bereinigter Zuwachs[1] in % zum Vorjahr	Nettoproduktivität in Mark	Nettoproduktivität in % zum Vorjahr	Wachstumsrelation[2]	von einem produktiv Beschäftigten wurden .... Einwohner versorgt
1960	4 121	.	.	10 469	.	.	2, 54
1961	4 217	2, 3	3, 3	10 887	4, 0	1, 21	2, 58
1962	4 335	2, 8	4, 3	11 279	3, 6	0, 84	2, 60
1963	4 471	3, 1	4, 3	11 709	3, 8	0, 88	2, 62
1964	4 739	6, 0	5, 9	12 189	4, 1	0, 69	2, 57
1965	4 946	4, 4	4, 9	12 711	4, 3	0, 88	2, 57
1966	5 176	4, 7	5, 2	13 296	4, 6	0, 88	2, 57
1967	5 447	5, 2	5, 6	13 926	4, 7	0, 84	2, 56
1968	5 726	5, 1	5, 1	14 630	5, 1	1, 0	2, 55
1969	6 029	5, 3	5, 2	15 365	5, 0	0, 96	2, 55
1970	6 374	5, 7	5, 5	16 224	5, 6	1, 02	2, 55
1971	6 656	4, 4	4, 2	16 927	4, 3	1, 02	2, 54
1972	7 046	5, 9	5, 4	17 884	5, 7	1, 06	2, 54
1973	7 470	6, 0	5, 0	18 892	5, 6	1, 12	2, 53
1974	7 977	6, 7	5, 7	20 066	6, 2	1, 09	2, 52
1975	8 407	5, 5	4, 1	20 965	4, 5	1, 10	2, 49

1 Nationaleinkommen je Einwohner bei Annahme eines gleichbleibenden Anteils der arbeitsfähigen Bevölkerung bei gegebenem Bevölkerungswachstum gegenüber dem Vorjahr sowie gleichbleibender Bevölkerung bei gegebenem Anteil arbeitsfähiger Bevölkerung.

2 Wachstumsrate der Nettoproduktivität, dividiert durch Wachstumsrate des Nationaleinkommens je Einwohner, die durch Einflüsse der Bevölkerungsbewegung bereinigt würde.

Quellen: Berechnet nach dem Statistischen Jahrbuch der DDR 1975, Berlin 1975, S. 1, S. 13, S. 392; ebenda 1976, S. 3, S. 13, S. 392.

Tabelle 10

Entwicklung des Nationaleinkommens und der Konsumtion pro Kopf der Bevölkerung von 1960 bis 1975
(Steigerung jeweils in Prozent zum Vorjahr)

Jahr	Nationaleinkommen	Konsumtion im weiteren Sinne[1]	individuelle und gesellschaftliche Konsumtion
1961	2,3	4,4	4,3
1962	2,8	-0,5	-0,3
1963	3,1	0,7	0,5
1964	6,0	4,9	4,9
1965	4,4	4,1	4,1
1966	4,7	4,5	4,3
1967	5,2	5,1	4,2
1968	5,1	5,8	4,7
1969	5,3	6,4	5,7
1970	5,7	4,2	4,5
1971	4,4	4,5	4,6
1972	5,9	6,3	6,1
1973	6,0	6,9	6,6
1974	6,7	6,8	5,9
1975	5,5	4,2	4,1

1 Summe von individueller und gesellschaftlicher Konsumtion sowie Akkumulation im nichtproduzierenden Bereich.

Quellen: Berechnet nach dem Statistischen Jahrbuch der DDR 1975, Berlin 1975, S. 1, S. 13, S. 38; ebenda 1976, S. 3, S. 13, S. 38; vgl. Heinz-Dieter Haustein, Messung der volkswirtschaftlichen Intensivierung. Zur Methodologie, Berlin 1976, S. 60 (Forschungsberichte des Zentralinstituts der Akademie der Wissenschaften der DDR, Nr. 17).

Tabelle 11

Entwicklung der Struktur der Konsumtion im weiteren Sinne von 1960 bis 1975 (in Prozent)

Jahr	Anteile an der Konsumtion im weiteren Sinne			
	individuelle Konsumtion	gesellschaftliche Konsumtion	darunter kulturelle und soziale Betreuung	Investitionen im nichtproduzierenden Bereich
1960	83,8	9,3	3,2	6,8
1961	83,8	9,4	3,2	6,8
1962	83,8	9,4	3,2	6,8
1963	83,6	9,4	3,4	7,0
1964	83,5	9,5	3,3	7,0
1965	83,2	9,9	3,3	7,0
1966	82,7	9,9	3,3	7,3
1967	81,9	10,2	3,3	8,0
1968	80,5	10,7	3,5	8,9
1969	79,6	10,8	3,4	9,6
1970	79,8	11,0	3,3	9,2
1971	79,4	11,5	3,3	9,1
1972	79,0	11,8	3,5	9,2
1973	78,6	11,9	3,5	9,5
1974	77,8	12,0	3,6	10,2
1975	77,5	12,2	3,9	10,3

Quellen: Berechnet nach dem Statistischen Jahrbuch der DDR 1975, Berlin 1975, S. 38; ebenda 1976, S. 38.

Tabelle 12

Verbrauchsstruktur des Realeinkommens der Arbeiter- und Angestelltenhaushalte von 1960 bis 1975 (in Prozent)

Verbrauchsgruppen	1960	1965	1970	1971	1972	1973	1974	1975
Verbrauch von Konsumgütern und Leistungen	100	100	100	100	100	100	100	100
Warenkäufe	68, 3	67, 2	64, 7	63, 8	63, 3	62, 9	62, 6	62, 3
Nahrungs- und Genußmittel	59, 7	58, 9	55, 9	55, 8	55, 0	53, 7	52, 2	50, 7
davon:								
Nahrungsmittel	80, 0	76, 6	74, 6	76, 2	76, 2	75, 7	74, 9	74, 2
Genußmittel	20, 0	23, 4	25, 4	23, 8	23, 8	24, 3	25, 1	25, 8
Industriewaren	40, 3	41, 1	44, 1	44, 2	45, 0	46, 3	47, 8	49, 3
darunter:								
Schuhe und -zubehör	6, 3	6, 2	6, 1	6, 3	6, 3	6, 4	6, 3	6, 3
Textilien und Bekleidung	41, 7	38, 5	36, 5	36, 6	35, 7	36, 8	35, 3	34, 4
bezahlte Leistungen	12, 5	12, 9	12, 2	11, 7	11, 8	11, 6	11, 4	11, 3
darunter:								
Mieten, Strom und Gas	5, 2	5, 3	4, 7	4, 4	4, 4	4, 3	4, 1	4, 0
unbezahlter Verbrauch	19, 3	20, 0	23, 1	24, 5	24, 9	25, 5	26, 0	26, 4
darunter:								
Gesundheits- und Sozialwesen	5, 3	5, 4	5, 1	5, 0	5, 1	5, 1	5, 2	5, 2
Volksbildung und Kultur	8, 8	9, 1	11, 8	13, 4	13, 8	14, 1	14, 4	14, 4
Wohnungsbau und -erhaltung	1, 0	1, 0	1, 7	1, 8	1, 9	2, 1	2, 2	2, 4

Fortsetzung Tabelle 12

Verbrauchsgruppen	1960	1965	1970	1971	1972	1973	1974	1975
Zusammensetzung des Gesamtverbrauchs nach Konsumgütern und Leistungen								
Konsumgüter	70, 2	69, 2	66, 3	65, 3	64, 5	64, 0	63, 6	63, 3
Leistungen	29, 8	30, 8	33, 7	34, 7	35, 5	35, 9	36, 4	36, 7

Quellen: Statistisches Jahrbuch der DDR 1975, Berlin 1975, S. 318/319; ebenda 1976, S. 320/321.

Tabelle 13

Proportionen der Entwicklung von Arbeitskräften und Grundfonds im produzierenden und nichtproduzierenden Bereich von 1960 bis 1975

Jahr	Anteile des nichtproduzierenden Bereichs an der Gesamtheit in %		auf eine Einheit im produzierenden Bereich entfielen im nichtproduzierenden Bereich	
	Arbeitskräfte	Grundfonds	Arbeitskräfte	Grundfonds
1960	15, 5	50, 2	0, 183	1, 006
1961	15, 7	49, 1	0, 187	0, 966
1962	16, 0	48, 0	0, 191	0, 922
1963	16, 4	46, 8	0, 196	0, 883
1964	16, 3	45, 7	0, 194	0, 840
1965	16, 5	44, 6	0, 197	0, 805
1966	16, 7	43, 6	0, 201	0, 774
1967	16, 7	43, 0	0, 200	0, 754
1968	16, 9	42, 4	0, 203	0, 736
1969	17, 2	41, 8	0, 207	0, 718
1970	17, 4	40, 9	0, 211	0, 691
1971	17, 8	39, 9	0, 216	0, 664
1972	18, 1	39, 1	0, 220	0, 641
1973	18, 4	38, 2	0, 225	0, 617
1974	18, 7	37, 3	0, 230	0, 594
1975	19, 0	36, 4	0, 235	0, 573

Quellen: Berechnet nach dem Statistischen Jahrbuch der DDR 1975, Berlin 1975, S. 14/15; ebenda, 1976, S. 14, S. 53.

4. Anmerkungen

1 Bericht des Zentralkomitees der Sozialistischen Einheitspartei Deutschlands an den IX. Parteitag der SED, Berichterstatter: Erich Honecker, Berlin 1976, S. 71.

2 IX. Parteitag der SED. Programm der Sozialistischen Einheitspartei Deutschlands, Berlin 1976, S. 20.

3 Vgl. Klaus-Dietrich Hantelmann, Zur Krise der BRD-Wirtschaft im Jahre 1975, in: IPW-Berichte 4/1976, S. 27; vgl. Helga Will, Zur Situation der USA-Wirtschaft 1975/76, in: ebenda, 5/1976, S. 59; vgl. Daten zum ökonomischen Verhältnis zwischen den drei imperialistischen Rivalitätszentren, in: ebenda, S. 73.

4 So würden sich z. B. bei einer Erhöhung der Preise für Platin um 30 % die förderbaren Vorräte in kapitalistischen Ländern um mehr als 20 % erhöhen.

5 Vgl. Ju. A. Eršov, Syr'e, toplivo, politika. - Toplivno - syr'evaja politika imperializma, Moskva 1975, S. 37.

6 Vgl. ebenda, S. 39.

7 Vgl. Informationen - für die Zukunft relevant, bearbeitet von M. Birreck/H. Buchholz/W. Vormann u. a., in: analysen und prognosen, Berlin (West), 43/1976, S. 4.

8 Vgl. Ju. A. Eršov, Syr'e, toplivo, politika. - Toplivno - syr'evaja politika imperializma, Moskva 1975, S. 42.

9 Gegenwärtig fällt die Senkung des spezifischen Rohstoffverbrauchs gegenüber der Erweiterung des gesamten Rohstoffverbrauchs in der Regel noch nicht sehr ins Gewicht. Während in der DDR z. B. von 1960 bis 1974 die relativen Einsparungen an spezifischem Walzstahlverbrauch 5 566 000 Tonnen betrugen, mußten insgesamt 8 575 000 Tonnen Walzstahl zusätzlich verbraucht werden.

10 In Abhängigkeit vom Niveau der gesellschaftlichen Arbeitsproduktivität und dem Grad der Bedürfnisbefriedigung kommt in einigen Bereichen der materiellen Produktion die weitere extensive Ausdehnung von Ressourcen tendenziell an Grenzen und wird zum Teil auch durch ihre absolute Freisetzung abgelöst; zugleich wächst die Bedeutung quantitativer Ausweitungen von Ressourcen im nichtproduktiven Bereich.

11 Diese Vorleistungen können offensichtlich durch Anwendung von Naturbedingungen gegenüber der nachträglichen Schadensbeseitigung, die von vornherein auf vorwiegend intensive Nutzung und teilweise auch intensive Reproduktion der Naturressourcen orientiert sind, relativ gesenkt werden. "Untersuchungen haben ergeben, daß eine ausreichende Reinhaltung der Gewässer bis zu 75 % der Kosten erspart, die für die Aufbereitung verunreinigten Wassers aufgewendet werden müssen." Peter Lösel, "Heilverfahren" für Oberflächengewässer, in: Neues Deutschland vom 13./14. November 1976, S. 12.

12 Vgl. Bericht des Zentralkomitees der Sozialistischen Einheitspartei Deutschlands an den IX. Parteitag der SED, Berichterstatter: Erich Honecker, Berlin 1976, S. 70.

13 Ebenda, S. 70/71.

14 Zur Begründung der Intensivierungsfaktoren und ihrer Zusammenhänge, vgl. Helmut Koziolek, Probleme der sozialistischen Lebensweise und Intensivierung, in: Wirtschaftswissenschaft, 11/1975, S. 1601-1613.

15 Mit dem bereits erreichten Ausstattungsniveau der Arbeitskraft mit Produktionsfonds, dem darin verkörperten technischen Wissen, den technologischen Anforderungen und seiner planmäßigen weiteren Entwicklung beeinflußt gleichzeitig der Ausnutzungsgrad der Produktionselemente zunehmend die Fortschritte im Intensivierungsprozeß, ausgedrückt z. B. in steigendem Materialverbrauch je Arbeitskraft bei sinkendem Materialverbrauch je Erzeugnis, in der Erhöhung des Ausnutzungsgrades der Ausrüstungen, mit denen die Arbeitskraft ausgestattet ist.

16 Zur Einschätzung der erreichten Fortschritte in der Intensivierung und der zu lösenden Probleme vgl. Theoretische und praktische Probleme der Erhöhung der volkswirtschaftlichen Effektivität und der Durchsetzung des sozialistischen Sparsamkeitsprinzips, in: Wirtschaftswissenschaft, 2/1976, S. 161-192.

17 Steinitz geht von Einschätzungen aus, wonach sich im Vergleich zu den letzten 15 Jahren der Investitionsaufwand je Rohstoffeinheit in den restlichen siebziger Jahren um 50 % und in den achtziger Jahren um über 100 % erhöhen werde. Vgl. K. Steinitz, Einige Rohstoffprobleme im Zusammenhang mit der perspektivischen Gestaltung des Reproduktionsprozesses der Volkswirtschaft der DDR, in: Materialökonomie, Energie- und Rohstoffwirtschaft, Berlin 1976, S. 86 (Abhandlungen der Akademie der Wissenschaften der DDR, W 4).

18 Vgl. Bericht des Zentralkomitees der Sozialistischen Einheitspartei Deutschlands an den IX. Parteitag der SED, Berichterstatter: Erich Honecker, Berlin 1976, S. 69.

19 2. Tagung des ZK. Zu aktuellen Fragen unserer Innen- und Außenpolitik nach dem IX. Parteitag. Aus dem Schlußwort des Genossen Erich Honecker, Berlin 1976, S. 25.

20 XXV. Parteitag der KPdSU. Rechenschaftsbericht des Zentralkomitees der Kommunistischen Partei der Sowjetunion und die nächsten Aufgaben der Partei in der Innen- und Außenpolitik, Berichterstatter: L. I. Breshnew, Berlin 1976, S. 60.

21 Vgl. Bericht des Zentralkomitees an den VIII. Parteitag der Sozialistischen Einheitspartei Deutschlands, Berichterstatter: Erich Honecker, Berlin 1971, S. 47.

22 Zu den dafür erforderlichen weiteren Vervollkommnungen der Leitung, Planung und Stimulierung vgl. Bericht des Zentralkomitees der Sozialistischen Einheitspartei Deutschlands an den IX. Parteitag der SED, Berichterstatter: Erich Honecker, Berlin 1976, S. 83.

23 Bericht des Zentralkomitees der Sozialistischen Einheitspartei Deutschlands an den IX. Parteitag der SED, Berichterstatter: Erich Honecker, Berlin 1976, S. 71.

24 Vgl. insbesondere die Diskussion, die konzentriert 1973 bis 1975 in der Zeitschrift "Voprosy ėkonomiki (Moskva)" stattfand und die von Chačaturov zusammengefaßt wurde. - T. Chatschaturow, Die Effektivität der gesellschaftlichen Produktion, in: Sowjetwissenschaft. Gesellschaftswissenschaftliche Beiträge, 11/1975, S. 1134; vgl. auch: Volkswirtschaftliche Effektivität und sozialistisches Sparsamkeitsprinzip, 15. Tagung des Wissenschaftlichen Rates für die wirtschaftswissenschaftliche Forschung bei der Akademie der Wissenschaften der DDR am 4.11.1975, Berlin 1976, S. 13 (Abhandlungen der Akademie der Wissenschaften der DDR 1976, W 1).

25 Vgl. Autorenkollektiv, Die Marxsche Lehre von den beiden Typen der erweiterten Reproduktion und ihre Anwendung beim Aufbau des Sozialismus, in: Gesetzmäßigkeiten der intensiv erweiterten Reproduktion bei der weiteren Gestaltung der entwickelten sozialistischen Gesellschaft, Teil 1, hg. von Wolfgang Heinrichs/Harry Maier, Berlin 1976, S. 81 (Akademie der Wissenschaften der DDR, Schriften des Zentralinstituts für Wirtschaftswissenschaften, Nr. 13); vgl. Helmut Koziolek/Hans Stürz, Volkswirtschaftliche Gesichtspunkte der Rationalisierung, in: Intensivierung durch Rationalisierung. Erfahrungen und Probleme der Leitung in sozialistischen Betrieben und Kombinaten, Berlin 1974, S. 10 (Schriften zur sozialistischen Wirtschaftsführung, Zentralinstitut für sozialistische Wirtschaftsführung beim ZK der SED).

26 Vgl. G. Sorokin, K teorii ėkonomičeskoj ėffektivnosti pri socializme, in: Voprosy ėkonomiki (Moskva), 4/1975, S. 112; vgl. T.V. Čečeleva, Intensifikacija proizvodstva i ee ėkonomičeskaja suščnost', in: Izvestija Akademii Nauk SSSR, Serija ėkonimičeskaja (Moskva), 1/1975, S. 43-53.

27 Karl Marx, Grundrisse der Kritik der politischen Ökonomie, Berlin 1953, S. 593.

28 N.D. Kolesov, Osnovnoe proizvodstvennoe otnošenenie i osnovnoj ėkonomičeskij zakon socializma, in: Osnovnoj ėkonomičeskij zakon e socializma, Leningrad 1974, S. 7/8.

29 Karl Marx, Grundrisse der Kritik der politischen Ökonomie, Berlin 1953, S. 75.

30 Vgl. T.K. Suzdalskaja, K voprocu o prirode i soderžamii osnovnogo ėkonomičeskogo zakona socializma, in: Osnovnoj ėkonomičeskij zakon e socializma, Leningrad 1974, S. 14.

31 I.I. Kusminow, Abriß der politischen Ökonomie des Sozialismus. Methodologie, Berlin 1976, S. 149.

32 Karl Marx, Grundrisse der Kritik der politischen Ökonomie, Berlin 1953, S. 89.

33 S.G. Strumilin, Problemy ėkonomiki truda, izbrabbye proizvedenija v pjati tomach, Bd. 3, Moskva 1964, S. 203.

34 Karl Marx, Theorien über den Mehrwert, Dritter Teil, in: Karl Marx/Friedrich Engels, Werke (im folgenden MEW), Bd. 26.3, Berlin 1968, S. 252.

35 Ebenda.

36 Vgl. Karl Marx, Grundrisse der Kritik der politischen Ökonomie, Berlin 1953, S. 305, S. 527, S. 594.

37 Karl Marx, Das Kapital, Erster Band, in: MEW, Bd. 23, Berlin 1962, S. 552.

38 Karl Marx, Grundrisse der Kritik der politischen Ökonomie, Berlin 1953, S. 596.

39 Eine Einengung der "disponiblen Zeit" auf die Freizeit wird nicht den Anforderungen der sozialistischen Bedürfnisbefriedigung an die Produktion gerecht. Deshalb muß auch Lippold u.a. widersprochen werden, wenn sie Marx so interpretieren, daß der Reichtum der Nation in der Höhe des Anteils der Freizeit am Zeitbudget zum Ausdruck kommt. Im "Zeitbudget der Bevölkerung" werden meines Erachtens fälschlicherweise die Marxschen Hinweise auf "free time" und "disposable time" mit "Freizeit" identifiziert; vgl. Autorenkollektiv, Das Zeitbudget der Bevölkerung, Berlin 1971, S. 30 (Schriftenreihe Planung und Leitung der Volkswirtschaft, 42/1971).

40 Knobloch, der die Gewinnung disponibler Zeit für die Befriedigung neuer Bedürfnisse untersucht, identifiziert Ökonomie der Zeit im umfassenden Sinne und Gewinnung disponibler Zeit; vgl. Autorenkollektiv, Die Gewinnung disponibler Zeit. Grundbedingung und Ziel der weiteren Vervollkommnung der Volkswirtschaftsstruktur, in: Gesetzmäßigkeiten der intensiv erweiterten Reproduktion bei der weiteren Gestaltung der entwickelten sozialistischen Gesellschaft, Teil 1, hg. von Wolfgang Heinrichs/Harry Maier, Berlin 1976, S. 417 (Akademie

der Wissenschaften der DDR, Schriften des Zentralinstituts für Wirtschaftswissenschaften, Nr. 13).

41 Vgl. Karl Marx, Grundrisse der Kritik der politischen Ökonomie, Berlin 1953, S. 301, S. 506, S. 535.

42 Vgl. ebenda, S. 527, S. 535.

43 Vgl. ebenda, S. 305, S. 527, S. 594-596.

44 Karl Marx, Theorien über den Mehrwert, Dritter Teil, in: MEW, Bd. 26.3, Berlin 1968, S. 253.

45 Karl Marx, Das Kapital, Erster Band, in: MEW, Bd. 23, Berlin 1962, S. 56.

46 Ein Kernproblem der Effektivitätsbewertung besteht bei zunehmender Intensivierung darin, die gesellschaftliche Nützlichkeit der Gebrauchswerte nicht lediglich als Voraussetzung für die gesellschaftliche Anerkennung der notwendigen Produktionskosten zu betrachten, sondern umgekehrt die Verausgabung der gesellschaftlichen Arbeit der Nützlichkeit der Gebrauchswerte immer stärker unterzuordnen. Wie die Zusammenhänge zur Surpluszeit und darunter zur "disposable time" zeigen, bedeutet das grundsätzlich keine Einschränkung der Arbeitswerttheorie. Negiert wird lediglich ihre Weiterentwicklung zur Mehrwerttheorie bei Ergänzung der spezifisch sozialistischen Anforderungen an den Gebrauchswert.

47 Diese Einteilung steht in Verbindung mit der Unterscheidung der Bedürfnisse nach ihren Quellen. So teilt z. B. Diligenski die Bedürfnisse in zwei große Gruppen ein, und zwar erstens in physische und zweitens in Bedürfnisse der sozialen Existenz des Menschen. In dieser Unterscheidung sieht er den Schlüssel, um bei der Klärung des Systems der Bedürfnisse der Menschen voranzukommen. - Vgl. G. G. Diligenski, Probleme der Theorie der menschlichen Bedürfnisse, in: Sowjetwissenschaft. Gesellschaftswissenschaftliche Beiträge, 3/1977, S. 256.

48 Die Zunahme von "disposable time" für alle wurde mit der Schaffung sozialistischer Produktionsverhältnisse möglich. Zugleich reifte aber auch ihre Notwendigkeit aus den Entwicklungserfordernissen der Produktivkräfte heran. Diese zeigen sich vor allem daran, daß in der Tendenz die Bedeutung der unmittelbaren Einsparung lebendiger Arbeit in der materiellen Produktion als hauptsächliche Quelle der Ökonomie der Zeit abnimmt und die Bedeutung indirekter Einsparungen, wie z. B. durch Nutzung der Wissenschaft als unmittelbare Produktivkraft, höhere Stufe der Ökonomie vergegenständlichter Arbeit oder Einsparungen aus der Gesamtsicht aller Phasen des Reproduktionsprozesses, wächst.

49 Indem das sozialpolitische Programm der SED darauf gerichtet ist, Wohn- und Arbeitsbedingungen sowie Reproduktionsbedingungen der Werktätigen in Abhängigkeit von den differenzierten Ausgangsbedingungen zu verbessern, trägt es dazu bei, die Voraussetzungen für die Schaffung "disponibler Zeit" zu erweitern.

50 Selbst bei einer so komplizierten und aufwendigen Aufgabe, wie der Lösung der Wohnungsfrage für alle Werktätigen (die in ökonomisch hochentwickelten kapitalistischen Industrieländern, in denen die Monopole über einen großen materiellen Reichtum verfügen, nicht in Angriff genommen werden kann) ist vorgesehen, daß bis 1990 in der DDR für jede Familie ausreichende Wohnbedingungen geschaffen werden. Welche hohen Anforderungen an das Produktionswachstum damit verbunden sind, wird z.B. daran deutlich, daß von 1976 bis 1980 allein etwa 21 % der Investitionen der Volkswirtschaft (1971 bis 1975 etwa 19 %) für den komplexen Wohnungsbau verwendet werden sollen. - Vgl. Bericht des Zentralkomitees der Sozialistischen Einheitspartei Deutschlands an den IX. Parteitag der SED, Berichterstatter: Erich Honecker, Berlin 1976, S. 42, S. 44.

51 Wobei hier die Reproduktion immer in ihrer Einheit als Reproduktion von Arbeitskräften, Produkt und sozialistischen Produktionsverhältnissen aufgefaßt wird.

52 Vgl. Gerd Knobloch/Hans Roos, Zu den gesellschaftlichen Kriterien der weiteren Gestaltung der materiell-technischen Basis in der entwickelten sozialistischen Gesellschaft, Berlin 1977, unveröffentlichtes Manuskript.

53 Tatsächlich ist der Anteil der Bruttoproduktion für diese Bedürfniskomplexe höher, weil nur die Konsumtion und nicht auch die Investition nach Bedürfniskomplexen aufgeteilt worden sind.

54 Vgl. Gerd Knobloch, Bedürfnisbefriedigung, Produktionsstruktur, Grundproportion, Berlin 1974, S. 28 ff. (Forschungsberichte des Zentralinstituts für Wirtschaftswissenschaften der Akademie der Wissenschaften der DDR, Nr. 10).

55 Die Einführung der "Konsumtionseffekte" in die Effektivitätsbestimmung geht mit auf Jakovec zurück, der als Kriterium für den Vergleich des Gebrauchswertes alter und neuer Erzeugnisse die relative Einsparung im Konsumtionsprozeß (bei vergleichbarem Ergebnis der produktiven oder individuellen Konsumtion) auffaßt. - Vgl. Ju. Jakovec, Ėffektivnost' naučno-techničeskogo progressa i dinamika cen, in: Voprosy ėkonomiki (Moskva) 6/1972, S. 55.

56 Solange die Gefahr imperialistischer Aggression besteht, müssen als Existenzbedingung des Sozialismus Teile der Effektivitätssteigerung für die Stärkung der Verteidigungsfähigkeit verwendet werden.

57 Die Aussagen zur "disposable time" als denkbaren Weg zur organischen Verknüpfung ökonomischer und sozialer Aspekte der sozialistischen Effektivität stellen erste Vorstellungen dar, die weiterentwikkelt werden müssen. Es wäre nicht richtig, diese Überlegungen von vornherein mit dem Hinweis auf die bisher noch nicht gelöste zusammenfassende Aussage über die ökonomische Effektivität abzulehnen. Sie können im Gegenteil einen Ansatz bilden, der für die komplexe Effektivitätsmessung grundsätzliche Lösungsrichtungen aufzeigt.

58 Vgl. Autorenkollektiv, Die Entwicklung der grundlegenden Elemente des Reproduktionsprozesses und ihrer Effektivität unter den Bedingungen der Intensivierung, in: Gesetzmäßigkeiten der intensiv erweiterten Reproduktion bei der weiteren Gestaltung der entwickelten sozialistischen Gesellschaft, Teil 1, hg. von Wolfgang Heinrichs/Harry Maier, Berlin 1976, S. 121 (Akademie der Wissenschaften der DDR, Schriften des Zentralinstituts für Wirtschaftswissenschaften, Nr. 13); vgl. auch Helmut Koziolek/Hans Stürz, Volkswirtschaftliche Gesichtspunkte der Rationalisierung, in: Intensivierung durch Rationalisierung. Erfahrungen und Probleme der Leitung in sozialistischen Betrieben und Kombinaten, Berlin 1974, S. 10 (Schriften zur sozialistischen Wirtschaftsführung, Zentralinstitut für sozialistische Wirtschaftsführung beim ZK der SED).

59 Vgl. z.B. Autorenkollektiv, Die Erhöhung der gesellschaftlichen Arbeitsproduktivität als Kriterium der Intensivierung und die Methoden der Effektivitätserfassung, in: Gesetzmäßigkeiten der intensiv erweiterten Reproduktion bei der weiteren Gestaltung der entwickelten sozialistischen Gesellschaft, Teil 1, hg. von Wolfgang Heinrichs/ Harry Maier, Berlin 1976, S. 190 (Akademie der Wissenschaften der DDR, Schriften des Zentralinstituts für Wirtschaftswissenschaften, Nr. 13).

60 Vgl. A.G. Aganbegjan, Ėffektivnost' i intensificacija obščestvennogo proizvodstva, in: Ėkonomika i organizacija promyšlennogo proizvodstva (Nowosibirsk), 3/1971, S. 3 ff.

61 Autorenkollektiv, Wissenschaft und Produktion im Sozialismus, Berlin 1976, S. 158 (Institut für Gesellschaftswissenschaften beim ZK der SED).

62 Vgl. K.K. Val'tuch, V.N. Pavlov, N.N. Rogošnikova, Problemy intensificacii obščestvennogo proizvodstva v SSSR, in: Narodnochosjenistvennye medeli tendenzii razvitijá ėkonomiki SSSR, Novosibirsk 1974, S. 234 ff.

63 Vgl. z.B. V. Conev/T. Kynaliev, Izmerenie ėkonomičeskich rezul'tatov intensifikacii socialističeskogo narodnogo chozjajstva, in: Planovoe chozjajstvo (Moskva), 6/1973, S. 97. - Verschiedentlich wird in die Faktorenanalyse des ökonomischen Wachstums neben der Entwicklung der Zahl der Beschäftigten und der Arbeitsproduktivität auch der Produktionsverbrauch einbezogen. Vgl. z.B. T. Čulkov, Faktornyj analiz sootnošenija ėkstensivnogo i intensivnogo putej ėkonomičeskogo rosta, in: Ėkonomičeskie Nauki (Moskva), 1/1977, S. 12. - Von Vorteil ist, daß hierbei von der Bruttoproduktivität ausgegangen wird und die Entwicklung der Produktionsverbrauchsintensität als Einflußfaktor der Nettoproduktivität mit berücksichtigt wird. Das Ergebnis unterscheidet sich jedoch nicht von der Analyse des Wachstums nach dem Einfluß der Nettoproduktivität und Arbeitskräfte. Eine komplexe Aussage über den Beitrag der Ökonomie lebendiger und vergegenständlichter Arbeit zum Wachstum wird nicht erreicht.

64 So betrug die Rate der produktiven Akkumulation 1955 nur 4,8 % und 1960 12,2 % des verwendeten Nationaleinkommens, demgegenüber 1970 16,3 %, 1975 12,9 %. - Vgl. Statistisches Jahrbuch der DDR 1976, Berlin 1976, S. 38.

65 Während das Verhältnis von Intensivierung und Effektivität von der Mehrheit der Autoren durch die Beziehungen von Weg/Prozeß und Ergebnis/Ziel gekennzeichnet wird, gehen zur Effektivität und ihrer Messung die Meinungen relativ weit auseinander. Hierbei muß grundsätzlich den Autoren zugestimmt werden, die letzten Endes die Effektivität durch Verbesserung der gesellschaftlichen Bedürfnisbefriedigung im Verhältnis zu dafür notwendigen gesellschaftlichen Gesamtaufwendungen charakterisieren. Einige Autoren betonen die ökonomische Effektivität der Produktion als Verhältnis von Produktionsvolumen und -struktur, Ressourcen und Aufwendungen oder die "produktionstechnische Effektivität" bzw. Effektivität der Ressourcennutzung. Teilweise wird die Effektivität auch noch aus der Sicht von Teilkriterien charakterisiert, wie z.B. der Produktivität der lebendigen Arbeit, der Fondsquote, der Fondsrentabilität.

66 Vgl. z.B. A. Antschischkin, Methodologische Probleme der Faktorenanalyse der Produktionsdynamik sowie der extensiven und der intensiven Wege des wirtschaftlichen Wachstums, in: Wirtschaftswissenschaft, 8/1972, S. 1180; vgl. Problemy vosproizvodstva v stranach SĖV, unter Redaktion von K.J. Mikulskij, Moskva 1974, S. 6.

67 Beispielsweise realisiert sich nicht die gesamte Effektivitätssteigerung im Nationaleinkommenszuwachs, z.B. nicht die absolute Freisetzung von Arbeitszeitfonds aus der materiellen Produktion oder Konsumtionseffekte.

68 Vgl. T.S. Chačaturov, Sovetskaja ėkonomika na sovremennom etape, Moskva 1975, S. 28.

69 Vgl. z.B. A. Notkin, Tip rasširennogo vosproizvodstva pri razvitom socializme, in: Voprosy ėkonomiki (Moskva), 8/1975, S. 3; vgl. Emil Rechtziegler, Veränderungen in Wachstums- und Reproduktionsbedingungen der BRD-Wirtschaft, in: IPW-Berichte, 11/1973, S. 8-13; vgl. K.K. Val'tuch/V.N. Pavlov/N.N. Rogošnikova, Problemy intensifikacii obščestvennogo proizvodstva v SSSR, in: Narodnochosjenistvennye medeli tendenzii razvitijá ėkonomiki SSSR, Novosibirsk 1974, S. 234 ff.

70 Die Ausgaben für die Reinigungsanlagen und -ausrüstungen sollten lt. Angaben in der Literatur gegenwärtig z.B. in der Buntmetallurgie etwa 31 %, in der Zellstoff- und Papierindustrie etwa 19 %, in der Schwarzmetallurgie etwa 16 % und in der Erdölverarbeitung 10 % und mehr der Bruttoinvestitionen betragen.

71 Chačaturov z.B. geht davon aus, daß Wirtschaftswachstum bei steigender Fondsintensität nur dann effektiv ist, wenn die Einsparungen

laufender Aufwendungen die Höhe erreichen, die durch die normative Rückflußdauer gegeben ist. - Vgl. T.S. Chačaturov, Sovetskaja ekonomika na sovremennom etape, Moskva 1975, S. 28.

72 Vgl. Untersuchungen von Haustein zur Struktur der technologischen Fonds; Heinz-Dieter Haustein, Messung der volkswirtschaftlichen Intensivierung. Zur Methodologie, Berlin 1976, S. 54 (Forschungsberichte des Zentralinstituts für Wirtschaftswissenschaften der Akademie der Wissenschaften der DDR, Nr. 17).

73 Vgl. J.W. Kendrick, Tendencii proizvoditel'nosti v SŠA, Moskva 1967, S. 146, S. 165, S. 173.

74 Die etwa seit den zwanziger Jahren tendenziell sinkende Fondsintensität der Produktion in den USA ist offensichtlich mit auf Veränderungen in der Aufwandsstruktur zurückzuführen. Diese Veränderungen stehen vor allem in Verbindung mit der gewachsenen Rolle der Wissenschaft für die Wege zur Produktivitätssteigerung. Während z.B. Anfang der zwanziger Jahre in den USA die Aufwendungen für Produktionsgrundfonds noch mehr als 80 % der gesamten Aufwendungen für langfristig wirkende Produktionsbedingungen (Produktionsgrundfonds, -umlauffonds, Bildungs- und Wissenschaftsfonds) betrugen, verringerte sich ihr Anteil bis 1973 auf etwa 53 %. Gegenwärtig werden in den USA fast konstant 14 % des Nationaleinkommens für Investitionen in die Produktionsgrundfonds verausgabt, gleichzeitig 12 % für Wissenschaft und Bildung gegenüber 5 % Ende der vierziger Jahre. Subčaminov weist auf enge Zusammenhänge zwischen dem in den USA erreichten Niveau der Fondsausstattung der Arbeit und den genannten Veränderungen der Aufwandsstruktur hin. Vgl. V.V. Subčaminov, Naučnaga dejatelnost' i techničeskij progress v glavnich kapitalističeskich stranach, Moskva 1975, S. 34 ff. - Er belegt das u.a. durch einen Vergleich zwischen den USA und Japan. In Japan erreicht gegenwärtig die Grundfondsausstattung etwa 54 % des USA-Niveaus bei einem Anteil der Produktionsfonds an den langfristig wirkenden Fonds von 82 bis 84 %, der Wissenschaftsaufwendungen von 4,2 %, der Bildungsfonds von 13 bis 14 %. Es wäre jedoch falsch, die aus der modernen wissenschaftlich-technischen Entwicklung resultierenden neuen Möglichkeiten zur Produktivitätssteigerung der gesellschaftlichen Arbeit allein auf Entwicklungstendenzen der Fondsquote, darunter des Einflusses von Veränderungen in der Aufwandsstruktur, zurückzuführen. Gerade die zunehmende Anwendung der Wissenschaft in der Produktion ermöglicht gleichzeitig weitere Einsparungen an lebendiger Arbeit sowie an Rohstoffen und Material. Im Maschinenbau der USA z.B. sanken infolgedessen von 1947 bis 1970 die relativen Arbeitsaufwendungen der Produktion auf etwa 41 %, die Materialintensität auf etwa 52 %.

75 Vgl. S.A. Chejnman, Problemy intensifikacii promyšlennogo proizvodstva, Moskva 1968, S. 32.

76 Vgl. I.V. Rachlin, Wissenschaftlich-technischer Fortschritt und die Effektivität neuer Werkstoffe, Berlin 1975, S. 227.

77 Vgl. Direktive des IX. Parteitages der SED zum Fünfjahrplan für die Entwicklung der Volkswirtschaft der DDR in den Jahren 1976 - 1980, Berlin 1976, S. 29.

78 Vgl. T. Chatschaturow, Die Effektivität der gesellschaftlichen Produktion, in: Sowjetwissenschaft. Gesellschaftswissenschaftliche Beiträge, 11/1975, S. 1134.

79 L. Goldin, Soziologische Untersuchung zur Polozker Methode, in: Presse der Sowjetunion, 44/1975, S. 23.

80 Während im Abschnitt 1. versucht wurde, insbesondere auf einige theoretische Ansätze aufmerksam zu machen, die für die Beurteilung von Fortschritten im Intensivierungsprozeß von Bedeutung sind, kann im Abschnitt 2. lediglich angestrebt werden, diese theoretischen Überlegungen soweit umzusetzen, wie bereits gangbare Wege vorliegen. Die methodologischen Ausgangspunkte dafür wurden bereits an anderer Stelle erläutert. - Vgl. Anneliese Braun, Arbeitsproduktivität und Effektivität. Zur volkswirtschaftlichen Effektivität der Substitution lebendiger Arbeit durch Fonds, Berlin 1976, S. 265 (Akademie der Wissenschaften der DDR, Schriften des Zentralinstituts für Wirtschaftswissenschaften, Nr. 15).

81 Die Annäherung im Anteil des Ersatzfonds nach Wirtschaftsbereichen zeigt sich auch daran, daß 1960 der Anteil des Ersatzfonds der Wirtschaftsbereiche gegenüber der materiellen Produktion insgesamt um 20,6 % abwich (ohne Binnenhandel um 16 %), 1974 aber nur noch um 12,2 % (ohne Binnenhandel um 3 %). Berechnet nach: Statistisches Taschenbuch der DDR 1975, Berlin 1975, S. 23-25; Statistisches Jahrbuch der DDR 1968, Berlin 1968, S. 42.
Obwohl der Analyse durchgehend eine Bewertung zu vergleichbaren Preisen zugrunde gelegt wurde, müssen insbesondere bei Niveauvergleichen auch Einschränkungen in der Aussage in Kauf genommen werden. Auch das bekräftigt mit die Notwendigkeit, Intensivierungsergebnisse vor allem an Hand von Entwicklungsvergleichen einzuschätzen.

82 Bisher hat der wissenschaftlich-technische Fortschritt bei der Herstellung der Grundmittel noch nicht ausreichend die Steigerung der Grundfondsquote gefördert. Der technische Fortschritt eröffnet jedoch viele Möglichkeiten, die Produktionsmittel zu verbilligen. So wird z.B. berichtet, daß durch die Entwicklung von Großschaltkreisen der "Quasi-Standard-Baublock" möglich geworden ist. Dadurch soll bei der Produktion des Großschaltkreises in großen Stückzahlen eine wesentliche Verbilligung erreicht werden können. Während 1965 der Preis je Transistorfunktion ca. 100 Pfennig betrug, sank er bis 1975 auf ca. 0,1 Pfennig, und es wird eingeschätzt, daß er bis 1980 auf ca. 0,01 Pfennig zurückgehen wird. Vgl. Informationen - für die Zukunft relevant, bearbeitet von: M. Birrek/H. Buchholz/W. Bormann u.a., in: analysen und prognosen (Berlin - West), 43/1976, S. 13.

83 5. Tagung des ZK. Aus dem Bericht des Politbüros an das ZK der SED, Berichterstatter: Erich Honecker, Berlin 1977, S. 22.

84 In den meisten RGW-Ländern nahm 1971 bis 1974 die ohnehin relativ hohe Kontinuität im Wachstum des Nationaleinkommens weiter zu. Beispielsweise betrug die durchschnittliche Abweichung des jährlichen Wachstumstempos gegenüber der Jahresdurchschnittsrate in der VRB 5 % gegenüber 20 % 1966 bis 1970, in der ČSSR 10 % gegenüber 20 %, in der VRP 10 % gegenüber 27 %, in der UVR 14 % gegenüber 22 %. Im Vergleich dazu betrug die entsprechende durchschnittliche Abweichung von 1971 bis 1975 in den USA 211 %, in der BRD 153 %. Die Investitionen entwickelten sich in den meisten RGW-Ländern 1971 bis 1975 ebenfalls kontinuierlicher als von 1966 bis 1970. (Ausnahmen waren die UVR und die DDR.) Beispielsweise betrug die durchschnittliche Abweichung der jährlichen Wachstumsraten 1971 bis 1975 in der UdSSR nur 8 %, in der ČSSR 27 %, in der VRP 28 % und in der VRB 42 %. - Berechnet nach: Statističeskij ežegodnik stran členov SĖV 1972, Moskva 1972, S. 31/32, S. 35, S. 37/38, S. 137; ebenda 1975, S. 39, S. 138/139.

85 Die Land- und Forstwirtschaft beeinflußte im Durchschnitt des Zeitraumes 1971 bis 1975 die volkswirtschaftlichen Ergebnisse zwar in stärkerem Maße positiv als z.B. in früheren Jahren. Zugleich gingen aber auch, teilweise witterungsbedingte, Diskontinuitäten von ihr aus.

86 Aus dem Bericht des Politbüros an die 2. Tagung des Zentralkomitees der SED, Berichterstatter: Hermann Axen, Berlin 1976, S. 15.

87 Bericht des Zentralkomitees der Sozialistischen Einheitspartei Deutschlands an den IX. Parteitag der SED, Berichterstatter: Erich Honecker, Berlin 1976, S. 70/71.

88 Gegenwärtig kann der Beitrag der Materialökonomie zur Effektivitätssteigerung aus volkswirtschaftlicher Sicht nicht eindeutig nachgewiesen werden. Der Einfluß der Materialökonomie macht sich u.a. mit im Verhältnis von Brutto- und Nettoproduktivität und in der Umlauffondsquote geltend.

89 Berechnet nach: Heinz-Dieter Haustein, Messung der volkswirtschaftlichen Intensivierung. Zur Methodologie, Berlin 1976, S. 54 (Forschungsberichte des Zentralinstituts für Wirtschaftswissenschaften der Akademie der Wissenschaften der DDR, Nr. 17); Statistisches Jahrbuch der DDR 1975, Berlin 1975, S. 44. - Bei aller Relativität der "technologischen Fonds", u.a. bedingt durch Probleme der Bewertung und Vergleichbarkeit; sind die Entwicklungstempi noch am meisten aussagefähig. Mit den sich im Zuge der modernen wissenschaftlich-technischen Entwicklung verändernden Reproduktionsbedingungen setzt sich generell eine Tendenz der relativ schnelleren Zunahme der Aufwendungen für Wissenschaft und Bildung gegenüber den Grundfonds durch. Das gilt auch für ökonomisch entwickelte kapitalistische Länder. Während z.B. von 1960 bis 1973 der Anteil der Investition in das fixe Kapital am Nationaleinkommen in hochentwickelten kapitalistischen Industrieländern (mit Ausnahme Frankreichs) etwa gleich blieb oder sich nur wenig veränderte, stiegen die für Wissen-

schaft und Bildung verwendeten Teile des Nationaleinkommens durchgehend an (vgl. Tabelle "Anteile am Nationaleinkommen").

Anteile am Nationaleinkommen (in Prozent)

Land	Investitionen in das fixe Kapital		Forschung und Entwicklung sowie Bildung	
	1960	1973	1960	1973
BRD	20,0	21,0	4,7	8,2
Frankreich	13,3	22,0	3,9	6,0 (1972)
Großbritannien	18,0	19,0	7,2	9,9
Japan	32,4	32,7	7,3	8,2
USA	14,0	13,8	9,7	12,2

Quelle: Berechnet nach: V.V. Subčaminov, Naučnaja dejatelnost' i techničeskij progress v glavnich kapitalističeskich stranach, Moskva 1976, S. 35/36.

90 Als möglicher Weg zur Ermittlung der Effektivitätssteigerung aus besserer Ressourcennutzung wird vorgeschlagen, von den Arbeitskräften auszugehen, die durch Produktivitätssteigerung relativ eingespart werden. Unter Beachtung der Nettoproduktion, die im Basiszeitraum die materiellen Reproduktionsbedingungen für die Werktätigen sicherte, wird zunächst ermittelt, welchen Beitrag die Steigerung der Arbeitsproduktivität bei Annahme gleichbleibender Fondsquote zur volkswirtschaftlichen Effektivitätssteigerung geleistet hat. Außerdem werden die relativen Einsparungen oder Mehraufwendungen an Fonds infolge Veränderung der Fondsquote sowie der Aktivierungsgrad der Investitionen berücksichtigt. Zu methodologischen Vorstellungen zur Messung der Effektivitätssteigerung aus besserer Ressourcennutzung. - Vgl. Anneliese Braun, Arbeitsproduktivität und Effektivität. Zur volkswirtschaftlichen Effektivität der Substitution lebendiger Arbeit durch Fonds, Berlin 1976, S. 140 (Akademie der Wissenschaften der DDR, Schriften des Zentralinstituts für Wirtschaftswissenschaften, Nr. 15). - Hierbei ist zu berücksichtigen, daß es sich um experimentelle Berechnungen handelt, die vor allem die ökonomische Aussagekraft des theoretischen Ansatzes verdeutlichen sollen, die jedoch für die praktische Anwendbarkeit in methodologischer Sicht noch weiter ausgearbeitet werden müßten.

91 Es geht hierbei um den Beitrag der Produktivitätssteigerung lebendiger Arbeit zur Steigerung gesellschaftlicher Arbeitsproduktivität. Da letztere aber im folgenden nicht umfassend analysiert wird, wurde versucht, den in die Analyse einbezogenen Bereich durch "Effektivität der Ressourcennutzung" abzugrenzen.

92 Die Umlaufmittelquote muß unberücksichtigt bleiben, weil hierüber Angaben nicht veröffentlicht sind.

93 Die Struktureffekte wurden nach der Gliederung des produzierenden Bereichs nach Wirtschaftsbereichen ermittelt. Sie beruhen vor allem auf der Zunahme des Anteils der Industrie (die eine überdurchschnittlich hohe Grundfondsquote aufweist), an den Grundfonds des produzierenden Bereichs und auf der Abnahme des Anteils von Verkehr, Post- und Fernmeldewesen mit einem unterdurchschnittlichen Niveau der Grundfondsquote.

94 Welche Effektivitätshemmnisse durch unzureichendes technisches Niveau der Ausrüstungen entstehen, äußerten Arbeiter verschiedener Zweige der sowjetischen Nahrungsmittelindustrie. Sie brachten zum Ausdruck, daß bei weitem nicht alles, was die Maschinenbauer herstellen, dem Niveau entspricht, das erforderlich ist, um eine Steigerung der Produktionseffektivität zu erreichen und die Qualität von Erzeugnissen schneller zu verbessern. So gibt es beispielsweise noch Erzeugnisarten, die in den Abrechnungen als "Neuheiten" ausgewiesen werden, in Wirklichkeit jedoch lediglich dem Herstellungsdatum, nicht aber dem technischen Niveau nach neu sind. Es wird darauf hingewiesen, daß leider Maschinen nach kurzer Betriebszeit ausfallen, störanfällig wegen mangelhafter Qualität sind, das Rohprodukt verderben, die Daten des Maschinenpasses nicht erreichen u.a.

95 Nach Angaben bei Subčaminov waren z.B. in USA-Firmen nicht weniger als 70 % aller Wissenschaftsausgaben ohne Ergebnis. Zugleich wächst mit höherem Risiko auch die Höhe des Ergebnisses.

96 Konstantinova/Sokolinskij nutzen ebenfalls den Freisetzungsaufwand, um eine "allgemeine Effektivitätsentwicklung" zu messen. Dazu überführen sie die Produktionsfonds in eine durch die Substitutionsbeziehungen lebendiger Arbeit und Fonds bedingte fiktive Zahl von Arbeitskräften. Die allgemeine Effektivitätsentwicklung verläuft entsprechend dem Entwicklungsverhältnis von Arbeitsproduktivität und Fondsquote. Die allgemeine Effektivitätskennziffer gibt die Dynamik der Effektivität an, erlaubt jedoch keine unmittelbaren Schlußfolgerungen über dahinter stehende Veränderungen realer ökonomischer Größen. Das gilt insbesondere für die Beziehungen zwischen Freisetzungsaufwand und Fondsausstattung. Infolgedessen kann die Schlußfolgerung nicht überzeugen, daß ein Wachstum durch Produktivitätssteigerung bei sinkender Fondsquote (wo folglich der Freisetzungsaufwand höher ist als die Ausstattung des Arbeitsplatzes mit Fonds) weniger ökonomisch ist als ein Wachstum durch Zunahme der Zahl der Arbeitskräfte. - Vgl. L.M. Konstantinova/Z.V. Sokolinskij, Ekonomičeskaja ėffektivnost' obščestvennogo proizvodstva (Analiz statističeskich pokazatelej). Statistika, Moskva 1974, S. 102. - Die Frage nach der Effektivität des ökonomischen Wachstums wird damit faktisch trotz allgemeiner Effektivitätskennziffer auf die Fondsökonomie bezogen. Bei voller Berechtigung des Anliegens, die Fondsökonomie in die komplexe Effektivitätsbeurteilung einzubeziehen, muß dabei jedoch immer die progressive Rolle der Produktivitätssteigerung für das ökonomische Wachstum entsprechend berücksichtigt werden.

97 Diese gleichen Bedingungen bedeuten, daß für alle Varianten des Anteils von Modernisierungsinvestitionen eine gleiche Relation von 1:2, 5: 3, 5 angenommen wurde wie für die Arbeitsproduktivität der Beschäftigten an alten Grundfonds, an modernisierten Grundfonds und an Grundfonds, die durch Erweiterungsinvestitionen entstanden.

98 Gegenwärtig beträgt z. B. der Anteil der Mehrmaschinenbedienung im Maschinenbau durchschnittlich 10 %. Dieser Anteil steht in keinem realen Verhältnis zu den Möglichkeiten der Mehrmaschinenbedienung.

99 So erhöhte sich beispielsweise der Anteil der teil- und vollautomatisierten Ausrüstungen am Bestand aller klassifizierbaren Ausrüstungen von 27 % 1968 auf 41 % im Jahre 1973. - Vgl. Ernst Eckstein/Rita Hoffmann, Tendenzen der Mechanisierung und Automatisierung der Arbeit in Produktionshaupt- und hilfsprozessen, in: Statistische Praxis, 11/1974, S. 541.

100 Zu den Ursachen für die Entwicklung der Grundfondsquote vgl. Karl Ulrich Broßmann/Gerhard Scholl, Zur Planung der Grundfonds und der Investitionen, in: Wirtschaftswissenschaft, 12/1975, S. 1813.

101 Ein absoluter Vergleich von Investitionskoeffizienten und Zuwachskoeffizienten der Grundfondsquote wird durch die unterschiedlichen Preisbasen möglich (Investitionen bewertet zu 1977er Preisen, Grundfonds zu 1966er Preisen). Unter sonst gleichen Bedingungen wird allein dadurch der Investitionskoeffizient niedriger ausgewiesen.

102 Die unterschiedlichen Struktureffekte von Grundfondsquote und Investitionskoeffizient hängen mit Unterschieden in der Investitionsintensität der Grundfonds zusammen und werden vor allem durch die Zeitverzögerung bis zum Wirksamwerden der Investitionen beeinflußt. Aus dem negativen Struktureffekt des Investitionskoeffizienten kann keinesfalls auf eine uneffektive Investitionsstruktur geschlossen werden. Der Struktureffekt muß als statistischer Faktor der Effektivitätsentwicklung in der Analyse berücksichtigt werden, enthält aber nicht die vollen Auswirkungen der vervollkommneten Proportionen auf die volkswirtschaftliche Effektivität.

103 Diese Zusammenhänge wurden z. B. von Palterovič analytisch nachgewiesen, der aufzeigte, daß große Unterschiede im Niveau des Freisetzungsaufwandes nicht nur nach Zweigen bestehen, sondern auch nach Richtungen des technischen Fortschritts. - Vgl. D. Palterovič, O faktičeskoj ėffektivnosti naprovlenij techničeskogo progressa, in: Voprosy ėkonomiki (Moskva), 4/1975, S. 38.

104 Davon ausgehend kann steigender Freisetzungsaufwand keinesfalls von vornherein ohne nähere Analyse seiner Effektivitätswirksamkeit als Verteuerung der Produktivitätssteigerung eingeschätzt werden.

105 Das Verhältnis von Grenzwert und tatsächlichem Freisetzungsaufwand beruht letztlich auf den gleichen Grundzusammenhängen, wie sie auch der "relativen Effektivitätssteigerung aus besserer Ressourcennutzung" und dem "Spielraum für die Entwicklung der Grundfondsquote" zugrunde

liegen. Die spezifische Aussage des Verhältnisses von Grenzwert und tatsächlichem Freisetzungsaufwand besteht vor allem darin, daß
- eine direkte Verbindung zur Produktivitätssteigerung besteht (relativ eingesparte Arbeitskräfte),
- auf dieser Basis eine Aussage zu den Effektivitätsanforderungen an die Grundfondsaufwendungen für die Produktivitätssteigerung möglich ist (Freisetzungsaufwand),
- es inhaltlich unmittelbar durch die Zusammenhänge zur Grundfondsausstattung, Arbeitsproduktivität und Grundfondsquote sowie Reproduktionsaufwendungen für die Arbeitskraft begründet werden kann,
- es die Verbindung zwischen Effektivität der Ressourcennutzung und Verwendungsproportionen des Nationaleinkommens vermittelt.

106 Daraus folgt, daß bei der Vorbereitung wirtschaftspolitischer Entscheidungen der Grenzwert für die Freisetzung niedriger angesetzt sein muß, weil eine Mindeststeigerung der Effektivität einbezogen werden muß, die Voraussetzung für einen kontinuierlichen Reproduktionsverlauf ist. Bei der praktischen Arbeit mit Grenzwerten des Freisetzungsaufwandes müßte von den Bestwerten der Basisperiode ausgegangen werden.

107 Der relative Freisetzungsaufwand im produzierenden Bereich war in der ČSSR im Durchschnitt der Jahre 1970 bis 1973 um mehr als das Zweifache höher als von 1966 bis 1970. - Berechnet nach: Statistická ročenka československé socialistické republiky 1974, Praha 1974, S. 127, S. 162, S. 216. - In der Industrie der BRD stieg der durchschnittliche relative Freisetzungsaufwand (auf der Basis des Zuwachses des Bruttoanlagevermögens je Beschäftigten) von 36,8 Tausend Mark 1961 bis 1965 auf 66,2 Tausend Mark von 1966 bis 1972. - Berechnet nach: R. Krengel, Produktionsvolumen und -potential, Produktionsfaktoren der Industrie im Gebiet der BRD 1960 bis 1971, Berlin 1972, S. 76, S. 125.

108 Ungenauigkeiten ergeben sich u.a. daraus, daß die Konsistenz zwischen Bestand- und Verwendungsgrößen mit Hilfe eines eingeschätzten Aktivierungsgrades konstruiert wurde. Vergleiche zeigen jedoch, daß die Entwicklungstendenz der ermittelten Größen annähernd berücksichtigt wird.

109 Die Verbindung der ermittelten Effektivitätssteigerung aus besserer Ressourcennutzung mit den Verwendungsproportionen des Nationaleinkommens gehört zu den wichtigen Konsequenzen, um die Aussagemöglichkeiten der Effektivitätssteigerung aus besserer Ressourcennutzung komplex auszunutzen, insbesondere zur Beurteilung der reproduktiven Funktion der Effektivitätsentwicklung mit heranzuziehen. Jedoch setzt diese Verbindung die Konsistenz zwischen Bestands- und Verwendungsgrößen voraus, wie sie z.B. mit der dynamischen Verflechtungsbilanz geschaffen wird.

110 Die Unterscheidung von produktiver Akkumulation und Konsumtion im weiteren Sinne geht vom engeren Akkumulationsbegriff - wie ihn auch Notkin anwendet - aus. Als Konsumtion im weiteren Sinne erscheint hier die gesamte nichtproduktive Konsumtion, die unmittelbar zur Reproduktion der Persönlichkeit beiträgt. Unter

kapitalistischen Bedingungen wurde sie von Marx als "individuelle" Konsumtion gegenüber der "produktiven" Konsumtion analysiert. Zur "erweiterten Konsumtion" vgl. u.a. W. Tscherkowez, Das ökonomische Grundgesetz des Sozialismus und die Hauptaufgabe des Fünfjahrplans, in: Sowjetwissenschaft. Gesellschaftswissenschaftliche Beiträge, 3/1972, S. 284.

111 In den RGW-Ländern war die Entwicklung der Akkumulationsrate von 1971 bis 1974 durch unterschiedliche Tendenzen gekennzeichnet. Während in der UdSSR die Akkumulationsrate mit 28,4 % 1971 bis 1974 gegenüber 1966 bis 1970 annähernd gleich blieb, stieg sie in der VRP auf durchschnittlich 33,3 %, der UVR auf 28,3 %, der ČSSR auf 26,8 %. Lediglich in der VRB sank sie von 31,7 % auf 27,3 %. Die Rate der produktiven Akkumulation betrug in der UdSSR 1961 bis 1970 etwa 16 %, 1971 bis 1974 15,2 %. Da es gewisse Einschränkungen in der Vergleichbarkeit gibt, besteht die Aussage vor allem in der überwiegend gleichbleibend sinkenden Entwicklungstendenz der Akkumulationsrate von 1970 bis 1974. In solchen kapitalistischen Ländern, wie in den USA (17,5 %), der BRD (23,6 %), Italien (22 %) und Großbritannien (16 %) blieb 1974 gegenüber 1970 der Anteil der Bruttoanlageinvestitionen am Bruttoinlandsprodukt annähernd gleich. Die Krise bewirkte, daß auch in solchen Ländern, wie Japan und Frankreich, in denen von 1960 bis 1970 der Anteil der Bruttoanlageinvestitionen beträchtlich stieg, dieser Anteil 1970 bis 1974 annähernd gleich geblieben ist (Japan 34 %, Frankreich 25 %). - Vgl. IPW-Berichte, 5/1976, S. 72.

112 Nach Dan Grindea, The national income in the socialist Republic of Romania, Bucuresti 1975, S. 32, hatte die DDR 1970 im Nationaleinkommen pro Kopf der Bevölkerung Großbritannien überholt und lag um etwa 17 % unter dem Niveau der BRD. Wird das Bruttoinlandsprodukt pro Kopf der Bevölkerung 1974 in den USA mit 100 % angesetzt, dann betrug es im Vergleich dazu in Kanada 96 %, in der BRD 93 %, in Frankreich 78 % und in Japan 61 %. - Vgl. Emil Rechtziegler, Zyklische Krise und ökonomische Labilität des Imperialismus, in: IPW-Forschungshefte, 2/1976, S. 56.

113 Diese wird hauptsächlich über die Entwicklung der Geldeinkommen, der verbrauchswirksamen Geldausgaben sowie der unentgeltlichen Leistungen für die Bevölkerung realisiert. Im folgenden werden vorwiegend die materiellen Veränderungen analysiert, in denen sich die finanziellen Prozesse niederschlagen.

114 Hierbei muß berücksichtigt werden, daß den Leistungen bei der Erhöhung des materiellen und geistig-kulturellen Lebensniveaus der Bevölkerung wesentlich größere Bedeutung zukommt als es aus den Haushaltsrechnungen ersichtlich ist. Von den gesamten verbrauchswirksamen Geldausgaben werden für den Kauf von Waren mehr als 80 % aufgewendet. Der Anteil der Leistungen erhöhte sich am gesamten (bezahlten und unbezahlten) Verbrauch von 1960 29,8 % auf 36,1 % 1973. Da bei den bezahlten Leistungen wesentlich mehr Zuschüsse und Stützungen aus dem Staatshaushalt gezahlt werden als bei Waren, haben die

Leistungen tatsächlich ein höheres Gewicht, als in ihren Wertgrößen zum Ausdruck kommt. Von 1960 bis 1973 stieg der Anteil der unentgeltlich bereitgestellten Leistungen am gesamten Verbrauch von Leistungen durch die Bevölkerung von 58 auf 68 %. - Vgl. Esther Matterne, Zur Entwicklung des Verhältnisses von Konsumgütern und Leistungen im Verbrauch der Bevölkerung der DDR, in: Marktforschung, 3/1975, S. 10 - 15.

115 Die Größe der "laufenden" Ausgaben für die Konsumtion im weiteren Sinne wurde gewählt, um eine Doppelzählung von Grundfondszuwachs im nichtproduzierenden Bereich und Investitionen für diesen Bereich zu vermeiden. Die laufenden Ausgaben für die Konsumtion im weiteren Sinne wurden vereinfacht ermittelt als Summe von individueller und gesellschaftlicher Konsumtion sowie eingeschätzten unvollendeten Investitionen im nichtproduziernden Bereich (hierzu wurde vom Verhältnis von Grundfondszuwachs und Investitionen dieses Bereichs ausgegangen). Der Begriff "laufende" Ausgaben für die Konsumtion ist auch deshalb nicht exakt, weil die Jahresausgaben für langlebige Konsumgüter enthalten sind. Letztere müßten ebenfalls wie die Grundmittel im nichtproduzierenden Bereich einbezogen werden. Zur Zeit liegen offizielle Angaben darüber nicht vor, so daß sich die Eliminierung der Jahresausgaben für langlebige Konsumgüter erübrigt.

116 Gerade zur Beurteilung der differenzierten Jahresarbeitszeitverkürzungen, die zur Realisierung des sozialpolitischen Programms durch Produktivitätssteigerung zu erwirtschaften sind und die Bestandteile der Ergebnisgrößen sozialistischer Effektivität darstellen, wäre eine Informationsbasis notwendig, die es gestattet, generell die Effektivitätsermittlung stärker auf die Entwicklung der Stundenproduktivität aufzubauen.

117 Solange Warenproduktion existiert, haben solche Versuche, die Mittel besserer Bedürfnisbefriedigung in freigesetzter Zeit auszudrücken, naturgemäß Grenzen. Trotzdem wurde es versucht, um die Richtung der Aussagen zu zeigen, die mit Bestandteil einer umfassenden sozialistischen Effektivitätsrechnung sein müssen. Hierbei wurde der Konsumtionszuwachs je Einwohner auf Grund der für seine Produktion notwendigen Arbeitskräfte in Arbeitsstunden umgerechnet. Dabei wurde folgendermaßen vorgegangen. Zunächst wurde der Zuwachs an Nettoproduktion je Beschäftigten in der materiellen Produktion ermittelt, der notwendig ist, um den Konsumtionszuwachs je Einwohner zu sichern (d.h.: "Verhältniskoeffizient", der für die Konsumtion ermittelt wird durch das bestimmte Nettoprodukt je Beschäftigten im produzierenden Bereich, dividiert durch Konsumtion je Einwohner. Dieser "Verhältniskoeffizient" wurde mit dem Konsumtionszuwachs je Einwohner multipliziert).
Zu einem zweiten Schritt wurde das für den Konsumtionszuwachs je Einwohner vom produktiv Beschäftigten zusätzlich zu erwirtschaftende Nettoprodukt vereinfacht in Arbeitsstunden umgerechnet. Dazu wurde es durch das Nettoprodukt je produktiv Beschäftigten der Basisperiode

dividiert, das für die Verwendung zur Konsumtion produziert wurde. Dieses Zwischenergebnis, ausgedrückt in fiktiven Beschäftigtenzahlen (die notwendig wären, um den Konsumtionszuwachs je Einwohner hervorzubringen), wurde danach mit der Zahl der Jahresarbeitsstunden je Beschäftigten multipliziert. Der Grundfondszuwachs im nichtproduzierenden Bereich wurde analog auf der Basis der entsprechenden Grundfondsausstattung in freigesetzte Arbeitsstunden umgerechnet. Hierzu wurde ebenfalls ein "Verhältniskoeffizient" aus Grundfondsausstattung im nichtproduzierenden Bereich, dividiert durch nichtproduktive Grundfonds je Einwohner, ermittelt. Dieser "Verhältniskoeffizient" wurde mit dem Zuwachs an nichtproduktiven Grundfonds je Einwohner multipliziert. Damit wird ausgedrückt, um wieviel die Grundfondsausstattung im nichtproduzierenden Bereich steigen muß, wenn die nichtproduktiven Grundfonds je Einwohner um eine bestimmte Größe zunehmen. Dieses Ergebnis wurde durch die Grundfondsausstattung des nichtproduzierenden Bereichs dividiert und anschließend mit der Zahl der Jahresarbeitsstunden multipliziert.

118 Vgl. Autorenkollektiv, Die Gewinnung disponibler Zeit - Grundbedingung und Ziel der weiteren Vervollkommnung der Volkswirtschaftsstruktur, in: Gesetzmäßigkeiten der intensiv erweiterten Reproduktion bei der weiteren Gestaltung der entwickelten sozialistischen Gesellschaft, Teil 1, hg. von Wolfgang Heinrichs/Harry Maier, Berlin 1976, S. 417 (Akademie der Wissenschaften der DDR, Schriften des Zentralinstituts für Wirtschaftswissenschaften, Nr. 13).

119 Berechnet nach: Statistisches Jahrbuch der DDR 1976, Berlin 1976, S. 1, S. 38, S. 288 und Heinz-Dieter Haustein, Messung der volkswirtschaftlichen Intensivierung. Zur Methodologie, Berlin 1976, S. 59/60 (Forschungsberichte des Zentralinstituts für Wirtschaftswissenschaften der Akademie der Wissenschaften der DDR, Nr. 17).

120 Ein im RGW relativ hoher Anteil (gemeinsam mit der UdSSR und der ČSSR), jedoch gegenüber ökonomisch entwickelten kapitalistischen Ländern noch verhältnismäßig niedriger Anteil.

121 Für die BRD war nach vorliegenden Daten von 1950 bis 1966 charakteristisch, daß der Anteil des Bruttoanlagevermögens der produzierenden Sphäre am gesamten Anlagevermögen wuchs. Betrug dieser Anteil 1950 35,7 %, so stieg er bis 1966 auf 43,1 %. Von 1967 bis 1975 setzte sich zunächst ein Gleichbleiben und danach ein ganz langsames Steigen des Anteils der nichtproduzierenden Sphäre am gesamten Bruttoanlagevermögen durch. Während der Anteil der nichtproduzierenden Sphäre von 64,3 % 1950 auf 56,9 % 1966 sank, entwickelte er sich bis 1975 auf 57,9 %. Daran war insbesondere das relativ schnellere Wachstum des Bruttoanlagevermögens bei nichtproduktiven Dienstleistungen beteiligt. Wird das Nettovermögen zugrunde gelegt, dann zeigt sich für den gesamten Zeitraum von 1950 bis 1975 eine deutliche Zunahme des Anteils des Nettoanlagevermögens der nichtproduzierenden Sphäre in der BRD um etwa 12 Punkte. Jedoch sagt die Entwicklung des Nettoanlagevermö-

gens nichts über die tatsächliche Entwicklung der materiell-technischen Basis in beiden Sphären aus. So wirkt die überdurchschnittlich hohe Lebensdauer der Grundfonds in der nichtproduzierenden Sphäre in Richtung einer relativ schnelleren Steigerung des Nettoanlagevermögens. Bei einer durchschnittlichen Lebensdauer von 37 Jahren im Jahre 1970 betrug diese z. B. in der Wohnungsvermietung 78 Jahre, in privaten Haushalten 68 Jahre, in anderen nichtproduktiven Dienstleistungen etwa 40 Jahre (Berechnet zu vergleichbaren Preisen von 1970). In die produzierende Sphäre wurden Land- und Forstwirtschaft, Energiewirtschaft und Bergbau, verarbeitendes Gewerbe (einschließlich produzierendes Handwerk), Baugewerbe, Handel, Verkehr- und Nachrichtenwesen einbezogen. Die Anteile sind mit den DDR-Daten nicht vergleichbar, jedoch im großen und ganzen die Entwicklungstendenz. - Berechnet nach: Bernd Görzig/Wolfgang Kirner, Anlageinvestitionen und Anlagevermögen in den Wirtschaftsbereichen der BRD, in: DIW, Beiträge zur Strukturforschung, 41/1976, S. 70 ff.

122 "Der Wohnungsfonds nimmt mit rund 170 Milliarden Mark nahezu 30 Prozent aller volkswirtschaftlichen Grundfonds ein", in: Die Wirtschaft, 10/1977, S. 5.

123 Vgl. Heinz-Dieter Haustein, Messung der volkswirtschaftlichen Intensivierung. Zur Methodologie, Berlin 1976, S. 55 (Forschungsberichte des Zentralinstituts für Wirtschaftswissenschaften der Akademie der Wissenschaften der DDR, Nr. 17).

124 Diese relativ geringe Abnahme der wöchentlichen Hausarbeitszeit war insbesondere auf steigende Zeitaufwendungen für das Reinigen von Wohnung und Wäsche (die zusammen etwa 45 % der gesamten Hausarbeitszeit umfassen) sowie für Einkauf und Speisezubereitung (etwa 47 % der Hausarbeitszeit) zurückzuführen. - Vgl. A. Albrecht, 15 Milliarden Stunden für Hausarbeit in der DDR, in: Marktforschung, 1/1972, S. 7 ff.

125 Vgl. G. Lippold, Zeitverwendung und Bedürfnisbefriedigung, in: Protokolle und Informationen, Wissenschaftlicher Rat für Sozialpolitik und Demografie, 8/1976, S. 38 - 50.

126 Die Freizeit von Frauen erhöhte sich z. B. von 1965 bis 1970 im Durchschnitt aller Haushalte um 0, 6 Stunden. Sie lag 1970 um etwa 35 % unter der Freizeit je Mann, bei voll berufstätigen Frauen um 40 %. - Vgl. A. Albrecht, 15 Milliarden Stunden für Hausarbeit in der DDR, in: Marktforschung, 1/1972, S. 7 ff.

127 Sowjetische Untersuchungen zeigten, daß in Industriearbeiter-Familien die Zeit für die Hausarbeit und Arbeit in der persönlichen Nebenwirtschaft annähernd 60 bis 70 % der Arbeitszeit in der gesellschaftlichen Produktion beträgt. Das sind durchschnittlich je Werktag 3 bis 4 Stunden je Frau und 1, 5 bis 2 Stunden je Mann. - Vgl. V.I. Bolgov, Bjudzet vremeni pri socializme, Moskva 1973, S. 24.

128 1955 waren 0,5 % aller Haushalte mit Waschmaschinen ausgestattet, 1970 53,6 %, 1973 66 %; für 1980 sind etwa 80 % geplant, was etwa dem gegenwärtigen Ausstattungsgrad der ČSSR, der BRD und der Niederlande entspricht, wobei die Sättigungsgrenze bei etwa 85 bis 90 % liegt. - Vgl. Christiane Krahnert, Zu einigen Aspekten der Reinigung der Wäsche, in: Marktforschung, 1/1975, S. 14 - 17.

129 Nach Untersuchungen des Instituts für Kommunalwirtschaft Dresden können aber etwa 60 bis 70 % des in privaten Haushalten anfallenden Waschgutes industriell gewaschen werden. - Vgl. ebenda.

130 Während z.B. durchschnittlich 23 % aller Haushalte die Wäsche regelmäßig in industriellen Wäschereien waschen lassen, sind es in Orten mit mehr als 100 000 Einwohnern 37 %, mit weniger als 2 000 Einwohnern aber nur 7 %.

131 Vgl. Jutta Schmutzler, Zu einigen Aspekten der Heimwerkertätigkeit in der DDR, in: Marktforschung, 1/1976, S. 29 - 31.

132 Zugleich darf nicht übersehen werden, daß hohe Angespanntheit der Ressourcen im gesellschaftlichen Arbeitsprozeß und nicht ausreichende Fortschritte in der Produktivitätssteigerung zur Zunahme produktiver Arbeiten in der Hauswirtschaft führen können, die zwar dem Einzelnen Befriedigung und Schöpfertum bringen, vom Standpunkt der Gesellschaft aber zugleich Zeit für Qualifikation, Neuererwesen u. ä. rauben können. Es geht ja nicht um irgendeine Erweiterung der Fähigkeiten, sondern um die allmähliche Herausbildung des sozialistisch-kommunistischen Charakters der Arbeit.

133 Z.B. gilt das für Universal-Küchenmaschinen. Wie Untersuchungen zeigten, nutzen nur 18 % der Haushalte, die im Besitz solcher Küchenmaschinen sind, diese täglich. Als Motiv für die geringe Nutzung dieser Geräte wurde von 24 % der Haushalte ein höherer Reinigungsaufwand gegenüber der Reinigung manueller Küchengeräte genannt, von 60 % der Haushalte ein gleich hoher Reinigungsaufwand. - Vgl. Werner Horn/Rosel Knopfe, Einflußfaktoren und Tendenzen der Entwicklung von Lebens- und Verbrauchsgewohnheiten im Sozialismus, in: Wissenschaftliche Zeitschrift der Handelshochschule Leipzig, 4/1976, S. 32 - 39.

134 Befragungen ergaben z.B., daß 76 % von befragten Müttern mit Kleinkindern nie oder selten Wegwerfwindeln benutzen, wobei 47 % sie als zu teuer ansehen. Wird z.B. eine vollständige Umstellung von Mull- auf Wegwerfwindeln angestrebt, so würde der finanzielle Aufwand etwa das Vierfache der Ausgaben umfassen, die für den Kauf von Mullwindeln erforderlich sind. - Vgl. R. Weichsel, Sind Wegwerfwindeln gefragt?, in: Marktforschung, 4/1972, S. 30 ff. - Selbst wenn ihre Anwendung nur für außergewöhnliche Zwecke (Reisen u.ä.) angestrebt wird, ist die Frage zu beantworten, ob bei diesen hohen Aufwendungen und dem Rohstoffbedarf dieses Erzeugnis ausreichend unter Aspekten der volkswirtschaftlichen Effektivität entwickelt worden ist.

135 Der Einfluß dieses Faktors zeigt sich deutlich bei einem Vergleich der von Arbeitern in sozialistischen und kapitalistischen Ländern aufgewendeten Zeit für Bildung. Bei nicht allzu großen Unterschieden in der Höhe der arbeitsfreien Zeit waren nach sowjetischen Untersuchungen die Unterschiede in der für Bildung aufgewendeten Zeit beträchtlich. Während z. B. Arbeiter in sozialistischen Ländern 5 bis 14, 3 % der Freizeit für Bildung aufwenden, sind es bei Arbeitern in kapitalistischen Ländern 2 bis 7 %. Für Arbeiterinnen betragen die entsprechenden Zeitaufwendungen für Bildung 3, 4 bis 16, 6 % gegenüber 2, 4 bis 3, 6 % der Freizeit.

136 Vgl. A. V. Nezenko, Social'no-ėkonomičeskie problemy svobodnogo vremeni pri socializme, Leningrad 1975, S. 36, S. 40. - Etwa 20 % der berufstätigen Bevölkerung nehmen in der UdSSR in ihrer Freizeit an einer fachlichen oder allgemeinbildenden Weiterqualifikation teil. Das ist viermal soviel wie in kapitalistischen Industrieländern. 5 % der in der Produktion Arbeitenden beteiligten sich in der UdSSR am Neuerer- und Rationalisierungswesen; etwa 10 % der erwachsenen Bevölkerung sind in der künstlerischen Selbstbetätigung aktiv. Dabei zeigte sich in der Tendenz, daß mit höherem Qualifikationsniveau die Zeit rationeller genutzt und dadurch die Freizeit erhöht wird.

Bisher erschienene Forschungsberichte

Heft 1
W. Keller/E. Kigyóssy-Schmidt
Hauptkennziffern der wirtschaftlichen Entwicklung der europäischen RGW-Länder 1960—1975

Heft 2
Autorenkollektiv
Zur Modellierung des volkswirtschaftlichen Reproduktionsprozesses

Heft 3
Autorenkollektiv
Probleme der Proportionalität zwischen gesellschaftlichem Arbeitsvermögen und Arbeitsplätzen

Heft 4
Autorenkollektiv
Ungarische Modelle der langfristigen Planung

Heft 5
Autorenkollektiv
Zur Reproduktion des Qualifikationsniveaus der Werktätigen

Heft 6
Autorenkollektiv
Probleme der Intensivierung des gesellschaftlichen Reproduktionsprozesses

Heft 7
A. P. Butenko
Zur Dialektik von Einheit und Interessen im sozialistischen Weltsystem

Heft 8
Autorenkollektiv
Reproduktion der natürlichen Umweltbedingungen

Heft 9
U. Ludwig
Aufwand—Nutzen—Analysen in Forschung und Entwicklung

Heft 10
G. Knobloch
Bedürfnisbefriedigung — Reproduktionsstruktur — Grundproportionen

Heft 11
Autorenkollektiv
Zur Entwicklung der Verteilungsstrukturen der Investitionen auf die Bereiche und Zweige der Volkswirtschaft

Heft 12
H.-D. Anders/H. Schilar/K. Schwarz
Zum Bewertungsproblem im Sozialismus

Heft 13
Autorenkollektiv
Zur Kritik gegenwärtiger bürgerlicher sozialökonomischer Theorien (Konferenzmaterial)

Heft 14
R. Schaefer/J. Wahse
Bestimmung der zukünftigen Qualifikationsstruktur der Arbeitskräfte mit Hilfe eines Regressionsmodells

Heft 15

Autorenkollekitv

Wachstum — Effektivität — Intensivierung (Konferenzmaterial)

Heft 16

Autorenkollektiv

Intensiv erweiterte Reproduktion und Sozialismus

Heft 17

H.-D. Haustein

Messung der volkswirtschaftlichen Intensivierung — Zur Methodologie —

Heft 18

Autorenkollektiv

Aktuelle Bedeutung der Marxschen Randglossen zum Gothaer Programm

Heft 19

H.-D. Anders/K. Schwarz

Modelle zur Ermittlung eines optimalen Verhältnisses von Akkumulation und Konsumtion

Heft 20

G. Kraft

Die Zusammenarbeit der Mitgliedsländer des RGW auf dem Gebiet der Investitionen

Heft 21

M. Wölfling

Ein ökonometrisches Modell der Volkswirtschaft der DDR

Heft 22

Autorenkollektiv

Karl Marx' Lehre von den Produktionsverhältnissen

Heft 23

E. Domin/S. Maier

Faktorenanalyse der Arbeitsproduktivität

Heft 24

Autorenkollektiv

Zu Problemen der Entwicklungstendenzen der sozialistischen Produktionsverhältnisse in der DDR

Heft 25

E.-M. Langen/R. Schaefer/J. Wahse

Der Einfluß von Mechanisierung und Automatisierung auf die Qualifikation der Werktätigen

Heft 26

A. Braun

Komplexe Effektivitätsbeurteilung der Volkswirtschaft bei Intensivierung — Ein Beitrag zur Diskussion —

In Vorbereitung befinden sich:

Autorenkollektiv

Karl Marx über das Wechselverhältnis von materiell-technischer Basis, wissenschaftlich-technischem Fortschritt und Entwicklung der Persönlichkeit

Autorenkollektiv

Rohstoff und Energie im gesellschaftlichen Reproduktionsprozeß und ihr Wechselverhältnis zur materiell-technischen Basis

G. Knobloch/H. Roos

Zu den soziilökonomischen Entwicklungskriterien der materiell-technischen Basis

Kolibri 360 GmbH
Ferdinand-Jühlke-Straße 7
99095 Erfurt, Deutschland
produktsicherheit@kolibri360.de